张再林
哲学作品集

治论
中国古代管理思想

张再林◎著

Zhang zai lin
Philosophy Works

THE THEORIES OF GOVERNANCE: THOUGHTS ON MANAGEMENT IN ANCIENT CHINA

北京燕山出版社
BEIJING YANSHAN PRESS

图书在版编目（CIP）数据

治论：中国古代管理思想/张再林著. －北京：北京燕山出版社，2017.8

ISBN 978-7-5402-4605-1

Ⅰ. ①治… Ⅱ. ①张… Ⅲ. ①管理学－思想史－中国－古代 Ⅳ. ①C93－092

中国版本图书馆 CIP 数据核字（2017）第 195899 号

书　　名： 治论：中国古代管理思想

作　　者： 张再林

责任编辑： 满　懿

出版发行： 北京燕山出版社

地　　址： 北京市西城区陶然亭路 53 号　邮编：100054

网　　址： http：//www. bjyspress. com

电　　话： 编辑部（010）65240430

电子信箱： bjyspress@ 126. com

印　　刷： 北京旭丰源印刷技术有限公司

经　　销： 新华书店

规　　格： 145 毫米×210 毫米　32 开本　12. 375 印张　259 千字

版　　次： 2017 年 12 月第 1 版　　2017 年 12 月第 1 次印刷

定　　价： 68. 00 元

第一部分　中国古代哲学的基本精神

（1）坚持现象与实在的二分是西方哲学的基本特征和一贯传统，其经验主义与超验主义是结伴而行、互为补充的。

（2）与西方哲学不同，中国哲学家并不把现象与实在加以区分，而是以“本质直观”的方式把现象与实在视为显微无间的整体。这种寓实在于现象之中的整体就是中国古人所谓的“道”。

（3）“下学上达”的彻底经验主义已成为地地道道的中国传统。“理学”对这一传统的歪曲和背离。

（4）从“显微无间”到“道德合一”。作为人的合目的性（“得”）的“德”。

（5）中国古代“主体即本体”的思想。“此在”的“我”

在中国古代哲学中的地位，以及作为中国古代哲学传统的“人本主义”。

（6）在中国哲学里，“超验自我”与“经验自我”之间的“不即不离”关系。故中国哲学是一种“内在的超验”而非“外在的超验”的学说。

（7）中国哲学把“本体”不是视为某种“实有”，而是看作为一种“即用显体”的功能性的过程，也即古人所谓的“主宰即流行”。这就导致了以“生生”为其宗旨的中国古人特有的“易”论。

（8）宇宙的“生生”过程不是来自某种外力，而是生命自身的阖与辟、阴与阳、静与动两种因素交互作用的结果。生命被视为“自我运动”。

（9）从天道的“生生”推之到人道的“健行”。中国古代的易论最终落实到人的行为。

第二部分　礼治理论

（1）行为的“履”也即中国古人所谓的“礼”。作为集中国早期社会礼之大成的“周礼”，以及“周礼”的核心内容。

（2）周礼的式微及孔子的“复礼”活动。

（3）《荀子》的礼的理论及《礼记》的礼的思想。礼的“合题”在汉的出现。

（4）以“祭”为突破口的对礼的形式本身的考查。对于中国古人来说，礼并非一种纯粹的“仪”，而是寓“义”于

“仪”的一种“有意味的形式”。在这种形式里，合目的性与合规律性二者实现了其有机的统一。

（5）礼不仅是人的个体行为的普遍形式，亦是人的社会活动的普遍形式。礼使中国古人的政治方式不再是一种异己于人的东西，而成为既有一定外在的社会规定又与个人的内在的情感表达密切相连的审美形式。为孔子的“正名”说“正名”。

（6）故中国的“礼治”思想最终是通向“人文主义”的。作为人的“自由形式”的“文”的哲学考查。“人文主义”在现时代的重要的意义。

（7）“文明”源于“情深”。从外作之“礼”的考查深入到中出之“乐”的考查，礼之文的形式最终还原为乐的“情感逻辑”。

（8）“礼治”之于“法治”的优越。礼治最终走向人的“行为自律”。

（9）对礼的“本质还原”使孔子从“礼”走向“仁”。

第三部分　仁治理论

（1）“仁从千心”。儒家从礼之“亲亲”中挖掘出更具普遍性的人之“恻隐之心”，“恻隐之心”作为人之通性而成为人之所以异于禽兽的根本。

（2）在中国儒家“仁”的学说里，这种“恻隐之心”作为人之端绪被视为是一种人之“潜能”，故人的伦理行为的实现并非“我”之让渡而是一种自我的生成。

（3）中国古人的“天人合一”的逻辑，决定了这种生成论的“仁”和宇宙中生生不已的“道”是完全同一的。仁既是人之“伦理”又是宇宙之“本体”地被赋予了绝对的意义。

（4）中国古人的政治不过是中国古人的伦理的放大形式。政治被视为我之“恻隐之心”由近及远、由己推人的“移情”过程。这就导致了充满博爱精神的儒家的“王道”理想的应运而生。

（5）把仁的原则落实为人的具体行为就是所谓的“义”。与“利”相比，“义”具有本体论的优先地位。

（6）仁的“内在超验”的性质表明仁是“极高明而道中庸”的，故仁学并没有流于“唯爱”“唯义”的形而上的独断，而是“从容中道”地与“权”的原则有关的。

（7）仁作为人的本己的、固有的属性，决定了仁的实现并非“外索”而是“内返”。“反求诸己”成为“为仁之方”的关键。

（8）能否“返求”取决于人能否克服物欲对自己人性的遮蔽。儒家“克己复礼”学说的提出，以及由此出发形成的中国古人的“修身”传统。

（9）“修身”落实到“明教”。对人性的“教化”不啻为儒家治论的最终结论。

第四部分　法家论

（1）法家学说之所以作为儒家学说之“反题”，溯其理论渊源，实出自其一反中国古代“天人合一”传统的所谓“明于天人之分”这一哲学命题。

（2）突出“天”与“人”的各自有别，必然重视认识上的“征知”。法家的注重“辨合”“符验”的经验主义、实证主义的哲学路线。

（3）宇宙中的天人二分的思想反映在人学领域，就导致了“性恶”“为善”这一人之“性”“伪”之二分。法家的强调“法正”作用的法治理论因此而产生。

（4）“性恶论”使法家视人为趋利避害的动物，故法家不惟不反对人的“利取”原则，反而主张用人之自利之心以实现天下之治道。

（5）功利主义使法家鄙薄“仁义”。其从实证立场出发，极力反对先王的“王道”而积极鼓动吹后王的“霸道”。

（6）法家的“法”的理论包括“法”“术”“势”三个方面。“法”“术”作为君主之“制”，“势”作为君主之“资”，二者互为发明、互为服务。法家“抱法处势”理论的提出，实际上开中国专制主义治论的造始端倪。

（7）法家学说的得与失。法家理论的失误在于其以“法”释“道”而把法本体化、绝对化的倾向。这种体、用之颠倒，是对中国古代“人本主义”治之传统的历史反动。

第五部分　墨家论

（1）墨家的“三表说”的提出，使墨学具有极为鲜明的经验主义和实证主义的特征。

（2）从经验主义和实证主义出发，墨学与主张“性”

“命”合一的儒学不同，坚持“力”能胜“命”的“非命”。

（3）经验主义是一把双刃剑，其经验的“非命”论的提出又是以超验的“天志”说为其必然补充的。

（4）与那种作为“士”的思想代表的、具有超阶级倾向的儒学不同，墨家的社会学说具有鲜明的阶级属性。它代表了下层被奴役阶级的呼声。

（5）“兼爱”说在墨家的社会学说中具有中枢地位。墨家的“兼爱”与儒家的“仁爱”存有本质区别：由于无视“亲亲”作为爱之基础，使墨家的爱的学说远离人性。

（6）“兼爱”的非人称性使墨家求助于政治上人为的“尚同”，使其与法家学说互为补充地共同服务于专制主义的理论的论证。

（7）由于反对“爱有差行”的“兼爱”说和反对“和而不同”的“尚同”论的提出，墨家最终走向对古代“礼治”传统的否定，即走向对中国古代“人文主义”精神的反动。其“非乐”说的提出就是明证。

（8）墨学的衰亡源自其学说的非人称性这一理论的先天不足。墨学在近现代中国的影响不容忽视。

余　论

（1）从“行为科学”到“科技治国论”，西方见用忘体的管理学的深刻危机。儒家“人本主义”管理思想的现代意义。

（2）对韦伯的对儒学的批判的批判。儒学化的日本管理经验对世人的启示。

管理学，作为一门有关人的社会行为方式及其组织系统的学说，不啻为人类最古老的学说而实际与人类社会历史是同步的。

但是，令人遗憾的是，这一学说的重要意义直到近现代才为人们所认可所关注。同时，人们不仅把这一学说主要限于工业生产领域，而且因之而仅把其视为长于制作技术的西方人的专利。

道格拉斯·麦格雷戈在谈到这种为西方人所发明的并为今人所普遍恪守的管理学说的主要观点时指出：

(1) 管理人员要负责为了经济目的而把生产性企业的各项要素——金钱、物资、设备、人员——组织起来。

(2) 就人员来讲，这是一个指挥他们的工作、激励他们、控制他们的活动、矫正他们的行为，使之适合于组织需要的过程。

(3) 如果管理人员不这样积极地干预,人们会对组织需要采取消极的——甚至对抗的态度。因此,必须对他们进行说服、奖励、惩罚、控制——必须指挥他们的活动。这就是管理人员的任务。我们常常把它概括为这样一句话,管理就是通过别人来把事做成。

而这种所谓的管理人员的“积极地干预”的方式,尽管其花样可以不断地翻新,但实际上总不出乎“胡萝卜加大棒”这一“恩威并施”:

在一个极端,管理人员可能是“严厉”或“强硬”的。指挥人们行为的方法包括强迫和威胁(常常伪装起来),严密监督,对行为紧密控制。在另一极端,管理人员可能是“温和”或“软弱”的。指挥人们行为的方法包括宽容,满足人们的要求,求得相安无事。那样,人们就会易于控制,接受领导。……

目前的流行主题是“坚定而公正”。这是一种兼采软硬两种态度之长的企图。它使人想起老罗斯福的“言语温和,但手中拿着一根大棒”。

同时,道格拉斯·麦格雷戈认为,所有这一切,都基于这种不言而喻的对“人”的假定:

(1) 正常人生性懒惰——尽可能地少做工作。

(2) 他缺乏雄心壮志,不愿承担责任,宁愿被人领导。

(3) 他天生就以自我为中心,对组织需要漠不关心。

(4) 他的本性就反对变革。

(5) 他不太伶俐，易于受骗，易于受到骗子和野心家的蒙蔽。

这就是是所谓的“群氓假定”，即假定“人类是一群为个人利益所驱动的无组织个体”。但是我们不能不问，这果真是对人类本质最真的写实吗？镜子里的我自己果真是如此的丑陋吗？如果是，那么现行的管理思想及方式就成为并且永将成为不可易移的铁律，如果不是，那么这种管理思想及方式作为一种无据之偏见，而决定了其在人类历史上尽管被奉若神明但最终不过是昙花一现的东西。

我们看到，伴随着现代人类自我反思精神的日益深入，这种现行管理思想所赖以的人学前提在理论上正遭致人们愈来愈多的质疑和非议。例如西方“人类动机学说”的创始人马斯洛令人信服地提出，人不仅受自己的动物化的“生理需要”所驱使，而且亦以“自我实现”这一“类”的需要为动力。西方“社会批判理论”的学者不无雄辩地指出，人不仅是一种受制于种种物的规定的既定的存在，而且亦是一种超越规定的、自己完善自己的“潜能”。同时，这种对人的自我实现、自我完善能力的肯定，必然导致对人的社会本质即“主体间性”的再认识。人们开始发现，社会已不再是一种“原子式的个人”的简单相加，即一种纯粹出于某种外在目的而人为结合起来的“利益共同体”，而是作为自我本身的一种表现和延伸形式，它本身就具有一种自组的“原始的亲合力。”这样，诸如“爱”“同情”“伦理”这些业已被人遗弃的传统的概念将不再被歧视为非科学的“形而上学的呓语”，而是再一次登堂入室地进入到人类社会学说的腹地，成为人类社会行为及组织的坚实构架和基石。而这一切，无疑为一种新的管理学说提供了理论前提。

正如为今天初露头角的现代西方“Y 理论”等管理理论所表明的那样，这是有别于传统的“物本”的一种“人本”的新的管理学说。它坚持：在管理活动中，人不再是与其他物的因素同等并列的一种“要素”，而是作为“主体”始终居于主导和统治地位；管理不再是唯利是图地片面追求所谓的“效率”，而是最终以人的内在目的，即自身价值实现为宗旨；有效的管理不再是完全求助于“胡萝卜加大棒”这一利与力的交用，而是基于人自身的自觉和自治。最后的结论是，人类的管理不再是人的一种纯粹的“手段”，而是既是“手段”又是“目的”。

耐人寻思的是，当如梦初醒的西方人在这种人本主义的管理学说里认为自己似乎发现了一个管理的新世纪的时候，而对于东方的中国人来说，它却早已成为过去了的辉煌的历史。这就把我们带到了中国古代“治”的理论这一本书的主题。正如本书将要指出的那样，中国古代儒家的社会管理学说，即其以“礼”和“仁”为核心的“治”的理论实际上正是这样一种极为自觉、极为成熟的人本主义的管理理论。随着本书的展开，读者将会看到，这一理论如何以一种彻底经验主义和人本主义的哲学作为自己坚实的理论基础，这种理论如何不留斧痕地克服似乎无法调解的存在于人类社会行为与社会组织中的种种两难和对立，这一理论如何在与其他学说（法家学说与墨家学说）的对比中显示出其顽强的生命力。最后，读者将随着作者从过去走向今天，去领略这一理论为我们所展示的现代意义。

我们希望，这种对人类管理学的“考古”不仅有助于人们对一种新的人本主义的管理学的理解，而且也将重振昔日管理学在人类社会地位的显赫。在人类古代，正如中国历史所表明的那样，管理学作为一种普遍的“治道”，作为一门一以贯之的安邦济民的“经世之学”，曾被视为是以天下为己任的政治家的宏伟事业。但是在今天，它作为一种日趋支离的部门之学而日渐沦为目光短浅的技术官僚的纤术细学。然而我们相信，随着管理中的人本学意义的发现，同时也随着管理学最终成为对人类社会的“整体功能”而不是对其局部的“质”或“量”的把握的学科，它将从一种为经营学服务的辅助性学科一跃成为一种具有领导性和统摄性的学科，而再次登上“元社会学”的宝座。

而这不正同时也意味着人类真正地自觉支配自己的时代的到来吗?

第三章 唯生主义

第二部分 礼治理论

第一章 礼的历史考查

第二章 “有意味的形式”

第三章 “情深而文明”

第三部分 仁治理论

第一章 仁的本质规定

第一部分

中国古代哲学的基本精神

任何管理思想都是以一定的哲学思想为基础和前提的。西方的管理思想是如此，对于坚定坚持“体用不二”“知行合一”的中国古代“治”的理论来说更是如此。因此，在本书开始之前，我们将对中国古代“治”的理论所基于的哲学思想予以深入的讨论。只有这样，我们才能够高屋建瓴地把握有别于西方管理理论的中国古代管理理论的内容与实质，才能够真正入室操戈地步入广大而精微的中国古代“治”的领域。

本书认为，中国古代哲学的基本精神可概括为三个不可分割的方面，即彻底经验主义、人本主义以及唯生主义。

第一章
彻底经验主义

一、西方哲学的超验主义倾向

我们面前的世界其本质最终是可以经验的，抑或是不可经验即超验的？对这一问题的不同回答，实际上可以视为是划分中西两种不同哲学的根本的分界。

区分现象与实在，亦即现代英国哲学家怀特海所谓的“自然之二分”，是西方哲学的基本特征和一贯传统。对于西方哲学家来说，所谓现象，即外部世界通过人类的感觉经验所呈现给我们的东西；而所谓实在，则是那种隐匿在现象背后的、作为被呈现者自身的东西。因此，前者属于可感世界而“现而不实”，而后者则属不可感世界而“实而不现”。我们看到，早在古希腊巴门尼德就提出“意见”与“真理”二者的对立，柏拉图则宣布了“幻影”与“理念”之间的分歧。也正是基于这种两界的设定，集古希腊哲学之大成，亚里士多德把“在”本身从“在者”中施以剥离，使后者从属于经验的科学，使前者属于超验的本体，最终在西方学林中为所谓的“形而上学”开辟了一席之地。

中世纪经院哲学被史学家们目为西方哲学的“黑暗时期”，但是在坚持现象与实在对立这一西方哲学传统方面，经院哲学家们并不逊色于古希腊人。这种对立不仅表现为名辨问题上的唯名论与唯实论之间的尖锐对峙，而且以极为激进的形式表现在神学领域。从所谓的人与神、尘世与天国的二分的假定到安瑟伦、托马斯对上帝超越性的论证，都无不是对这一点的印证。因此，人们不无理由地发现，西方哲学对于神学不唯并行不悖，而且正是由于这种哲学，才使神学为自己的存在根据找到了最好的说明。

如果说，现象与实在的对立倾向在西方古代与中古哲学中仍属隐而不显的话，那么，这种倾向在西方近代则为蹈常袭故的哲学家们进一步发扬而推向极致，这就形成了以英国经验论和大陆唯理论为代表的势如水火的两大对抗系统。一方面，英国经验论从现象的经验出发摒弃实在的本质，宣称唯有特殊的感觉经验才是唯一可信验的东西，从而最终走向相对主义的怀疑论。另一方面，大陆唯理论从实在的本质出发无视现象的经验，坚持唯有先验的普遍的理性才是通向真理的唯一途径，从而流于绝对主义的独断论。因此事实表明，西方近代哲学所引以自豪的对古希腊传统的“复兴”，不过是重新回到哲学分裂的别称，而它的所谓对“人类理性”的“启蒙”，不仅无助于医治西方文化的沉疴旧病，而且无疑于旧伤添新痕，使西方文化一步步迈向死胡同。

在西方哲学史上，康德无疑是一个值得大书特书的人物。站在时代的前沿，他比任何人都更痛切地意识到哲学分裂所带给西方文化危机的深重，也比任何人都更彻底、更自觉地反省和批判西方日趋陈腐的二元论传统。而他的旨在沟通现象与本体的“先天综合判断”“先验统觉”“先验想象”等一系列极富建设性的思想的提出，使他的哲学远远超越了他的时代，对于备受哲学分裂之苦的西方哲学来说，不愧为一场震古烁今的革命。然而，康德的哲学努力，依然是先入为主地以现象与实在的区别为其前提的。故他反对认识的对象的超验，但同时又不忍割爱不可经验的“物自体”；他坚持先验意识的统一，但同时又断言知性与理性为背反的二律。所以，就其最终结论来说，以克服二元分裂为其宗旨的康德哲学，仍不失为是一种貌合神离的体系。

这种现象与实在之间的难以愈合的伤口，使西方哲学始终生活在不可知论的阴影之中。对于西方哲学家来说，既然我们的意识只可经验现象，那么，那种隐匿在现象背后的本体的实在，则只能属于意识鞭长莫及的领域。因此，我们不难看到，在西方哲学史上，可知论与不可知论一直结伴而行，实证主义与神秘主义始终共生共荣。也正是基于这种不彻底的“半截子”的经验主义，西方人使现象世界从属于科学，而把这一世界的真实的本体、最终的根据拱手让渡于神学。于是，展现在西方文化中的，一方面是科学的昌明，另一方面是神学的盛行；一方面在尘世中实证自己的感觉，另一方面在天国中超渡自己的灵魂。借助于科学人可以为我们面前的世界立法，但归根结底，这一作为主宰的立法者自身最终却又是冥冥之中的上帝的子民。

这是一种无“根”的文化。明白这一点，你就不难理解为什么德国哲学家胡塞尔“回到存在本身”这一口号振聋发聩地喊出了苦闷失落的西方哲学家的心声，成为他们共同的文化批判纲领。但是，循着西方传统哲学模式是不可能回到“根”、回到“存在本身”的。西方哲学这种无根症，实际上深深植于西方哲学的现象实在二分的传统哲学模式之中，而这种二分又深植于人的以逻辑—语言为其轴心和基础的人类普遍的思维模式和文化定向之中。因此，它几乎已成为一种人类文化的不治之症。然而，当我们把目光转向中国古代“道”的哲学的时候，我们发现，对这一问题的解决，中国人却早已陈仓暗度了。

二、“道”的非超验性质

当我们追溯人类文化初始形式——语言文字时，我们不能不注意到，在这方面，中西文化之间存在着极大的差异性。中国古代的文字，正如德里达所说，是一种“超乎一切逻各斯中心主义之外”的文字。换言之，它是基于“象形”原则的一种“字中有画”的图画文字，文字的形式就比象于所指称的对象的形式，因此，与西方的具有高度抽象性的拼音文字不同，中国的文字可以“望文生义”，其形式与内容、表达与意义具有不可分割的整体性。

不独中国古代的文字是这样，中国古代的语言形式亦如此。中国古代的语言强调“言之不文，行之不远”（刘知几：《史通·言语》），注重“比”“兴”的运用，讲求“气韵生动”，没有系动词“是”及没有数、性、格、时方面烦琐的规定。这些都使中国古代语言有别于具有严格语法体系的西语形式，更贴近语言所表达的生动的实际内容。

因此，无论是中国古代的文字，还是中国古代的语言，都诉之以“文”，以“文”取胜。文者，美形式也。推而言之，不是舍象取义的“抽象”，而是以象寓义的“象征”“隐喻”，实际成为中国古人表达方式的最基本特征。

“语言是在的家”（海德格尔语），人类的表达方式是哲学的真正故乡。如果说，从西方的抽象主义的表达方式里最终派生出现象与实在二分的这种超验主义思想的话，那么，正是这种象征和隐喻的表达方式，则成为中国彻底经验主义哲学的滥觞。

所以，与西方哲学不同，中国哲学向无现象与实在二分的文化倾向。南宋胡宏说：“释氏见理而不穷理，见性而不尽性，故于一天之中，分别幻华真实，不能合一，与道不相似也”（《知言》）。这里所谓的分别幻华与真实，即分别现象与实在。对于中国哲学来说，“假作真时真亦假，无为有处有还无”，幻华（现象）与真实（实在）并非判然有别的，而是形二实一的。这种亦幻亦真，亦虚亦实的东西，就是被中国哲学家视为“大一”的道。

在中国哲学家看来，道是宇宙的终极实在：它是“一”，是“常”，是“太极”、是“万物之毋”“万物之奥”。因此，它具有本体论的优先地位和形而上的属性，而不同于具体的万事万物：“道可道，非常道；名可名，非常名”（《老子·一章》）。但是，这种不可言说无以名状的道并不因此而被中国哲学家视为非经验的东西。故我们看到，一方面老子认为道是“惚兮恍兮”“窈兮冥兮”，另一方面他又认为道是“惚兮恍兮，其中有象；恍兮惚兮，其中有物。窈兮冥兮，其中有精；其精甚真，其中有信”（《老子·二十一章》）。一方面庄子宣称道可以“神鬼神帝，生天生地”，另一方面他又断言道是“在太极之先而不为高，在六极之下而不为深，先天地生而不为久，长于上古而不为老”（《庄子·大宗师》）。一言而蔽之，道兼有形而上与形而下的双重属性。同时，也正是基于道的这种“和光同尘”的性质，庄子愈发皇地得出了“道在屎溺”的结论：

东郭子问题于庄子曰：“所谓道，恶乎在？”

庄子曰：“无所不在。”

东郭子曰：“期而后可。”

庄子曰：“在蝼蚁。”

曰：“何其下邪？”

曰：“在稊稗。”

曰：“何其愈下邪？”

曰：“在瓦甓。”

曰："何其愈甚邪？"

曰："在屎溺。"

东郭子不应。庄子曰："夫子之问也，固不及质。正获之问于监市履狶也，每下愈况。汝唯莫必，无乎逃物。至道若是，大言亦然。周遍咸三者，异名同实，其指一也"（《庄子·知北游》）。

庄子之所以宣称："道在屎溺"，并非故作惊世骇俗之论，而是旨在破除人们对道的"形而上"迷信。他不无机智地表明，形而上的东西与形而下的东西不仅难舍难分（"无乎逃物"），而且也因其相反而恰恰相成（"每下愈况"）。因此，经验事物之于道，既不是黑格尔所谓的"理念"异已为"他物"，也不是柏拉图所谓的实在歪曲为"幻影"，相反，沉沦即超越，遮蔽即澄明，二者终归不外乎是"异名同实，其指一也"的东西。

这就为我们揭明了中国哲学所特有的"本质直观"的思想。对于中国哲学家来说，既然道只有在经验事物中表明其所是什么，那么，"唯下学乃可以上达"，对经验事物的把握亦就是对道的把握。这样，道终究并非是隐匿在经验背后唯有借助神启才可获知的超验之物，而成为可以"直接看"即直接经验而具有明证性的东西。因此，"道在屎溺"，不仅使道从天上回到了人间，并且最终使不可企及、扑朔迷离的"形而上学"成为"愚夫愚妇可以与知"的平凡真理。

需要强调指出的是，中国哲学所讲求的对道的这种直观经验的所谓"经验"，并非西方哲学家所津津乐道的日常的"感知经验"。在中国哲人看来，日常的感知经验听命和执着于语言—逻辑模式而不能自主，它非但使人无从把握道，反而恰恰造成了对体道的遮蔽和迷误。因此，要真正体悟道，就必须摆脱日常感知经验对人的限制，超越语言、逻辑对思的束缚。这就是中国哲学中所谓的“为道日损”原则的提出。

因此，尽管中国古代的语言文字被人认为是超乎逻各斯中心主义之外的，但是，它之作为语言而一旦诞生，就不可避免地具有一定的逻辑抽象功能，而这一点恰恰与道的体悟不可相容。所以，中国哲学家坚持“不落言荃”，反对“死在句下”。不仅道家提出“多言数穷”“知者不言，言者不知”，而且儒家也把“木讷”视为君子的美德而极力主张节省语言。

破除语言之蔽与破除逻辑之蔽其实是同一个问题的两个方面。主张“不立文字”，必然主张“不谴是非”。因此老子提出“智慧出，有大伪”（《老子·十八章》），庄子宣称“是非之彰也，道之所以亏也”（《庄子·齐物论》），“与其誉尧而非桀，不如两忘而化其道”（《庄子·大宗师》）。这样，不仅摒弃了语言，而且忘却了是非，“损之又损，以至于无为”。“忘足，履之适也；忘要，带之适也”（《庄子·达生》），只有忘掉了所有这一切，我们才能彻底摆脱对道的种种人为的偏执，使自己融身于道之中，“忘适之适”地真正与道契合为一。

总之，中国哲学的“道论”为我们揭示了道与经验世界的一种“不越不泥”的关系。其之“不越”并不意味着对经验世界的固执和拘泥，而其之“不泥”也并不意味着对经验世界的超越和背离。我们看到，正是这种“不越不泥”，使中国哲学一开始就避免了在超验与经验之间紧张的二元对立，以其“从容中道”性质而与“非此即彼”的西学迥然相异。

三、作为中国传统的彻底经验主义

综上所述，道家认为，道是宇宙本体，而这种本体并非超验的而是显现于具体的经验事物之中的，因此唯有经验事物才是达观道的唯一途径。其实，这种“下学上达”的彻底经验主义思想并非道家所独具，而是为中国大多数哲学家奉为圭臬。在绵延千年的中国历史上，它实际成为历久弥新最富生命力的哲学文化传统。

例如孔子，作为儒家的一代宗师其学问被视为“仰之弥高，钻之弥坚”，但这并不因此而使其学说蒙上厚厚一层超验、神秘的阴影。他不仅亲自为儒学奠定了“切问近思”（《论语·子张》）、“不怨天，不尤人，下学而上达”（《论语·宪问》）这一由下及上、由显入微的治学纲领，而且以此出发而力主对超验之物存而不论。诸如《论语》中的“夫子之言性与天道，不可得而闻也”（《论语·公冶长》）、“子不语怪力乱神”（《论语·述而》）、“敬鬼神而远之”（《论语·雍也》、“未能事人，焉能事鬼”“未知生，焉知死”（《论语·先进》），这些被墨子斥为“以天为不明，以鬼为不神”的言论，正表现了孔子的一种彻底经验主义的“实学”精神。

再如被中国哲人目为“继往圣，开来学”儒家经典之作《中庸》，其所以以“中庸”命名，就是旨在阐明道的中和

(“中”)平常(“庸”)的性质。因此,《中庸》再次申明了孔子反对“索隐求怪”的思想,坚持道不仅“隐”而且“费”,不仅“极高明”而且“道中庸”,恰如“鸢飞戾天,鱼跃于渊”,是一种即上即下(“上下察”)的东西。也正是基于这一点,《中庸》明确提出“道也者,不可须臾离也,可离非道也”(《中庸》篇首),认为道终归不越伦常日用。“行远必自迩,登高必自卑”,只有“知远之近。知风之自,知微之显”,即从最切己的事情入手做起,才“可与入德”,即通达道的真谛而真正与道合一。

这种“下学上达”的彻底经验主义的思想,不仅突出地表现在中国古代的哲学思想上,而且还不无鲜明地反映在“中国式的宗教”,即禅宗的宗教学说里。“青青翠竹尽是法身,郁郁黄花无非般若”(《景德传灯录》,卷三),禅宗认为,直接经验的东西并非“现而不实”的幻影而恰恰是宇宙中最真实的东西。相反,一切脱离、超越直接经验的事物,诸如文字、语言、思维,都是迷幻不真的东西,而只能使人的认识误入歧途。因此,禅宗提出“不立文字”、鼓吹“用肚子去想”、主张“无知之知”,其主旨都是为了从间接的知回到直接的知,即回到对宇宙本体的直接的参悟。这不仅使禅宗的学说从枯寂的教义、浩瀚的经海中解放出来,而且最终导致“呵祖骂佛”这一对“佛”的偶像的激进的否定:

这里无祖无佛,达摩是老臊胡,释迦老子是干屎橛,文殊普是担屎汉,等觉妙觉是破执凡夫,菩提涅槃是系驴橛,十二分教是鬼神薄,拭疮疣纸……(《五灯会元》卷七)

因此，如果说庄子是中国“消解哲学”的大师的话，那么，禅宗则不失为“消解神学”的巨擘。“如来有密语，迦叶不复藏”，至尊无上的“佛”已经消解在人的直接经验中，成为历历可见的普通人的现实生活。故禅宗认为，对于佛性我们无需远离尘世去渡求，相反，“作用见性”，在“担水劈柴”“饥来吃饭，困来即眠”这些活动中我们就可以直接继承佛的衣钵。这样，在禅宗的学说里，我们毋宁说看到了一种“没有佛的佛学”，作为佛学中国化的结果，以超验主义为其宗旨的西方佛的学说，最终竟与反超验主义的中国道论不谋而合了。

不容讳言，在中国历史上，一度也出现过种种远离中国传统的超验主义的哲学学说，其最有代表性和蔚为大观的，则推为朱熹所发明的所谓“理学”。

必须承认，面对佛学大举入侵而以“卫道”自居的朱子理学，无疑具有浓厚的反佛学的色彩。朱熹反对佛学“虚其理”的超验主义路线，宣称“理是实理”“理在气中”，试图以“理”为哲学框架重振“道器无两”“显微无间”这一彻底经验主义的中国传统。但是，“所以然为理”（程颐语），理之为理，其表达本身就表明它根本不同于“自然而然”的道的概念。因此，语言不仅是“在的家”亦是“在的牢笼”，无论朱熹如何坚持理与气“不离不杂”，只要“理”一开口说话，实在与现象之间就不可避免地被打作两下。于是我们看到，正是基于其学说的这种劣根性，使朱熹的学说开始向一种“本质先于存在”的理论靠拢。其宣称“理在事先”：“未有这事，先有这理，如未有君臣，已先有君臣之理；未有父子，已先有父子之理”（《朱子语类》卷九十五），并从这种理的超验性出发，使“道心”“人心”鸿沟相隔、“天理”“人欲”势如水火。这样，理学与“吃菜事魔”的佛学不啻貌离神合，而最终流于一种“以理杀人”的学说。

但是，在漫长的中国历史长河中，理学这种超验主义思潮的出现，不过是一支小小的插曲。我们看到，早在朱子时代就出现过陆学对理学的尖锐批评，而逮至明代，这种批评愈演愈烈，遂酿成对理学彻底否定和重返中国传统的王阳明学说的产生。

王阳明对理学的批判，始于对朱熹“格物穷理”这一与中国传统格格不入的哲学命题的怀疑和反省。王阳明写道：

先儒解格物为格天下之物，天下之物如何格得？且谓一草一木皆有理，今如何去格？纵格得草木来，如何反来诚得自家意？（《王文成公全书》卷三）

在王阳明看来，朱熹企图通过“今日格一物，明日格一物”这种循序渐进的方式获得对宇宙本体的认识，不仅苦心焦劳，而且于事无补。其根本原因就在于，它既不能解决认识的无限与有限之间的矛盾，又不能克服物的外在性与意识的内在性之间的背反。因此，朱熹哲学的不逞使王阳明从“知觉”回到“直觉”，从“间接求证”重返“本质直观”。对于王阳明来说，这意味着被称作“实千古圣圣相传的一点滴骨血”的所谓“致良知”学说的发现。

王阳明认为，尽管“良知”是一种“不虑而知，不学而能”和“无间愚圣”的东西，但是对于我们的认识来说，它却不同凡响地堪称“圣门正法眼藏”。一旦我们在认识上回到这种人人自足的良知，那么，我们就能克服物的异己的超验性质，走出理学“析心与理为二”的误区，使心与物、心与理成为间不容发的彻底经验主义的一元化整体。故王阳明提出：

有是意，即有是物；无是意，即无是物；物非意之用乎？(《王文成公全书》卷二)

夫物理不外于吾心，外吾心而求物理，无物理矣；遗物理而求吾心，吾心又何物邪？(《王文成公全书》卷二)

心即理也，天下又有心外之事，心外之理乎？(《王文成公全书》卷八)

如果说，在先前的中国古代哲学家那里，中国传统的彻底经验主义思想毋宁说还裹藏在种种隐喻的外衣里而含而不露的话，那么，在这里，王阳明则用极为明彻的哲学语言使它进一步彰明较著。同时，也正是从这种“心外无物”“心外无理”的彻底经验主义思想出发，王阳明从认识论的心物的统一走向了本体论的体与用的统一，中国传统的“体用不二“的思想在其学说里被进一步鞭辟入里地得以揭明：

即体而言，用在体；即用而言，体在用。(《王文成公全书》卷一)

这样，“良知”不仅是认识的终极真理，而且亦不外乎是宇宙的真实本体。这就不言而喻地为我们点明了中国哲学的又一基本特征——“人本主义”。

第二章
人本主义

一、从“道”到“德”

在中国哲学里，为我们已揭明的彻底经验主义的思想必然呈现为两个相互关联的走向：一是从道的形而上走向道的形而下，一是从道的外在性走向道的内在性。如果说从前者出发形成了“显微无间”的中国思辨传统的话，那么基于后者则产生了“道德合一”这一中国哲学特有的思想。

道、德并称。道与德均为中国哲学的中心概念，但对于中国哲学家来说，二者的关系之密切犹如影子之随形、罔两之逐影。不仅《老子》一书“道经”与“德经”并提，被冠以“道德经”的名称，而且在老子的哲学理论里，二者常常互为补足、互为发明。例如所谓“孔德之容，惟道是从”（《老子·二十一章》)、“道生之，德畜之”“万物莫不尊道而贵德”(《老子·五十一章》)等，都无不是对这一点的说明。

那么，什么是德呢？韩子认为“德者，道之功也，”陆德明认为“德者，道之用也”，苏辙则称“德者，道之见也”。这些话表明，德与道不可分割，它不过是道的形而下层面，这一点已经成为哲学家的共识。但是，无论这些观点多么为人所认可，它们都是以道训德，而并没有说明德本身是什么。其实，据专家考证，中国哲学中德这一概念的产生不是在道的概念之后，而恰恰相反地在其之先。例如德的概念在殷商卜辞以及《尚书·盘庚》里就多次出现。因此，德的概念当有其自身固有的含义。许慎《说文解字》训德为得，《礼记·乐记》称“德者，得也”，再参以《尚书·盘庚》篇中的“做福做灾，予亦不敢动用非德”“天有远迩，用罪伐厥死，用德彰厥善”等语中关于德的用法，就可得知，德的原初本意实指得到、得失之“得”，即“行而有所取”(段玉裁注)之得。而唯有人才“患得患失”即有所取有所不取，所以用现代哲学语言加以表述，“得”不外乎就是指人的选择、人的目的。故后人用德径指人的品质，这实在是一件再自然不过的事情。

德的概念的目的性含义的发现，不仅对于我们理解德，而且对于我们理解道的概念无疑具有极为重要的意义。它毋宁向我们表明，作为宇宙本体的道实际上兼有真与善的双重的属性，它不仅是合规律性的，而且是合目的性的。就其合规律性而言被称之为道，就其合目的性而言则被称之为德。明白了这一点，在《老子》第一章中的颇为费解而注家蜂起的一段文字似乎就可以找到其正确的解释了：

故常无欲，以观其妙；常有欲，以观其徼。（帛书《老子》为：恒无欲也，以观其眇；恒有欲也，以观其所噭。）

很多注释者认为，老子学说的主旨是讲“无欲”的。故这里的“有欲”似属不通。但是，如果我们把这里的所谓“有欲”看作是“有所取”的合目的性的话，那么，老子在这里无非是讲以道的合规律性观察道的奥秘，以道的合目的性观察道的作用，这里在逻辑上丝毫没有什么抵牾之处。

因此，道家并非像一些人所指责的那样，是一种“蔽于天而不知人”的学说，相反，对于道家来说，天道即人道，天中有人，人中有天，天与终归是一种异名同实、形二实一的东西。这也说明为什么在老子和庄子的学说里，其宇宙论与人生论如此难舍难分地交织在一起，以至于缺乏西方哲学中的那种明确的界定。我们看到，王阳明曾用极为明快的语言把道的这种“天人不二”的性质揭露得淋漓尽致。他指出：

大抵道无天人之别，在天则为天道，在人则为人道。其分虽殊，其理则一也。(《王文成公全集》卷三十一)

明乎此，我们就不难理解中国哲人把宇宙本体之所以不称作“理”而称作道所独具之匠心了。许慎《说文解字》云：“道，所行道也，从辵首。”段玉裁注：“首者，行所达也；辵者，人所行也。”因此，道之所以为道，从字义构成本身就表明其即是合规律的（“道”），又是合目的的（“首”）。犹如一条所行之路一样，它不仅具有一定的规范性，而且还由于具有一定的选择性、方向性而打下了鲜明的人的烙印。

显然，道不同于为柏拉图、康德、黑格尔等人所揭示的作为西方哲学中心范畴的“理”（ideas 或 reason）的概念。如果说前者是合规律性与合目的性的整体、统一的话，那么后者则不过为一种“盲目的”合规律性的单向度的东西。我们看到，也正是从这种分歧出发，西方哲学径直发展为一种与人无涉的科学的知识论，而中国哲学则最终皈依了天人交融的充满诗意的美的学说。理与道的一字之差，实际上开出了中西文化的天壤之别。

需要指出的是，对于中国哲学来说，既然道被视之为所行之道路，那么，唯有行路者的人的产生才会有道路的产生：人不仅以其目的性支配了路的方向、目标的取舍，而且以其目的性根本地维持了路的活的生命。因此，尽管道是合规律性与合目的性的统一，但是，较之合规律性的东西来说，合目的性的东西实际上却具有本体论的优先地位。换言之，在道的学说里，“德”毋宁是一种更为始源性的事物。“德者道之舍”，唯有德才是道的真正的家、真正的故乡、真正的生息之所。

“鸢飞鱼跃，其机在我”，在中国哲学家看来，道的秘密就隐含在德这一人我里。

二、“我”的发现

中国哲学之所以坚持德具有本体论优先地位，这是由道的彻底经验主义性质得出的必然结论。也就是说，既然道非超验的，而是彻底经验化的东西，那么，这不仅意味着在认识上道的异己性的消失，而且也必然意味着在本体上作为体道的经验活动之主体的“我”实际上具有意义之母的功能和作用。因此，对于中国哲学家来说，主体即本体，“我”已不再被视为西方哲学家心目中的那种被动的知识接受器，而实质成为世界上万事万物意义的真正策源地。

《历代笑话选》中曾记载了这样一则笑话，从中不啻可管窥中国古人对“我”之观念：

一呆役解罪僧赴府，临行恐忘记事物，细加查点，又自己编成二句曰：“包裹雨伞枷，文书和尚我。”途中步步熟记此二句。僧知其呆，用酒灌醉，剃其发以枷套之，潜逃而去。役酒醒后曰：“且待我查一查看，包裹、雨伞有。”摸颈上曰：“枷，有。”文书，曰：“有。”忽惊曰：“嗳呀，和尚不见了。”顷之，摸自光头曰：“喜得和尚还在，我却不见了。”

“我”的“遗失”之所以让人哑然失笑，就在于不仅“我”是世界上最自明而无可置疑的东西，而且还在于如果没有“我”则“包裹”“雨伞”“枷”“文书”“和尚”这些经验事物就根本无从谈起。因此，“万物皆备于我”，“我”毋宁在意义论上是世界上万事万物的第一始源、第一前提。诚如王阳明所说：“天没有我的灵明，谁去仰他高；地没有我的灵明，谁去俯他深；鬼神没有我的灵明，谁去辨他吉凶灾祥。天地、鬼神、万物离却我的灵明，便没有天地、鬼神、万物了。”（《王文成公全集》卷三）无视这一点，而企图以舍内求外的方式寻求世界的所谓本源，所谓终极真理，在中国哲学家看来，这无异于“骑驴觅驴”。

这是一种中国式的“此在的本体论”。在西方现代哲学里，德国哲学家海德格尔一度提出与西方传统趣旨迥异的本体论，坚持世界的实质是“此时此地”的“此在”（desein），“在世”即“在此”。无独有偶，我们看到，中国哲学家亦一贯主张“当下便是”“即此便是”“千年万年只是一个当下。信得此个当下，便信得千万个”（《明儒学案》卷十六，江右王门学案一），认为道并非远在天边，而恰恰就在人脚下，反对“道在迩而求诸远，事在易而求诸难”这种千般求索百般做作。对于中国古代哲学家来说，“能尽我心，便与天同”，一旦我们以“切己自返”的方式从“远”回到“近”，从“彼”回到“此”，即由“非我”回到“我”的话，那么，我们就能执整个世界之牛耳，无入而不自得地与世界最真实的道妙合为一了。

显然，这是一种“依自不依他”的学说。对于中国哲学家来说，不仅道是“法自然”的而非听命于他物的，而且那种最终与道为一的“我”亦是自在自为而“率性自然”的。陆子提出：“收拾精神，自作主宰。万物皆备于我，有何欠阙”？我们看到，也正是从这种“自作主宰”的思想出发，中国哲学反对“唯他是从”，强调“自观”“自得”“自觉”“自省”“自重”而处处依重“自性”。在其看来，“自在”即可“自为”，“安身”即可“立命”，故中国哲学不是最终投入“道能弘人”的命定论的怀抱，而是一开始就与“有性焉，君子不谓命也”这一“人能弘道”的自由意志学说息息相通。

需要指出的是，如果说西方哲学晚自笛卡尔才迷途知返地通过“我思故我在”的认识还原法发现了“我”的本体论意义,而开人本主义之先河的话,那么,中国人则早在华夏文明伊始就已独具只眼地使人本的思想昭揭于世了。古《尚书》写道:

天聪明,自我民聪明。天明畏,自我民明威。达于上下,敬哉有土!(《尚书·皋陶谟》)

在舜帝的大臣皋陶看来,天与人不仅上下相通,而且天最终是以人为其根本。其实,这种人本主义的宏论在中国哲学史上并非空谷足音,它毋宁成为不绝如缕的千古之唱。在中国最早的一部编年体史书《左传》中,我们就可以屡屡找到它的回声:

吾闻之,国将兴,听于民;将亡,听于神,神聪明正直而壹者也,依人而行。(《左传·庄公三十三年》)

是阴阳之事,非吉凶所生也,吉凶由人。(《左传·僖公十六年》)

天道远,人道迩。非所及也,何以知之?(《左传·昭公十八年》)

在先秦诸子学说里,伴随着对“道”的自觉,这种人本主义也始终成为哲学家关注的焦点。不仅以经世致用为宗旨的儒家学说明确提出“人能弘道,非道能弘人”(《论语·卫灵公》)的观点,并以此为基石构筑其人本主义的伦理政治学体系,而且道家的索隐钩玄的宇宙论亦最终由“道”回到“德”,由“天”回到“人”,不是“坐而论道”的“道理”,而是“替天行道”的“圣人”实质上成为其学说的终极企盼和真正核心。

如果说先秦哲学为中国古代人本主义思想正式奠定了基础

的话，那么《中庸》则百尺竿头更进一步地使其成为明确的哲学纲领。《中庸》从“道不远人”这一彻底经验主义的中国传统出发，开宗明义宣称“天命之谓性”：天是可经验的（性字从心）而不越“性”的范畴，而“率性之为道”：循性而行毋宁说就是天之所以为天之道。因此，“天道”最终落实到“人性”。尽性方能知天，成己才可成物，这就是在《中庸》中被人千古传诵的“中国古代人性论宣言”的推出：

唯天下至诚，为能尽其性；能尽其性，则能尽人之性；能尽人之性，则能尽物之性；能尽物之性，则可以赞天地之化育；可以赞天地之化育，则可以与天地参矣。（《中庸·右第二十一章》）

作为对孟子“尽心、知性、知天”路线的续承，《中庸》在中国哲学史上的地位不仅在于它上宗先秦，而且更重要的，还在于它直接开出了宋明。也就是说，从《中庸》出发，宋明哲学家们不仅以“人学”最终战胜了“佛学”，而且“青出于蓝而胜于蓝”，《中庸》所体现的这种人本的原则被宋明哲学家们进一步发挥、播扬，从而中国的人本主义传统在宋明之际被推向烂熟阶段。

在宋明哲学里我们看到，无论是周敦颐的“太极即人极”的理论，还是张载的“民胞吾与”的观点，抑或是程颐的“心即性”、陆子静的“心即理”的思想，都极为明彻地以“人”作为其宇宙论的坚实基点。因此，面对佛学的咄咄逼人的文化入侵不仅没有使中国人本主义哲学传统改弦易辙，而且恰恰相反，正是在与佛学的尖锐的哲学对抗中，中国哲学“师夷之长技以制夷”，吸取了佛学体系的精密性与思辨性的特点，从而在反复对勘、千锤百炼中使自己的人本主义思想从朴素的直观走向论证的必然而日趋成熟完善。而作为宋明人本学哲学的最高成就，就是被称之为“即之若易，而仰之愈高；见之若粗，而探之愈精”的王阳明“心学”体系的产生。王阳明带有总结性地写道：

人者，天地万物之心也。心者，天地万物之主也。心即天，言心则天地万物皆举矣，而又亲切简易，故不若言人之为学，求尽乎心而已。(《王文成公全书》卷六)

这是向中国古老的“人元”思想的彻底归返。叶落根呈，王学作为中国哲学的晚成形式再次向我们表明，中国哲学的“根”最终不是指向天而是指向人的。

三、“内在的超验”

需要指出的是，中国哲学的人本学里所强调的“我”，不是常识意义上的“我”，而是哲学意义上的“我”。也就是说，它不是作为生理我、家庭我、世俗我的个别的“私我”“小我”，而是作为宇宙我的普遍的“公我”“大我”。用现代哲学语言来表述，它是有别于“经验自我”的“超验自我”。“超验”者，超越于经验也。“我”，犹如照相机的镜头，它可以拍下世间的万事万物，而唯独不能拍下它自己。因此，“我”已不复有任何经验对象属性，它毋宁说已成为不可指陈的作为前谓词真理的“忘我”“无我”之“我”，即一种名符其实的彻底的“我”。

也正是从“我”的这种超验性质出发，你才能明白，为什么中国哲学中的“我”不是哲学中的相对的“多”而是绝对的“一”，为什么这种“我”被哲学家们视为先于任何始因和前提的宇宙的终极始因和绝对前提。同时，也正是从“我”这种超验性质出发，你才能明白庄子笔下的“至人”“真人”之所以可以汪洋恣肆、无往不往地作“逍遥之游”其所寓含的哲学深意：

若夫乘天地之正，而御六气之辩，以游无穷者，彼且恶乎待哉。（《庄子·逍遥游》）

至人神矣！大泽焚而不能热，河汉沍而不能寒，疾雷破山而不能伤，飘风振海而不能惊。若然者，乘云气，骑日月，而游乎四海之外，死生无变于己，而况利害之端乎！（《庄子·齐物论》）

这里的描绘并非痴人说梦。如果你一旦明白庄子学说里的“天地与我并生，而万物与我同一”（《庄子·逍遥游》）里的“我”并非“经验自我”，而是“超验自我”的话，那么这种描绘就丝毫不为过分。其实，庄子在这里所极力渲染的“逍遥”之说，正是对“超验自我”的“我”的超越性的传神之论。

庄子认为，这种“我”不独与“经验自我”迥然异趣，而且唯有舍弃、超越“经验自我”，“我”才能真正地回到我自身。在他看来，“经验自我”的“我”被功利所驱使，被事非所固执，被形体所限制，是一种被外在对象牵着鼻子走的“假我”，它恰恰是“向我属性”的丧失而不成其为“我”。故“人之君子”即为“天之小人”（《庄子·大宗师》），而要回到真正的

“我”，就必须摆脱掉所有这一切，“忘我”才能“有我”。这就是庄子学说中回到“无我之我”的“坐忘”方法论的提出：

颜回曰：回益矣。

仲尼曰：何谓也?

曰：回忘礼乐矣。

曰：可矣，犹未也。

他日，复见，曰：回益矣。

曰：何谓也?

曰：回忘仁义矣。

曰：可矣，犹未也。

他日，复见，曰：回益矣。

曰：何谓也?

曰：回坐忘矣。

仲尼蹴然曰：何谓坐忘?

颜回曰：堕肢体，黜聪明，离形去知，同于大通，此谓坐忘。(《庄子·大宗师》)

因此，正如在中国古代道的学说里，其认为直悟道就必须“为道日损”而破除对日常经验的而的偏执一样，在中国古代“我”的学说里，其坚持要回到“我”也必须克服对日常我的迷信。但是需要特别强调指出的是，尽管中国哲学鼓吹“我”的超验性，但是无论这种超验如何超验，它都依然是一种内在于我的经验里的“非我莫属”的超验，即所谓的“内在的超验”。因此，它完全不同于那种外在于我的经验的而与我全然无涉的“外在的超验（正如西方哲学中的“上帝”“理念”

“物自体”等概念所表明的那样）。易言之，它既是超验的，又是内在的，既是“无我之我”，又是“有我之我”；“勿助”即为“勿忘”，从“经验自我”的撤出也恰恰是最真实最彻底地向其返回。从这意义上讲，正如中国哲学里形而上的道即为形而下的器一样，中国哲学里“超验自我”与“经验自我”最终也亦是二而一的。

这是一种为中国哲学所特有的“不即不离”的关系。它毋宁说为我们揭明了中国古代人本主义学说的“极高明而道中庸”的性质。也就是说，既然“我”并非“经验自我”而为“超验自我”，那么，中国古代的人本主义并非一些人所断言的那样没有超越精神，而恰恰相反。对于中国人来说，人性即神性，正是人本身在世间万事万物中脱颖而出，成为宇宙超越精神的真正象征。这是其一。其二就是，既然这种“我”又内在于“经验自我”中，那么，“我”对超越性的追求就无需远离世俗另辟蹊径去企求，而恰恰相反，正如“唯下学可以上达”一样，从“践形”中就可以“尽性”，“我”的超越性并非什么神秘的幽灵，它其实就体现在具体生动的我的日常生活之中。

于是，“我”已经成为一种两栖的“我”。“我”不仅可以脚踏实地地生活在世俗世界中，而且同时也可以出神入化地与神相会。因此，对于中国古人来说，入世即为出世，“性尽”就可“神穷”；虽“不住涅槃”但却能“立地成佛”，虽“不舍众生”，但可直面死的威胁。故中国文化没有宗教却胜似宗教，不越世俗而又远远超越世俗。而这一文化尽管不失平和但其雄风历千年不灭，不正也可以从这种“内在的超验性”里为其找到最好的注解吗?

王阳明说得好:“吾儒着相,其实不着相,而佛氏不着相,其实着了相。”(《王文成公全书》卷三)如果说中国哲学是一种“内在超验”型学说,其内在性(“着相”)与超越性(“不着相”)不可分离而最终由内在性推出超越性的话,那么,西方哲学则是一种“外在超验”型学说,其超越性外在于内在性里而最终走向超越性的取消主义。也就是说,西方哲学固然不乏对“我”的积极肯定,但是,其“见理不能穷理”则必然“见性不能穷性”,无论是其“我思故我在”的“我”还是其“我欲故我在”的“我”,“我”都依然囿于“知性”“情欲”这些经验的对象性里而最终仍不失为一种“经验自我”。这样,“小我”被西方人牢牢地据为己有,而真正本体的“大我”却被慷慨地奉送给彼岸的上帝,于是,在西方人那里我们看到这样一种自相矛盾的哲学游戏:一方面“我”不无骄傲地宣称我是“万物的尺度”而把唯我论推向极致。另一方面“我”却极为谦卑地听凭上帝对我的主宰而使我成为唯“他”是从的东西。

这是“我”的一种真正的迷失。在近现代,这种迷失不仅没有缓解,相反地由于种种“假我”力量的迅猛扩张而使其危机日益深重。同时,也正是基于对这一哲学困境的反思,在西方文化领域,一场一反西方传统的、旨在从“外”转向“内”、从“彼在”转向“此在”的“本体论革命”正在兴起。而这不也正向人们表明,中国古代的“内在的超验”的学说不仅没有过时,而且随着时代的进展推移而日益显示出其不朽的生命力吗?

第三章
唯生主义

一、“生生之谓易”

我们的研究已经表明，与西方“二分法”哲学不同，中国哲学其实是一种道器无两、体用不二的学说。而其之所以如此，追其究竟，根本原因就在于中国哲学把本体不是像西方哲学那样视为某种实体性的东西，而是把它最终看作为是一由隐向费的生生不已的显现和实现的过程。明代硕儒薛瑄曾一语中的地向我们道破了这一奥秘：

费是隐之流行处，隐是费之存主处。(《明儒学案》卷七)

在这里，本体(“隐”)与显体(“费”)已不再被看作“本体论”意义上的“实”与“幻”的关系，而是更鞭辟入里地被视为“变化论”意义上的源与流、根与末的关系。犹如泉之流淌为江河，根之萌蘖为枝叶，本体已彻底融身到其自身的发布流行的过程之中：

主宰即流行之体，流行即主宰之用。（《明儒学案》卷十二）

因此，“主宰即流行”。对于中国哲学家来说，本体最终并非是什么本有的、实有的“体”，而是“水外无流，流外无水”，“即用显体”地成为作为显现整个过程的一条“流”。“有有无之分，非穷理之学也”（张载：《正蒙·太和篇》），这就把我们的本体论的探索从“有论”带到中国哲学的真正源头——“易”（“变易”）的学说。

毋庸讳言，在西方哲学中人们固然可以找到对“变易”思想的种种肯定，例如赫拉克利特的“无物常住，一切皆流”的学说的提出，黑格尔对作为“有”与“无”的对立统一的“变”的范畴的揭示。但是不无遗憾的是，这些思想都并未深入挖掘“变易”思想的深层意义，而仅仅停留在现象论和方法论的层次上。在人类哲学史上，只有中国人不仅把“变易”的学说（“易经”）尊崇为“群经之首”，而且第一次破天荒地提到“与天地准”的高度。中国哲学家写道：

易与天地准，故能弥纶天地之道。（《周易·系辞上传》第四章）

夫易，广矣大矣！以言乎远，则不御；以言乎迩，则静而正；以言乎天地之间，则备矣。（《周易·系辞上传》第六章）

子曰：“夫易何为者也？夫易开物成务，冒天下之道，如

斯而已者也。是故，圣人以通天下之志，以定天下之业，以断天下之疑。”（《周易·系辞上传》第十一章）

《周易》认为，既然这种宇宙的终极真谛的“易”意味着“日新”的“变易”，那么，“易”的实质也就是一种“富有”的“生成”。因此“易经”实为“生经”，“天只是以生为道”（《遗书·二上》）。故《周易》不仅开宗明义地提出“生生之谓易”（《周易·系辞上传》第五章）、“天地之大德日生”（《周易·系辞下传》第一章），而且微诸男（阳）女（阴）地大谈生的活动。从比象于男女生殖器的八卦根本符号的推出，到露骨宣称“乾道成男，坤道成女”“天地姻缊，万物化醇；男女媾精，万物化生”及“夫乾其静也专，其动也直，是以大生焉；夫坤其静也翕，其动也辟，是以广生焉”（《周易·系辞上传》第六章），这些为今之缙绅先生所难启齿的原始的“性崇拜”理论，实际上成了中国古人的入“易”之门。于是乎，男女之“性”（sex）与天地之“性”（attribution）不仅在古老的易学里可以通用，而且最终是由男女之性开出天地之性。

值得注意的是，在现代西方哲学家海德格尔那里，人们亦看到了一种与西方“有”的哲学传统背道而驰的“生”的学说。但是，海德格尔所谓的“生”，不过是对“在者”（being）加以哲学推演还原的所谓“在之所以为在”的“去在”（to be），从而不可避免地留有“存在主义”的印痕。因此，“血管里流的是血，水管里流的是水”，无论海德格尔回到“生的哲学”的意愿是多么真诚，由于他依然泥于为语言逻辑所规定的西方思辨传统，故他的学说仍不失为一种与生的真谛格格不入的“以思执破思执”的东西。然而对于中国哲学家来说，既然道最终落实到现实生活中的人，那么作为道之真正本质的“生”就并非是什么远不可及、深不可测的东西。相反，愈直露愈精深，愈原始愈文明，它就“本质直观”地体现在“人之所以为人”即“造端于男女”这一朴实无华的活生生的事实之中。所以，“易则易知”，“生”的真理是完全无需推演和还原的，正如“大言不辩”的道一样，它是一种无须揭明而最自明的东西。

这种“生”的哲学不仅以其直截的自明性高出西方人一筹，而且在“生”的本质的深入探索方面亦远远走在人类哲学的前头。这就是中国哲学中关于“几”“时”及“死”的理论的提出。

先谈“几”。关于“几”，《周易》中有如下论述：

夫易，圣人所极深而研几也。惟深也，故能通天下之志；惟几也，故能成天下之务；惟神也，故不疾而速，不行而至。（《周易·系辞上传》第十章）

子曰：知几其神乎？君子上交不谄，下交不渎。其知几乎？几者，动之微，吉之先见者也。君子见机而作，不俟终日。（《周易·系辞下传》第五章）

显然，所谓“几”，即有别于事物即成的显态的“动之微”。而所谓的“动之微”，即作为事物的从无向有过渡的潜在、萌芽形式的“尚未”。周子谓：“动而未形，有无之间为几。”因此，“几”是一种“可能性”的而非“现实性”的东西，而易之所以为易，生之所以为生，其实就是以这种可能性为其本质属性的。它表明了“生”最终并非是一种规定了的东西，而是敞开自己而通向无限可能的“生物不测”的领域。所以，“知变化之道者，其知神之所为乎!”（《周易·系辞上传》第九章）“通几”即为“知神”，“见机而作”即可以“幽赞於神明”。“几”，毋宁已成为中国哲学中最终“退藏于密”而“不可致诘”的东西。而孟子之所以教人培养所谓“善端”，先儒之所以令学者观所谓“未发气象”，其实也正是以这种至极的“几”作为其哲学依据的。

再谈“时”。在中国哲学里，既然“生”被看作以“能变”方式日新又日新的展开过程，那么，就不是一成不变的空间性，而是不断向前推移的时间性决定了“生”的实际状态。时间，作为“生”的本质毋宁成为“生”的一种“无规定的规定性”。因此，《周易》的“观变”最终落实到“明时”。翻开《周易》，其中关于“时义”的论述比比皆是：

变通配四时。(《周易·系辞上传》第六章)

变通者，趣时者也。(《周易·系辞下传》第一章)

变通莫大乎四时。(《周易·系辞上传》第十一章)

天地盈虚，与时消息。(《周易》，丰)

与时偕行。(《周易》，乾)

随时。(《周易》，随)

失时。(《周易》，失)

明时。(《周易》，革)

对时。(《周易》，无妄)

时止则止，时行则行；动静不失其时，其道光明。（《周易》，艮）

总之，人们看到，“时”已经成为经天纬地、占凶卜吉的易学的真正宗枢。故惠定宇言：“易道深矣！一言而蔽之，曰：时中。”因此，“因时”才能“不失其几”，“因时”才能不失其“中”。我们看到，为《周易》首揭的这一“时间本体”的思想实际上也已成为中国文化的基本特征。例如中国古文字常常训“是”为“时”，中国人的世界观亦“宇”“宙”并论而“宇”不离“宙”。而且中国人的社会道德观念也为“时论”所左右，以至于孔子被誉为“圣之时”，“为圣”与“因时”被视为异名同实的东西。看来，一些学者把中国文化称为“时际文化”以区别于西方的“太空文化”，这的确不失为一种极有见地的看法。

需要指出的是，既然“时”被中国哲学视为“生”的本质规定，而时间本身又作为“始”与“终”的统一而为一种始中有终、终中有始的整体性的东西，那么，“原始反终，故知死生之说”，中国的“生”的哲学不仅通向“生”，而且亦同时向“死”敞开着。换言之，生作为“生命”现象，不仅意味着作为无限定的可能性的“生”，而且也同时意味着作为有限定的不可能性的“命”，它是“生”与“命”的统一形式。关于这一点，中国古代哲学家写道：

夫大块载我以形，劳我以生，佚我以老，息我以死，故善吾生者，乃所以善吾死也。（《庄子·大宗师》）

生也死之徒，死也生之始，孰知其纪？人之生，气之聚

也。聚则为生，散则为死。若死生为徒，吾又何患？故万物一也。(《庄子·知北游》)

有生者必有死，有始者必有终，自然之道也。(扬子云:《法言·君子》)

存，吾顺事；没，吾宁也。(张载;《正蒙·乾称》)

因此，在中国哲学家看来，正如昼不舍夜、江不废流一样，死并非是生的否定、不在和褫夺，而不啻为生本身的一种表现形式，即一种海德格尔所说的“不可能的可能性”。不仅“未知生，焉知死”，而且只有一个人临尸长歌当哭的时候，他才可能真正体验生的真谛。因此，“君子曰归，小人曰死”，一个人如果不为自己的形体、私欲所蔽而与宇宙的大化的道融为一体，即从“有”与“无”的坚执走向“始”与“终”的为一，那么他就可以“得正而毙”，他就不仅不会悦生恶死而具有死的恐惧，而且还会“生死无变于己”地把死视为“大归”而领略到一种还乡之喜。

我们看到，正是基于这种对生死问题的深刻理解，中华民族以其不贪求“永生”“灵魂不死”而成为“不惧死的民族”；与此同时，该民族又以其“厚生”的灿烂的成就闻名于世而使其他民族相形见绌。

二、“阖辟成变”

孔子曾由衷而发：“易其至矣乎!”中国易学的至极之精

深不仅表现在其把宇宙的本质看作是以时间为枢轴、以可能为内容的“生生”的展开过程，而且还表现在它提出了“一阖一辟谓之变”（《周易·系辞上传》第十一章）的理论，由此为我们揭示了“生生”的真正的动因。

所谓“阖”，即一种拘敛关闭的趋势；所谓“辟”，即一种舒放开辟的趋势。依张子之见，一者为“聚”，一者为“散”。如果说前者表现了事物主守的稳定的方面（“阴”）的话，那么后者则与之相反，表现了事物健动的非稳定的方面（“阳”）。易学认为，正是由于这二者的交互作用，才形成了宇宙大化的恒动不已、恒生不息的生命过程。现代新儒家主要代表熊十力先生曾对这种“阖辟成变”做了如下说明：

> 一阖一辟之谓变。原夫恒转之动也，相续不已，动而不已者，本非浮游无据，故恒摄聚。惟恒摄聚，乃不期而幻成无量动点，势若凝固，名这为阖。翕则疑于动而乖其本也。然俱时由翕故，常有力焉，健以自胜，而不肯化于翕。以恒转毕竟常如其性故。……一翕一辟，若将故反之而以成乎变也。（《新论》，第69页）

令人惊异的是，为熊十力先生所力揭的这种中国古老的“阖辟成变”的思想，竟然可以在现代自然科学里找到其最好的理论回应。当代研究生命科学的巨擘比利时物理学家普利高津认为，生命是一种所谓的“耗散结构”，即通过稳定—不稳定—新的稳定这一过程而产生的一种具有一定“非结构性”的消散性结构。在这种结构中，“稳态”与“非稳态”唯其相反而恰恰相成地形成了生命本身特有的形式。如果撇开二者具体的理论背景和术语的差异而不论的话，那么，中国易学的“阖辟成变”的思想其实恰恰可以看作是对普利高津学说实质的最扼要的哲学概括，它不啻为一种早熟的中国式的耗散结构理论。

中国古代的“阖辟成变”的思想表明，生命的动力并非来自某种神秘的“隐德来希”，亦非来自一种所谓“上帝的第一推动”，相反，“一敛一发，自是造化流行不息之气机”（《明儒学案》卷六十二），它不过是生命自身的阖与辟、阴与阳、静与动两种因素互为其根、刚柔相摩，即一种“感”的结果。这种所谓“感”的提出，不仅使中国古代生命哲学从“线性因果”走向“交互因果”，而且进而从“他因”走向“自因”，从“外在目的”走向“内在目的”。“成者自成也，而道自道也”（《中庸》二十四章），在中国古代哲学里，生命现象最终不过是一种“莫或使之”的“自己运动”的结果。

中国古代的“阖辟成变”的思想还表明，既然生命运动不是“线性因果”所致，而是具有回馈性的“交互因果”的一阖一辟、一辟一阖的结果，那么，它就在时间上并不因此而表现为黑格尔所说的“恶的无限”的那种“直线论”的发展，而是呈现为一种既有发展（“辟”）又有重复（“阖”）的“不守故常”的“螺旋式”运动。这就是易学中物极必反的“往复”思想的提出：

亢龙有悔。(《周易》，乾)

无平不陂，无往不复。(《周易》，泰)

反复其道，七日来复。(《周易》，复)

变化者，进退之象也。(《周易系辞上传》第二章)

易穷则变，变则通，通则久。(《周易·系辞下传》第二章)

复其见天地之心乎！(《周易》，复)

除此之外，在《易经》中，无论是其“卦”还是其“爻”都是循着“物极必反”这一规律来排列和运行的，以至于可以说，以“龙”的屈伸开宗的《易经》其实就是一部不折不扣的“进退之经”。人们看到，为《周易》所揭示的这种“往复”的思想毋宁说已成为古老的中国哲学一本质规定。不仅老子提出“观其复”“反者道之动”（《老子·四十章》）、“大曰逝，逝曰远，远曰返”（《老子·二十五章》）而大谈一屈一伸的进退之道，而且孔子所谓的“过犹不及”和“中”的理论的提出，不也正是对《周易》的“物极必反”思想深思熟虑后的有所发明吗？

因此，无论是生命现象中的“变化”，抑或是生命现象中的“往复”，其实都源自生命中的两种对立因素的“阖”、“辟”；同时，无论这两种因素如何两相对立，它们都恰恰相反相成地统一于生命本身的生成流变之中。因此，“一阴一阳谓之道”，在易学里，作为“大一”的道就体现在贯彻《易经》始终的刚柔两爻的颉颃消长之中。这就形成了中国古代生命哲学中特有的“两一”的思想。故集易学思想之大成的张载带有总结性地写道：

感而后有通，不有两则无一；故圣人以刚柔立本，乾坤毁则无以见易。(《正蒙·太和》)

两不立则一不可见，一不可见则两之用息。两体者，虚实也，动静也，聚散也，清浊也，其究一而已。(《正蒙·太和》)

一物两体，气也，一故神，两故化。(《正蒙·参两》)

这是中国式的“对立统一”学说。它由于植基于生命的深层，不仅具有出神入化的“活泼泼的”特征，而且根深而叶茂地从中发育出了温柔敦厚、“和而不同”的社会学说及于今不坠影响的中医阴阳五行理论。相形之下，那种肇始于“诡辩术”的拘于名辨的西方“对立统一”学说，其水平不正是停留在一种古人所说的“玩弄光景”吗?

三、“知行合一”

“天地设位，圣人成能。”和中国古代道的学说一样，中国古代易的学说也不越“天人合一”这一中国传统。“作易者，其有忧患乎?”(《周易·系辞下传》第七章)不仅“作易”起迪于对人的忧患生死的思考，而且“知易”也诉诸于对人世祸福吉凶的预测。这样，正如道最终落实到德一样，易最终亦落实到“阴阳之交，鬼神之会”的人。诚如《周易》所云:

夫大人者，与天地合其德，与日月合其明，与四时合其序，与鬼神合其吉凶。先天而天弗违，后天而奉天时。(《周易》乾)

但是，这里的人，已不是佛学家心目中的那种“致虚守静”的人，也就是说，既然“天只是以生为道”，而人其实又作为天地之心，那么，“天行健，君子以自强不息”（《周易》乾），人之所以为人，就在于人是一种健动不已自强不息的生命，即所谓“尽人道者，动以顺生之几”（王夫之：《周易外传》，无妄），作为主体的人毋宁说已“主宰即流行”地融身于生生的过程之中。朱子说：“学而不论性，不知所学何事。”其实，人性之“性”字不仅从“心”而且从“生”（俞樾曰：生、性古通用）。故“性”之所以为“性”，其根本原因就在于它是一种具有生命力的东西。换言之，不是静观的“冥思”，而是充满创造活力的“不懈于动”的“健行”，实际上成为人性的最基本的特征。这就把我们对中国哲学的研究从心悟的“德”转向身体的“行”，从“道德合一”的学说转向“知行合一”这一中国哲学的最终结论。

翻开中国的历史，“重行”无疑是中国文化一悠久传统。西方哲学的“哲”字为爱为智而源自“爱智”，哲人即为无所不知的“智者”，而中国哲学的“哲”字却从手从口而不离行动，哲人即为无所不能的“达人”。早在上古史书《尚书》里，中国古人就提出“非知之艰，行之惟艰”（《尚书·说命中》）的思想，开中国“行动哲学”之端倪。逮至先秦，这种“重行”的思想更为哲学家们所推崇。不仅孟子力倡“尽性”必须“践形”，而且孔子也尤反对坐而论道而力主身体力行。见诸《论语》中的“为之不厌”（《论语·述而》）、“君子欲讷于言而敏于行”（《论语·里仁》）、“古者言之不出，耻躬之不逮也”(《论语·里仁》)及“我欲载之空言，不如见之行事之深切著明”等等言论，都无不是对这一点的说明。

《易》《庸》常常为人并提。《中庸》尽管以“心性”立论似与《易》的宇宙论不类。但其中仍清楚留有易学的斧凿之痕。如里说《周易》揭示了“生生之谓易”这一哲学宗旨的话，那么《中庸》则提出了“至诚无息”的原理与之相对应。也正是从“至诚无息”这一健为的思想出发，《中庸》不惟主张“博学之”，同时亦主张“笃行之”；不惟主张“好学”的“知”，同时亦主张“力行”的“仁”。因此，诚者，成也，从根本上说，《中庸》不仅是一种“明哲保身”的学说，而且亦是一种积极行动的“治平”理论，“修道”的“教”其实是以“为道”的“政”为其最终鹄的和绳准的。

但是，在中国哲学史上，真正揭示“行”的本体论的哲学意义从而集中国哲学“知行合一”思想之大成的，则非王阳明莫属。在王阳明的学说里，作为宇宙的终极本体的“良知”其实被视为一种“无一息之或停”的“变动不居”的生命运动。也就是说，“良知”之所以可以“卷之则退藏于密，放之则弥六合”而为一种即体即用的东西，良知之所以具有“本质的直观”这一优良属性，其根本原因就在于“良知即是易”(《王文成公全书》卷三)，良知并非是一种实体性的东西，而是一种以“即用显体”“因用明体”的方式不断地展示自己、生成自己的过程。从这种意义上来说，致良知不仅是一种可以由微及显的不断展示的“知”，而且亦实质上是一种由无到有的不断生成的“能”。因此，“一念发动处便是行”

(《王文成公全书》卷三),“良知”即为“良能”,“认识”即为“行动”。这就从根本上为真知和真行的统一找到了极其坚实的依凭,使真正的“知行合一”的学说的提出成为顺理成章的事情。故王阳明明确宣称:

真知即是行。(《王文成公全书》卷一)

行之明觉精察处便是知,知之真切笃实处便是行。若行而不能精察明觉,便是冥行,便是学而不思则罔,所以必须说个知。知而不能真切笃实,便是妄想,便是思而不学则殆,所以必须说个行。元来只是一个工夫。(《王文成公全书》卷六)

博学只是事事学存此天理,笃行只是学之不已之意。(《王文成公全书》卷三)

在这里,正如水外无流、流外无水一样,已无从分辨何者为“知”,何者为“行”,“知”与“行”不惟不被打作两截,而且实际上知中有行、行中有知地被共同统一于作为宇宙最终始源的大一生命的生成运动之中。故王阳明的“知行合一”学说既非像王夫之认为的那样“销行入知”而纯属认识论,也非像一些学者所断言的那样“从行到行”而不越实践论,而是返璞归真、百川归源地从属于回复于中国哲学的真正源头——唯生论的。

因此,这不仅是“知”与“行”矛盾的真正解决,而且也是哲学中一切对立冲突的真正解决。“知行合一”的提出,使“知”与“行”从对立走向同一,同时也使宇宙论的“易”落实为人性论的“行”,并且以这种“人化的易”的“行”为桥引,使诸如体与用、静与动、心与身、理与欲、未发与已发、义理之性与气质之性等宇宙论的以及人性论的种种分隔得以沟通，中国哲学由此而臻至“无之不一”的整体化境。这样，哲学的道已经彻底消解在一种完整的“生活世界”中，而这种“生活世界”由于其本身的“生生”“变易”的性质又呈现为一种不断创造发展的过程。换言之，为章实斋所揭示的“六经皆史”毋宁说已成为中国哲学的最终结论！

反观西方的知行观，由于其迷于“唯知”而不返，而这种知其实又仅仅停留在“现象”而与“本体”的人的行为无缘，因此其“认识论”与“实践论”始终天悬地隔渺不相干。在西方哲学中，“知”被尊奉为一种所谓的合理性的“思”，而“行”则纡尊降贵地从属于一种非理性的“欲”；“知”是无动于衷的“静”，“行”则是不安其所的“动”。于是“知”是“冥思”“行”则为“妄行”，笛卡尔愈沉思，功利主义者愈无度，快乐主义者愈放纵。

这是一种“身首异处”的发自生命本身的至悲至痛的矛盾，它最终导致了创巨痛深的西方一代新人重新寻找知行本体的生命哲学运动的崛起诞生。而无巧不成书的是，在西方生命主义者“行为优于认知”这一不平之鸣里，我们不正是可以听到“良知即是行”这一古老的中国“知行合一”学说在现代的回应吗？

第二部分

礼治理论

中国古代哲学的以人为本、体用不二的性质，决定了中国古代“治”的理论与那种作为一种狭隘、纯粹的“应用科学”的西方管理理论不同，它实际上是集伦理、政治、文化于一身的一种人类行为整体的理论。而“礼，履也”（《说文解字》），在中国古代，这种无所不包的行为整体的最初形式就是所谓的“礼”。故中国古代“治”的理论实际上也就是一种所谓的“礼治”理论。尽管这种由周开创的“礼治”理论随着历史的发展，其形式也被儒家不断改造而演变，但其后的变化都“万变不离其宗”地不脱“礼”这一原型和根本。

第一章
礼的历史考查

一、周初礼的变革

当五万年前的山顶洞人给死者周围洒下红色的铁矿粉以示祭奠的时候，就表明礼已经在人类社会诞生了。

“礼别异，乐和同。”人类之为人类，不仅表明其为一个统合的同一整体，而且“维齐非齐”，只有当这个统一体非划一地同中有异、合中有分的时候，即借以礼在生与死、上与下、男与女等之间加以区别而成为一种有条而不紊“差异中的同一”的时候，人类才能真正成其为一种社会的形式。因此，礼并非外塑于人而是人类社会与生俱来的一种东西。但是，对于华夏民族来说，礼在其文化中却具有远非其他民族所可比拟的意义。

刘师培谓："上古之时礼源于俗。"溯其渊源，中国古代社会的礼并非某一圣贤偶一为之之作，它不过源远流长于早期先民的作为"未成文的习惯法"的民俗之中。嗣后，随着社会文明的进程，它又"礼不下庶人"地逐渐演变为为氏族贵族所专有的日趋精密的纯粹仪制。孔子曾云，"夏礼，吾能言之，杞不足徵也；殷礼，吾能言之，宋不能徵也。文献不足故也。足，则吾能徵之矣"。(《论语·八佾》)其实，现代人的考古挖掘表明，夏礼不仅"能言"，而且亦已"足徵"。与夏文化相当的二里头文化中的觚、爵、盉等有别于实用器的礼器成套出土，以及内有祭祀坑的宗庙遗址的发现，都以不可辩驳的事实证明，"殷因于夏礼"这一孔子的断言不失为信论，礼在中国先商时代亦可称得上已蔚为文明。

降至商代，中国古代的礼更日趋成熟，不仅商代以其灿烂的青铜礼器闻名于世，而且安阳殷墟商代王宫、王陵及祭祀场所的发掘表明，商的礼制已初具规模和自成一统。以至于《中国青铜时代》一书作者张光直先生指出，为王国维视为周人发明专利的作为中国古代礼制骨脊的昭穆、宗法与封建制度，实际上不过是"中国青铜时代大部分时期中的中心制度"(《中国青铜时代》，第19页)。同时，商代的礼不惟徵诸实物，还见之于甲骨文和古文献中。例如《尚书·无逸》中记载："其在高宗……作其即位，乃或亮阴，三年不言"。由此可见，三年之丧实际上已纳入商人的礼制中。再如《尚书·盘庚》篇中的"兹予大享于先王，尔祖其从与享之"，《尚书·高宗肜日》篇中的"惟先格王，正厥事""典杞无非于昵"及《尚书·君奭》

篇中的“故殷礼陟配天，多历年所”等记载，都表明“国之大事，在祀与戎”，祭祀之礼已成为商人社会生活中的一重要组成部分。

但是，真正集中国早期社会礼之大成而把礼和礼制推向其峰巅的，则非周人而莫属。正是在周代，中国人迎来了被孔子慕为“监于二代，郁郁乎文哉”的“礼的世纪”。

《史记·周本纪》记载：周公、成王之时，“兴正礼乐，度制于是改，而民和睦，颂声兴”，以及“成康之际，天下安宁，刑错四十余年不用”。这是备受史学家们佳赞的中国社会的“礼乐盛世”。而理论“制礼作乐”之功，周公无疑是一位值得大书特书的人物：

> 武王崩，成王幼弱，周公践天子之位以治天下，六年朝诸侯于明堂，制礼作乐颁度量，而天下大服。七年致政于成王。(《礼记·明堂位》)

而追究这种使社会由乱到治、由衰到兴的“礼治”之要诀，其实又是至为平易和中庸的：

> 周公始封，太公问何以治鲁？周公曰：尊尊而亲亲。(《汉书·地理志》)

因此，诚如章学诚所十分清醒地指出的那样，周公即使天纵生知之圣，礼也并非其人为地可以“创制”的。犹如滥觞积而渐为江河，培土积而至于山岳，礼之于周公，不过是集前圣之大成这一“时会使然也”(《文史通义·原道上》)。而“学于众人，斯为圣人”(同上)，圣人之礼又最终源自“有所需而后从而给之，有所郁而后从而宣之，有所弊而从而救之”这一“不得不然”的民俗之中，要言之，即“人人无不爱其亲，敬其长”的“尊尊而亲亲”这一为人熟视无睹的伦常之中。① 所不同的是，礼之于众人是日用而“不知其然而然”，而礼之于周公则是从“不知其然而然”一变为“知其然”，从而青出于蓝而胜于蓝地使礼从远古社会的作为习惯法的“俗”，彰明较著为文明社会的成文形式的典章制度。

因之，如果说西方社会晚自18纪才通过路德和加尔文的宗教改革运动完成其“俗世化”（secularization）的过程的话，那么，中国社会则可以说早在西周初年就通过周公手定周礼标志着该过程告以成功。明白了这一点，我们就不难理解为什么周人对“民彝”再三强调，《康诰》提出“保民”“作新民”“由裕民”“康乂民”“勿用非谋非彝”，《秦誓》提出“民之所欲，天必从之”及《酒诰》提出“人无于水监，当于民监”等。我们也不难理解为什么不是令人敬畏的“帝”的概念而是平易近人的“德”的概念为周人屡屡申明，《周书》中提出“敬德”“明德”“皇天无亲，唯德是辅”，发端于殷商的“德治”思想到了周代已益加充实、益加丰富。

愈平易的东西往往愈深刻、愈持久。周公“还礼于俗”不过是把礼从天上返回到人间，但是，对于人的政治伦理行为

① 这种“尊尊亲亲”的思想亦可证之于《尚书·康诰》：“王曰：封，元恶大憝，矧惟不孝不友。子弗祗服厥父子，大伤厥考心；于父不能字厥子，乃疾厥子；于弟弗念天显，乃弗克恭厥兄；兄亦不念鞠子哀，大不友于弟。惟吊兹，不于我政人得罪，天惟与我民彝大泯乱。曰：乃其速由文王作罚，刑兹无赦。”

依然还笼罩在巫术和神秘之中的中国早期社会来说，它却无异于一场翻天覆地的革命。正如王国维先生所指出的那样，由“亲亲”之统出发而立中国古代祭法、庙数之制，由“尊尊”之统出发而立中国古代嫡庶之制，由是而生宗法及丧服之制，并由是而有封建子弟之制、君天子臣诸侯之制。因此，为周公所奠立的周礼，实际上明白地开出了中国社会“百王不易之制”。王国维先生在《殷周制度论》中，曾经这样高度地评价了这场革命的意义：

中国政治与文化之变革，莫剧于殷周之际。……殷周间之大变革，自其表言之，不过一姓一家之兴亡与都邑之转移；自其里言之，则旧制度废而新制度兴，旧文化废而新文化兴。又自表言之，则古圣人之所以取天下及所以守之者，若无以异于后世之帝王；而自其里言之，则其制度文物与其立制之本意，乃出于万世治安之大计，其心术与规摹，迥非后世帝王所能梦见也。(《观堂集林》卷第十)

因此，为周公所发动的这场礼制革命其实质是一场伦理政治制度的变革，即所谓礼之“经”的变革而非礼之“仪”的变革。正是由于周礼从“仪”返回到了“经”，才使“仪”重新恢复了其作为礼的活力。从这种意义上来说，“周礼”又被名之为“周官”绝非偶然，“周礼”实质上即为“周官”。而后人拘于“仪”而把“经”归诸于“仪”，反视官典为礼家赘疣，这种做法，诚如章学诚所说，是“出入不由户也”(《文史通义·礼教》)。我们看到，在周代的历史文献中，明确礼的“经”之实质而把礼与“仪”加以区分，实际上已成为有关周礼学说的一重要内容。例如：

君子谓："郑公于是乎有礼。礼，经国家，定社稷，序民人，利后嗣者也"。(《左传》，隐公十一年)

又如：

公如晋，自郊劳至于赠贿，无失礼。晋侯谓女叔齐曰："鲁侯不亦善于礼乎?"对曰："鲁侯焉知礼!"公曰："何为?自郊劳至于赠贿，礼无违者，何故不知?"对曰："是仪也，不可谓礼。礼所以守其国，行其政令，无失其民者也。今政令在家，不能取也。有子家羁，弗能用也。奸大国之盟，凌虐小国。利人之难，不知其私。公室四分，民食于他。莫思在公，不图其终。为国君，难将及身，不恤其所。礼之本末，将此乎在，而屑屑焉习仪以亟。言善于礼，不亦远乎?"君子谓："叔侯于是乎知礼"。(《左传》，昭公五年)

子大叔见赵简子，简子问揖让周旋之礼焉。对曰："是仪也，非礼也"。简子曰："敢问何谓礼?"对曰："……夫礼，天之经也，地之义也，民之行也"。(《左传》，昭公二十五年)

但是，言者之谆谆，正在于听者之藐藐。史书《左传》之所以一再申说礼与仪的区别，恰恰表明在春秋时代，周礼已今非昔比地开始沦为"仪"，而真正的礼已告式微了。"文王即没，文不在兹乎。"我们看到，也正是由于这一礼的危机，为历史推出孔子提供了时代背景。

二、孔子之于礼

正如易道的运行“一阖一辟”一样，人类社会的发展似乎也循着由乱到治、由治到乱这一“一治一乱”的准线前进。这是治与乱的“二律背反”，是历史的铁面无私的法则，无人能够抗拒得了。但是历史上偏偏有些人不谙时务地“知其不可而为之”，孔子就是属于这一类人。这是孔子这一历史人物的悲剧性所在，同时也恰恰是其之所以为孔子的不同凡响的高明之处。

孔子生活在春秋时代的鲁国。众所周知，鲁不仅是周公及其后裔的封地，而且经周王朝特许鲁君在礼乐、冠服方面可采用天子之制。这些得天之独厚使鲁成为周礼的发祥地，以至于其长期以来“文武之道，未坠于地”（《论语·子张》）。例如韩宣子聘鲁云“周礼尽在鲁”（《左传》昭公二年），齐大夫仲孙湫称“鲁犹秉周礼”（《左传》闵公元年），吴公子季札在鲁观固乐叹“观止矣！若有他乐，吾不敢请已”（《左传》襄公二十九年）。同时，在晚出的《礼记》里，作者也曾这样描述了鲁的礼乐之盛：

> 凡四代之服、器、官，鲁兼用之。是故鲁，王礼也，天下传之久矣。君臣未尝相弑也，礼乐刑法政俗，未尝相变也。天下以为有道之国，是故天下资礼乐焉。（《札记·明堂位》）

但是，墨写的文字往往难掩血与火写下的事实。鲁的历史演变表明，逮至春秋，鲁国的礼乐之盛实际上已徒有其名而无具其实了。《礼记》中的这种描述，要么是“近诬”，要么就是“讳国恶”。朱子曾毫不留情地对这种所谓的“君臣未尝相弑也，礼乐刑法政俗，未尝相变也”加以驳难：

羽父弑隐公，庆父弑二君，则君臣相弑矣。夏父跻僖公，礼之变也。季氏舞八佾，乐之变也。僖公欲焚巫尪，刑之变也。宣公初税亩，法之变矣。政逮于大夫，政之变也。妇人髽而吊，俗之变也。（见《礼记·明堂位》陈澔注）

在春秋时代，作为周礼故乡的民风淳厚的鲁国尚且如此，那么其他诸侯国的情况更是可想而知了。相形之下，鲁国的礼的衰落不过是“小巫见大巫”，据史书记载。违礼、非礼的现象已“滔滔者天下皆是也”。例如在《左传》里人们看到，卫石恶父死而石恶不哀（《左传》襄公十九年），蔡太子般杀父景侯而自立（《左传》襄公三十年及昭公十一年），楚商臣逼父成王使其自缢（《左传》文公元年）。而子不子，必然就臣不臣。例如郑庄公大败王师（《左传》桓公五年），晋文公召周襄王会于践土（《史记·周本记》），楚庄王问鼎之轻重（《左传》宣公三年）。而卿大夫反目于诸侯，家臣叛逆于卿大夫在春秋之际则更是比比皆是。这样，“杀伐”取代了“亲亲”，“尚力”取代了“尚礼”，“王道”让位于“霸业”。“天下无道久矣”，周王朝由周公所开创的礼乐盛世一变为“社稷无常奉，君臣无常位”的“礼崩乐毁”。

这是历史的进步亦是历史的倒退。为卢梭所揭示的人类历史发展与人类道德退化之间的“二律背反”在这里似乎又一次得以验证。周礼的衰落为中国古代社会打破家族的束缚从宗法社会阔步迈向法制社会奠定了基础，但这一点的获取又是以否定“亲亲而仁民”这一充满温情的人道原则为其巨大代价和牺牲的。因此，历史，正如黑格尔所说的那样其本质上是一个首尾相接的“圆圈”，其愈向自己的目的地前往，也就愈把自己的目的地抛在身后。从这种意义上说，在历史中“往”亦是“复”，“复”也亦是“往”，正如“趣味面前无争辩”一样，在历史领域里何者为“进步”何者为“落后”亦往往失去其可以仲裁的界限。换言之，历史终归不是像一些简单的历史学家所允诺的那样是一种直线式的单向度发展，而是呈现为一种有往有复的回馈性的双向选择。面对选择，如果说法家者流着眼于名物制数的现实，见机而变地走向对礼的急进否定和革命的话，那么，孔子则苦苦执着于人的理想，从否定中看到了肯定，从变中看到了不变的东西，“砥柱敢灭立天流”地以“复礼”为自己毕生的使命。

因此，章学诚云：“或问何以一言尽孔子？则曰学周公而已矣”。(《文史通义·原道上》）孔子之所以为孔子，实际上是和维护恢复周公之礼密切联系在一起的。其所谓“述而不作”，不过是周公之旧典；其所谓“好古敏求”，不过是周公之遗藉。而见之于《论语》中的“吾从周”（《论语·八佾》)、“梦见周公”（《论语·述而》)、“克己复礼”（《论语·颜渊》）等言论都无不表明了这一点。这也说明为什么不仅隋唐之前学校并祀周孔，而且后人亦常常周孔并提，以周公为垂治之先圣而以孔子为立教之先师。

正因为孔子对于礼是“述”而非“作”，因此，翻开《论语》，不难看出孔子本人的礼的思想与周礼的内容实质几乎如出一辙。例如周礼把“尊尊亲亲”视为礼制的核心，而孔子亦作如是论：

君子笃于亲，则民兴于仁。(《论语·泰伯》)

弟子入则孝，出则悌。(《论语·学而》)

三年无改于父之道，可谓孝矣。(《论语·学而》)

父为子隐，子为父隐，直在其中矣。(《论语·子路》)

其为人也孝悌，而好犯上者，鲜矣。不好犯上而好作乱者，未之有也。君子务本，本立而道生，孝悌也者，其为人之本欤？(《论语·学而》)

因此《论语》进一步写道：

“子奚不为政？”子曰：“《书》云：‘孝乎惟孝，友于兄弟，施于有政。’是亦为政，奚其为为政？”(《论语·为政》)

对于孔子来说，把“孝”“悌”的原则推及到社会，就是所谓的“政”。这样。正如周礼一样，孔子心目中的礼不仅是伦理之范型，而且亦是社会政治之规定，其不啻成为治国之纲领：

为国以礼。(《论语·先进》)

能以礼让为国乎，何有？不能以礼让为国，如礼何？(《论语·里仁》)

上好礼，由民易使也。(《论语·宪问》)

上好礼节，则民莫敢不敬。(《论语·子路》)

礼乐不兴则刑罚不中，刑罚不中则民无所措手足。（《论语·子路》）

于是，“对于孔子来说，神圣的礼统合了、弥贯了人生的一切向度”（H·Fingarette），它成为集伦理与政治于一身的一种人的“元规定”。换言之，“立于世”即意味着“事于礼”。故孔子指出：

不学礼，无以立。（《论语·季氏》）

君子义以为质，礼以行之。（《论语·卫灵公》）

君子博学于文，约之以礼。（《论语·雍也》）

若臧武仲之知，公绰之不欲，卞庄子之勇，冉求之艺，文之以礼乐，亦可以为成人矣。（《论语·宪问》）

因此，孔子认为，君子的一言一行都要以礼为准：“非礼勿视，非礼勿听，非礼勿言，非礼勿动”（《论语·颜渊》）；从生至死都要依礼而行：“生，事之以礼；死，葬之以礼，祭之以礼”（《论语·为政》）。从而，不是“理”、不是“力”，也不是“利”，而是“礼”成为人的社会行为的唯一尺度和标准。同时，也正是基于这种“唯礼主义”，孔子认为若“动之不以礼”，虽“知及之”也仍“未善也”（《论语·卫灵公》）；也正是基于这种“唯礼主义”，孔子反对季康子所谓“杀无道以就有道”的“尚力”，而提出“子为政，焉用杀”（《论语·颜渊》）这一不无温情的政治原理；也正是基于这种“唯礼主义”，孔子不仅“罕言利”（《论语·子罕》）。而且把不依礼所获取的“富且贵”视若浮云（《论语·述而》），无怪乎当冉求为“富于周公”的季氏“聚敛而附益之”时，孔子怒不可遏地命“小子鸣鼓而攻之”而刀斩师生之谊（《论语·先进》）。

需要指出的是，孔子对礼的坚持和维护并非“坐而论道”，而是“言必信，行必果”而身体力行地见之于行动。纵观孔子的一生，其不仅以周礼“明其教”，而且亦以周礼“行其道”；“复礼”不仅为其社会理想，而且亦体现在和贯彻在其政治行为和日常的洒扫应对进退之中。除政治方面可见之于孔子出仕鲁国和奔走列国的事迹外，在日常生活中，孔子对礼的践履之虔诚之认真亦可以说已臻至“周公吐哺”的地步。现仅择几例为证：

君命召，不俟驾行矣。（《论语·乡党》）

孔子于乡党，恂恂如也。似不能言者。其在宗庙朝廷，便便言，唯谨尔。（《论语·乡党》）

乡人饮酒，杖者出，斯出矣。（《论语·乡党》）

朋友死，无所归，曰：“于我殡”。（《论语·乡党》）

问人于他邦，再拜而送之。（《论语·乡党》）

子食于有丧者之侧，未尝饱也。（《论语·述而》）

虽疏食菜羹，必祭，必斋如也。（《论语·乡党》）

食不语，寝不言。（《论语·乡党》）

席不正，不坐。（《论语·乡党》）

寝不尸，居不客。（《论语·乡党》）

升车，必正立，执绥。车中，不，内顾，不疾言，不亲指。（《论语·乡党》）

“献酬交错，礼仪卒度”（《小雅·楚茨》）。礼已经融身到孔子的待人接物、衣食住行之中，融身到孔子的语默动静、举手投足之中。犹如身体中的无处不洋溢着的血液，礼毋宁已成为孔子的活生生的生命本身。名师出高徒，难怪亲炙孔子最久的子路最后“君子死，冠不免”地结缨而死，也难怪曾子在生命垂危之际依然依礼坚持“易箦”以求“得正而毙”。

三、礼的历史命运

尽管“揖让不可以退萑苻”，为孔子所鼓倡的“复礼”的社会主张在群雄争霸的孔子时代被视为不切实际的“迂论”而遭冷落，但是值得深思的是，孔子所力主的这种礼本主义思想并没有因此而湮没无闻，相反，随着历史的向前推移，它不断为历代思想家所肯定、所发扬而愈来愈显示出其深刻的生命力，以至于其不仅规定了中国古代社会发展的模式，而且成为历千年而不衰的中国古代社会学说之主题。

继孔子之后，为礼的学说做出极其重要的理论建树的，首推战国思想家荀子。荀子的礼的学说是以有别于禽兽的“人之所以为人”的问题起论的：

人之所以为人者何已也？曰：以其有辨也。饥而欲食，寒而欲暖，劳而欲息，好利而恶害，是人之所一而有也，是无待而然者也，是禹桀之所同也。然则人之所以为人者，非特以二足而无毛也，以其有辨也。今夫狌狌形笑亦二足而毛也，然而君子啜其羹，食其胾。故人之所以为人者，非特以其二足而无

毛也，以其有辨也。夫禽兽有父子而无父子之亲，有牝牡而无男女之别。故人道莫不有辨。(《荀子·非相》)

这种“有辨”的“别”，也就是荀子在其著作中一再强调的“分”这一人类学思想。故荀子写道：

水火有气而无生，草木有生而无知，禽兽有知而无义；人有气有生有知亦且有义，故最为天下贵也。力不若牛，走不若马，而牛马为用？何也？曰：人能群，彼不能群也。人何以能群？曰：分。(《荀子·王制》)

人之生，不能无群；群而无分则争；争则乱，乱则穷矣。故无分者，人之大害也；有分者，天下之本利也。(《荀子·富国》)

因此，“人之所以为人”，就在于人是一种族类的动物（“群”），而群之所以为群，就在于其有别和有分，从而，这种“斩而齐，枉而顺，不同而一”的“人伦”就成为“人之所以为人”的根本。这样，无规矩不能成方圆，作为人伦之规定的“礼”就因此而产生了。荀子接着指出：

故先王案为之制礼义以分之，使有贵贱之等，长幼之差，知愚能不能之分，皆使人载其事而各得其宜，然后使悫禄多少厚薄之称，是夫群居和一之道也。(《荀子·荣辱》)

故绳墨诚陈矣，则不可欺以曲直；衡诚县矣，则不可欺以轻重；规矩诚设矣，则不可欺以方圆；君子审于礼，则不可欺以诈伪。故绳者，直之至；衡者，平之至；规矩者，方圆之至；礼者，人道之极也。(《荀子·礼论》)。

正因为“主别”的礼而不是“主齐”的法被荀子视为“人道之极”，因此尽管荀子主张礼法并隆，但是他还是把“治之流”（法）与“治之原”（礼）严格加以区分，把其社会学说的重心归根结底落实到“有乱君，无乱国；有治人，无治法”（《荀子·君道》）的礼治主义，“莫径由礼”实际上成为荀子社会“治”的理论的最终结论：

礼者，法之大分类之纲纪也。学至乎礼而止矣。夫是之谓道德之极。(《荀子·劝学》)

礼者，人主之所以为群臣寸尺寻丈检式也。(《荀子·儒效》)

礼者，治辨之极也，强固之本也，威行之道也，功名之总也。(《荀子·议兵》)

国无礼则不正。礼之所以正国也，譬之犹衡之于轻重也，犹绳墨之于曲直也，犹规矩之于方圆也，既错之而人莫之能诬也。(《荀子·王霸》)

我们看到，荀子的社会学说不仅承续周孔坚持了儒家的隆礼路线，而且还进一步挖掘了礼的“所以然”的内容，礼在其学说里被明确表述为清醒的人类理性形式和严格的社会规范。这是一次试图把古老的温情的礼纳入冷静的国家政治形式的一次巨大的理论试验。因此，如果说在孔子之后孟子师承孔子进一步阐发了孔子礼论中的“内圣”的心理学意义的话，那么荀子则接续孔子进一步发展了孔子礼论中的“外王”的内涵，从而丰富了礼的社会历史属性，为礼走向现实政治予以了坚实的理论铺垫。尽管荀子的这种礼的学说由于“以理释礼”而有务外遗内远离礼的真正制作之原的危险，但是它仍不失为中国的古代礼的思想发展史上不可缺少的极其重要的一环。

如果说在战国时代《荀子》可视为中国古代礼治思想的一集大成者的话，那么秦汉之际中国礼治思想的代表作则非《礼记》而莫属。众所周知，秦王朝以吏为师以法为教，礼制及礼的学说被急功近利的统治者最终付之一炬，但是崇刑尚法的秦王朝二世而亡这一事实实际上却为中国古代社会礼的重新复兴提供了契机。因此，历史的教训使汉人认识到，“马上得之”并不可以为“马上治之”，虽然草莽英雄汉高祖“慢而侮人”，甚至解儒生冠而溲溺其中，然而与“黄老无为”互为补充的“独尊儒术”却似乎成为汉代历史发展不可避免的命运。“尊儒”亦即意味着“崇礼”，而出自汉人之手编纂的粲然明备的《礼记》正是对这一点的有力的见证。①

“人而无礼，胡不遄死”（《礼记·礼运》），和《荀子》一样，《礼记》一开始就把礼提到人本学的高度：

> 礼义也者，人之大端也。（《礼记·礼运》）
>
> 凡人之所以为人者，礼义也。（《礼记·冠义》）
>
> 是故圣人作，为礼以教人，使人以有礼，知自别于禽兽。（《礼记·曲礼上》）

---

① 《礼记》一书常被一些人视为是战国人的作品。但笔者认为，就该书多数思想内容来看，应出自秦末汉初学者之手，它其实是对战国和秦之际“礼崩乐毁”的“反思之作”。

同时,《礼记》不仅坚持礼是为人之本,而且继承中国古代“为国以礼”的思想,重申礼是治国之本:

礼之于正国也,犹衡之于轻重也,绳墨之于曲直也,规矩之于方圆也。……孔子曰:安上治民,莫善于礼。(《礼记·经解》)

重礼,所以为国本也。(《礼记·冠义》)

明乎郊社之义,尝禘之礼,治国其如指诸掌而已乎。(《礼记·仲尼燕居》)

礼者何也?即事之治也。君子有其事,必有其治。治国而无礼,譬犹瞽之无相与,伥伥乎其何之。譬如终夜有求于幽室之中,非烛何见。若无礼,则手足无所错,耳目无所加,进退揖让无所制。(《礼记·仲尼燕居》)

以及“是故礼者,君子大柄也”(《礼记·礼运》)、“礼乐刑政,其极一也”(《礼记·乐记》)等。这一切都使《礼记》的思想与《荀子》若合符节,难怪《礼记》被人疑为是荀门之作。但是,实际上,二者之间却有着不容忽视的区别。如果说《荀子》的礼论是迫于战国之际礼乐的颓势而试图以理释礼的话,那么,《礼记》的礼论则有鉴于猛于虎的秦政而主张返礼于情。因此,我们看到,在《礼记》中所谓“礼法”的思想大为褪色,相反,为《荀子》强调不多的“尊尊亲亲”这一古老的人道思想又一次成为《礼记》的理论内核。故在《礼记》中作者不无醒目地指出:

亲亲、尊尊、长长、男女有别,人道之大者也。(《礼记·

丧服小记》)

仁者人也，亲亲为大，义者宜也，尊贤为大。亲亲之杀、尊贤之等，礼所生也。(《礼记·中庸》)

故君子不出家而成教于国。孝者所以事君也，弟者所以事长也，慈者所以使众也。(《礼记·大学》)

是故人道亲亲也。亲亲故尊祖，尊祖故敬宗，敬宗故收族，收族故宗庙严，宗庙严故重社稷，重社稷故爱百姓，爱百姓故刑罚中，刑罚中故庶民安，庶民安故财用足故百志成，百志成故礼俗刑，礼俗刑然后乐。(《礼记·大传》)

因此，“虽有三命，不逾父兄”(《礼记·文王世子》)，正如周礼一样，《礼记》之礼最终又还原到父慈子孝、兄友弟恭这一温情备至的民彝之中。对于《礼记》的作者来说，“还政于礼”实际上不外乎为“返政于俗”。这也说明为什么“为政之要，辨风正俗”已成为多数汉代统治者的政治共识，以至于观风俗、褒孝悌、兴学校、设庠序在汉代蔚为制度。而上层建筑的礼一旦落实到生活世界中成为人自身的东西，它就会焕发出无穷的生命力。汉王朝之所以以其文治武功的雄风闻名于世，之所以以其疆域开拓之大而又数百年不失其内在的凝聚力，其实正是以这种世俗化的、无所不在的礼为其坚实支柱的。

黑格尔曾经不无深刻地指出，世间的任何东西只有经过两次否定后才能变成真的东西。礼亦是如此。如果说明周为礼的正题，战国和秦为礼的反题，那么汉则为礼的合题。只有到了汉代，中国古代的社会的礼治思想才从否定之否定中回到了真正的肯定，即包含着其负面的具有丰富历史规定性的肯定，进而在时代洗礼中确立了其不可易移的历史地位。因此，中国古代的礼治思想肇始于周公，却实际上成熟于汉儒；而礼治主义之所以能成为支配中国社会的传统，其基础也正是在汉代奠定的。尽管汉代“霸王道杂之”乃至被一些史家断言“汉承秦制”，但是这种所谓的“秦制”已迥非先前的秦制，而是经过汉人扬弃了的秦制。换言之，“刑者德之辅”（《秦秋繁露·天辨人在》），在汉代为秦人所崇尚的“法”已纡尊降贵为“用”，而为秦人弃如敝屣的“礼”却一跃为这种“用”之“体”了。

我们看到，从汉所奠定的这一坚实的基础出发，礼治精神实际上已开始成为中国古代社会传承不息的政治传统。每当国运衰败之际，历代统治者都无不把“安上治民，莫善于礼”视为国家中兴的唯一根本的治世纲领。诚如曾国藩所说，“古之学者无所谓经世之术也，学礼焉而已矣”。（《文集》）因此，万变不离其宗，无论是魏晋所谓“名教”，唐人所谓“道统”，还是宋明人所谓的“心性”，其实都是以礼为其最终的历史张本的。乃至于降至有清，一代思想家们鉴于明亡于“理学”的这一历史的创巨痛深，仍以别汉宋为己任，把重振汉礼视为当务之急。

第二章
“有意味的形式”

一、“祭”的本质

综上所述，中国古代儒家学说把礼视为人之伦理、国之纲纪，但是，这仅仅是就礼的一般社会性质而言的，要真正说明礼还必须深入揭示有别于其他社会形式（例如道德形式和法的形式）的礼的形式本身的独特性质。因此，从这一节起，我们将转入对礼的形式本身的讨论。

近人致力于礼的研究，据章学诚称约有五端：溯源流也，明类例也，综名数也，考同异也，搜遗逸也。本书认为，既然在中国古人看来，事物的本质并非是隐匿在现象背后的“某物”，而是“本体即流行”地作为不断展开的过程，那么，对于礼的本质的探讨来说，无论是分析的方法还是综合的方法在这里都是行不通的，而唯有“溯源流”的“还原法”似乎才是唯一可行的。因此，还是让我们先从礼的词源的回溯开始吧。

对礼的词源学的考查，王国维的看法无疑是具有权威性的。他指出：

说文示部云：禮，履也，所以事福致神也。从示从豊，豊亦声，又豊部。豊，行礼之器也，从豆，象形。案殷虚卜辞有豐字，其文曰癸未卜贞醻豐。古玨玨同字，卜辞玨字作丰玨㺺三体，则豐即豊矣……。此诸字皆象二玉在器之形，古者行礼以玉，故说文曰：豊行礼之器，其说古矣。惟许君不知玨字即玨字，故但以从豆象形解之，实则豊从玨在凵中，从豆乃会意字而非象形字也。盛玉以奉神人之器谓之曲若豊，推之而奉神入之酒醴亦谓之醴，又推之而奉神人之事通谓之礼。其初当皆用曲若豊二字，其分化为醴禮二字，盖稍后矣。（《观林堂集》卷一）

因此，从词源学来看，“礼”包括两部分“从示，从豐”，示指与神祇有关的事物，而豐则写象于事神时二玉在器之形。它表明礼最初源自古代先民的祭祀，礼的原意诚如朱子所说的那样是指宗教上的祭祀活动。实际上，“国之大事，唯祀与戎”，祭祀不仅是中国早期氏族社会涵盖一切文明层面的超级文明形式，而且“礼有五经，莫重于祭”，亦是晚出的吉、凶、军、宾、嘉等各种中国礼仪的原始母体。所以，对祭祀本质的探讨亦是对礼的本质的探讨，祭祀，毋宁为我们暗示出一条通向礼的最初秘密的途径。

若加以分析，正如“礼”字的构成所表明的那样，祭祀之为祭祀不外由两方面组成：一是被祭祀的内容（示），二是从事祭祀活动的形式（豊）。在祭祀活动中，不同的被祭祀的内容往往与不同的从事祭祀的形式联系在一起。正如下面《周礼·春官·大宗伯》为我们所描述的那样：

以禋祀祀昊天上帝，以实柴祀日月星辰，以槱（yǒu）燎祀司中司命风师雨师。以血祭祭社稷五祀五岳，以貍沈祭山林川泽，以疈（pì）辜祭四方百物。以肆献祼享先王，以馈食享先王，以祠春享先王，以禴（yuè）夏享先王，以尝秋享先王，以烝冬享先王。

但是实际上，上述的这些祭祀形式能否真正地为被其所祭祀的对象所接受享用，与之产生因果联系而实际作用于被祭祀的对象，对于这一点，祭祀者从来是不加以深究也不愿意深究的，他们对此毋宁说采取了为现代人所难以接受的一种“执虚如执盈”的态度。故《论语》和《礼记》都曾这样写道：

祭如在，祭神如神在。子曰：“吾不与祭，如不祭”。（《论语·八佾》）

凡祭，容貌颜色，如见所祭者。（《礼记·玉藻》）

这里的“如在”“如见”的“如”，并非像一些注者想当然认为的那样作“宛如”“仿佛”解，它实指祭把心里想的与实际做的内外如一，这也说明为什么孔子坚持祭不能越俎代庖而必须亲临“与祭”。因此，远古人类的祭祀活动正如同于今日的艺术活动，在这种活动中，“信仰和作假的区分消失了”

(伽达默尔语)。其之所以如此，是因为对于远古的祭祀者来说，世界并非是一种外在的“实在论”的世界，而是一种内在的“意象论”的世界，即“象征论”的世界。正如杨宽在其《古史新探》一书中指出的那样，“原始人常以具有象征意义的物品，连同一系列象征性的动作，构成种种仪式，表达自己”(《古史新探》，第234页)。这种“象征”的表达方式其实也就是为西方现代人类学家卡西尔所大力阐明的体现在人类早期神话里的“以部分代整体”（pars pro toto）的“隐喻”。关于它，卡西尔这样写道：

而在神话——语言思维中，恰恰相反的倾向却占着上风。我们发现一种实际上可以称作消除特别差异的规律在这里运行着。整体的每一部分就是整体本身；每一个样本即等于整个的种。部分并不只是表象整体，样本也不只是表象它的类；它们与所归属的整体是同一的；它们并不单纯是反思思维的媒介辅助物，而是实际上包含了整体的力量、意义和功效的真正的“在场”。……全部神话运思都受着这条原则的支配，都渗透着这条原则，这已是大家所熟悉的事实。任何人，只要他把整体的一部分置于自己力量范围之内，在魔法意义上，就会由此获得控制整体本身的力量，至于这个部分在整体的结构和统一体中具有什么意蕴，它完成的是什么功能，相对而言并不重要。它现在是或一直是一个部分，一直与整体（不论多么偶然）联系着，仅这一点就是够了，就足以使它沾染上那个较大的同一体的全部意蕴和力量了。(《语言与神话》，中译本，第109页)

他还进一步写道:

同样清楚的是，对于神话思维来说，隐喻不仅只是一个干巴巴的“替代”，一种单纯的修辞格；在我们后人的反思看来不过是一种“改写”的东西，对于神话思维来说却是一种真正的直接认同。(同上，第117页)

因此，在祭祀活动中正如在隐喻中一样，部分就是整体，象征就是实证，形式就是内容，祭祀的形式已并非像戴着“知性”眼镜的今人所认为的那样，是一种接神用的纯粹的代用品，而是“器以藏礼”，它就是实实在在的被祭祀的神祇本身。换言之，祭祀的形式已经不是一种徒有外壳的空虚的形式，而成为一种为西方著名美学家贝尔所说的具有其丰富内容的“有意味的形式”（significant form）了。

郎格（S · Langer）认为，祭祀是人类与生俱来的一种生存形式。但是从同一起点出发，不同的民族却呈现为两种不同的发展途径：如果说西方诸民族从这一“有意味的形式”其中的“意味”出发，使“意味”最终独立于“形式”而产生了高度抽象的唯一的“理性精神”的话，那么，作为“重祭礼的存在者”的华夏民族则从其“形式”出发，坚持“意味”须臾不可离形式，从而最终滥觞出令世人叹为观止的“郁郁乎文哉”的礼乐制度。

因此，本书认为，正如祭祀一样，源自祭祀的作为其延伸和扩展形式的中国古代的种种礼的形式实际上都是一种“有意味的形式”。从这种意义上来说，礼就是“仪”，但是这种“仪”已不是纯粹的仪，仪即义（古书仪但为义），它本身就是一种“天经地义”的东西。因此，在事礼如仪中的各种礼品器物，以及人的进退俯仰、周旋揖让，一举手一投足，身体的一个姿势，脸部的一个微笑，这些在今人看来不过是做作客套、繁文缛节的东西，对于古人却都具有极其庄严、极其丰富的实质意义，它都无不以“隐喻”的方式与人的整体存在联系在一起。这也说明了为什么中国古人始终坚持礼即为“理”，说明了为什么《左传》记载孔子“形象大于思想”地坚持“唯器与名，不可以假人”而主张“不如多与之邑”。而由是观之，一千余年后的中国大清皇帝宁可割地赔款亦不愿让渡跪拜之礼，这也完全是事出有因的，实在算不上什么过分之举。

下面，让我们通过中国古人的有关论述，对礼的这种“有意味的形式”的基本特征再做进一步的分析。

首先，对于中国古人来说，礼的这种“有意味的形式”是一种有别于事物内容的纯形式的东西，这就是古代哲学家对礼的所谓“文”的性质的揭示：

礼义以为文。(《荀子·臣道》)

礼者，断长续短，损有余，益不足，达爱敬之文，而滋成行义之美者也。(《荀子·礼论》)

凡礼，始乎棁，成乎文，终乎悦校。(《荀子·礼论》)

凡礼，事生，饰欢也；送死，饰哀也；祭祀，饰敬也；师旅，饰威也；是百王之所同，古今之所一也，未有知其所由来者也。(《荀子·礼论》)

同时，中国古人又认为，尽管礼为形式，但是这种形式却是一种所谓“状乎无形影”（《荀子·礼论》）的形式，也就是说，它是一种完全不同于再现现实的形式，正如《礼记》所说，“夫祭者非物自外至者也，自中出生于心者也”（《礼记·祭统》），实际上，礼是一种“因人之情”的“情感形式”。礼的一举一动，一招一式都无非是人的真情之流露；

故说豫娩泽，忧戚萃恶，是吉凶忧愉之情发于颜色者也，歌谣傲笑，哭泣谛号，是吉凶忧愉之情发于声音者也。刍豢稻梁酒醴餰（jiān）鬻，鱼内菽藿酒浆，是吉凶忧愉之情发于食饮者也。卑絻黼黻（fǔ fú）文织，资粗（cū）衰绖（dié）菲繐（suì）菅屦，是吉凶忧愉之情发于衣服者也。疏房檖（suì）貌越席床第几筵，属茨倚庐席薪枕块，是吉凶忧愉之情发于居处者也。（《荀子·礼论》）

其次，需要指出的是，“礼报情，反始也”。实际上，正如中国古人祭祀中的“神”终归与“祖”（祖字从示从且）同一那样，礼的“因人之情”的情实指根植于人的生命深层的“报本反始”的原始亲情。① 因此，如同人的亲疏决定了爱的差等一样，情的厚薄亦决定了礼的隆杀，礼终归是一种“称情而立文”的东西。孔子说：“文胜质则史，质胜文则野，文质彬彬，然后君子。”（《论语·雍也》）而礼恰恰是一种“不丰不杀”“所以制中”的“文质彬彬”的形式；它既是“由衷而

① 古人云：“礼也昔，反本修古，不忘其初者也”（《礼记·礼器》），“盖乐主移风易俗，而祭主报本反始（《礼记·乐记》，“乐，乐其所自生，礼，反其所自始，乐章德，礼报情，反始也”（《礼记·乐记》）。

发”的，又是“外有归属”的；既是“从心所欲”的，又是“不越矩”的；既是超乎现实的“情感之延长”，又是使之无不合乎时宜的“制淫之器具”。这不正是中国古人的作为内外一、天人合的合目的性与合规律性统一的大一的“道”吗？孔子曰：“我战则克，祭则受福，盖得其道矣。”《礼记》称“礼必本于大一”（《礼记·礼运》）。因此，“表现即直觉”（克罗齐语），对于中国古人来说，“内尽于己”必然“外顺于道”（《礼记·祭统》），作为人的情感完美表现形式的礼最终是与作为宇宙之本质的道直接联系一起的。道毋宁说已成为礼之“以部分代整体”的始原“整体”。在这一始原的整体里，礼已经摆脱了现实世界时空因果的拘缚，使死与生，古与今、神与人、祖祢与子孙、天上与人间不再鸿沟相隔而成为亲密无间息息相通的东西。这已经是一种为古人所梦寐以求的至极的化境。

这样，礼之形式已不再是一种“绘事后素”的他物之附庸，相反，作为“道”本身的形式它就是它自身的目的，它就是它自身的因用：

雩而雨，何也？曰：无何也，犹不雩而雨也。日月食而救之，天旱而雩，卜筮然后决大事，非以为得求也，以文之也。故君子以为文，而百姓以为神。以为文则吉，以为神则凶也。（《荀子·无论》）

荀子在这里是谈雩祭之礼，但其中所说的“非以为得求也，以文之也”这一审美的主旨其实对一切礼都适用。孔子所谓的“射不主皮”（《论语·八佾》），孟子所谓的“哭死而哀，非为生者也；经德不回，非以干禄也”，以及《礼记》所谓的

“食飨之礼，非致味也”（《礼记·乐记》）都无不是对这一点的说明。因此，对于中国古人来说，礼是“不求”“不功”“不用”的。但是，“大用无用”，正是基于这一点才使礼得以与作为宇宙终极真理的自在自为的道相通。

贝尔等人认为，所谓“有意味的形式是指：其一，它是一种不同于再现现实形式的“情感形式”；其二，它与“终极的实在”有关；其三，它不受外在目的支配而“视本身为目的”。通过以上论述，我们可以看出，中国古老的礼之特征不正是和这种“有意味的形式”完全一致吗?

二、“正名”的思想

礼的“有意味的形式”这一性质的揭示，为我们认识中国古代社会礼之特殊的社会功能及其地位提供了一把钥匙。也就是说，既然礼是以人的原始情爱为其内容的与“道”齐一的一种绝对形式，同时，既然中国古代社会又是建立在这一等差之爱基础上“天下为一家，中国犹一人”的宗法社会，那么，对于中国古代社会来说，礼就不仅是个体生命的普遍形式，而且亦是社会组织的普遍形式。易言之，“为人之礼”是“为国之礼”先蕴之原型，而“为国之礼”不过是“为人之礼”之放大形式。这样，正如爱有差等决定了礼有隆杀一样，中国古代社会之不同的政治等级亦有不同“礼数”之规定。

例如《国语》就祭品之规定指出：

国君有牛享，大夫有羊馈，士有豚犬之奠，庶人有鱼炙之荐，笾豆脯醢则上下共之。(《国语·楚语上》)

天子祀以会，诸侯祀以太牢，卿祀以特牛，大夫祀以少牢，士祀以特牲，庶人祀以鱼。(《国语·楚语下》)

再如《礼记》就庙数之规定指出：

王立七庙，诸侯立五庙，大夫立三庙，适士二庙，官师一庙，庶士庶人无庙。(《礼记·祭法》)

而《礼记·礼器》篇中则从礼器的多、少、大、小、高、下、文、素等不同方面详细记载了礼数之规定：

礼有以多为贵者：天子七庙，诸侯五，大夫三，士一。天子之豆，二十有六，诸公十有六，诸侯十有二，上大夫八，下大夫六。诸侯七介七牢，大夫五介五牢。天子之席五重，诸侯之席三重，大夫再重。天子崩，七月而葬，五重八翣，诸侯五月而葬，三重六翣，大夫三月而葬，再重四翣，此以多为贵也。

有以少为贵者：天子无介，祭天特牲，天子适诸侯，诸侯膳以犊，诸侯相朝，灌用郁鬯，无笾豆之荐，大夫聘礼以脯醢。天子一食，诸侯再，大夫士三，食力无数。大路繁缨一就，次路繁缨七就，圭璋特，琥璜爵，鬼神之祭单席。诸侯视朝，大夫特，士旅之。此以少为贵也。

有以大为贵者：宫室之量，器皿之度，棺椁之厚，丘封之大，此以大为贵也。

有以小为贵者：宗庙之祭，贵者献以爵，贱者献以散，尊者举觯，卑者举角，五献之尊，门外缶，门内壶，君尊瓦甒。此以小为贵也。

有以高为贵者：天子之堂九尺，诸侯七尺，大夫五尺，士三尺，天子诸侯台门。此以高为贵也。

有以下为贵者：至敬不坛，埽地而祭，天子诸侯之尊废禁，大夫士棜禁。此以下为贵也。

……

在这里，“礼制”即为“王制”，礼已不再是纯粹审美的“仪”，而一变上升为秩序井然的国家制度。但是另一方面，这种以礼为其形式的国家制度又完全不同于后出的以法为其形式的国家制度。其区别在于，如果说后者是抽象的，那么前者则是具象的。也就是说，尽管作为国家制度的礼已经不同于“仪”，但同时它又不离于“仪”，它的任何规定都是和具体形象的“仪”联系在一起。因此，它即非艺术又似艺术，即似政治又非政治，它使人类的政治方式不再是一种僵硬异己的社会规定形式，而成为既有一定的社会规定又与人原始情感紧密相联的生动内在的审美形式。

这是为中国古代社会所发明、所独具的一种“象征主义”的国家形式。在这一礼的国度里，一个人的政治权力并不取决于其财富之多寡、兵力之强弱、刑措之宽猛，而是借象寓义地体现在宗庙之数量、祭品之特牲、宫室之规模、棺椁之厚薄、服饰之差异等不同的礼数之中。同样，人们的政治行为也并非是基于赤裸裸的利害考虑的活动，而是“礼以行义”地与事礼如仪的活动联系在一起。据史书记载，不仅“王假有庙”

(《易·萃彖辞》)，古之王的职守是主理祭把的，而且古之举凡国家大事，诸如即位、出境、朝聘、会、盟、田猎、城筑、嫁娶乃至出奔、生卒等都无不和祭礼有关。因此，对于古人来说，社稷即国家，明堂即天法，大宰即宰相，祭坛即政坛。礼，在古代社会并非像今之学者所断言的那样从属于“上层建筑”，相反，它就是社会存在本身或社会之基础。明乎此，我们就不难理解为什么《诗·大雅·绵》所记古亶父迁歧时先“作庙翼翼”然后才百堵皆兴，就不难理解为什么《礼记》作者把礼器之维护视若生命，对“作淫声异服、奇技奇器以疑众”者断然主张杀无赦的纠之以猛。

但是，人类是不可能永远生活在非实证的绝对的“象征”之中的，随着人类文明的进程，正如存在与思维这一人自身的分裂不可避免一样，人的具象的表现形式（礼）与人的抽象的社会规定形式（法）的分裂也成为无情的历史命运。降至春秋，郑铸刑书，晋铸刑鼎，法不仅作为成文形式的“书”从礼中离异而出，而且已经到了大有取礼而代之的地步。《左传》中的下述记载正是对一历史的见证：

三月，郑人铸刑书。叔向使诒子产书曰：“始吾有虞于子，今则已矣。昔先王议事以制，不为刑辟，惧民之有争心也。犹不可禁御，是故闲之以义，纠之以政，行之以礼，守之以信，奉之以仁，制为禄位以劝其从，严断刑罚以威其淫。惧其未也，故诲之以忠，耸之以行，教之以务，使之以和，临之以敬，莅之以强，断之以刚。犹求圣哲之上，明察之官，忠信之长，慈惠之师，民于是乎可任使也，而不生祸乱。民知有辟，则不忌于上，并有争心，以征于书，而徼幸以成之，弗可为矣。夏有乱政而作禹刑，商有乱政而作《汤刑》，周有乱政而作《九刑》，三辟之兴，皆叔世也。今吾子相郑国，作封洫，立谤政，制参辟，铸刑书，将以靖民，不亦难乎？《诗》曰：'仪式刑文王之德，且靖四方。'又曰：'仪刑文王，万邦作孚。'如是，何辟之有？民知争端矣，将弃礼而征于书。锥刀之末，将尽争之。乱狱滋丰，贿赂并行，终子之世，郑其败乎！肸闻之，国将亡，必多制，其此之谓乎！”（《左传》昭公六年）

然而，无论人们对“仪刑文王，万邦作孚”的礼乐盛世多么一往情深，也无论“国将亡，必多制”的预言最终随着周王朝的彻底覆灭而得以验证，在春秋之际，中国历史却不能自已地沿着“弃礼而征于书”道路马不停蹄地阔进了。同时，也正是在这一历史背景下，孔子的以维护礼制为其宗旨的“正名”说应时而生了。

先谈“名”字。名，按许慎解古为“铭”。《祭统》云：“夫鼎有铭，铭者自名也，自名以称扬其先祖之美，而明著之后世者也。”由是观之，名的原意是指铭刻在鼎器上追祭祖美之铭文（据刘师培，该铭文以后逐渐演变为中国古代的各种文章形式）。作为祭礼的组成部分，它本身就是古礼的一种形式。再参以荀子《正名》篇中四种“名”。即“刑名”“爵名”“文名”“散名”的区分及“文名从礼”之说。可以断定，孔子的“正名说”的“名”当属从礼之“文名”不疑。因此，孔子的名的思想与战国之际晚出的认识论意义上的“名家”的名的学说迥然异趣，作为对当时出现的“以法乱文”的抗议，它实际上是和政治实践意义上的“礼”紧密联系在一起，“正名”即为“复礼”。故《论语》写道：

子路曰：“卫君待子而为政，子将奚先?”

子曰：“必也正名乎!”

子路曰：“有是哉，子之迂也！奚其正?”

子曰：“野哉，由也！君子干其所不知，盖阙如也。名不正，则言不顾；言不顺，则事不成；事不成，则礼乐不兴；礼乐不兴，则刑罚不中；刑罚不中，则民无所措手足。故君子名之必可言也，言之必可行也。”(《论语·子路》)

同时，正因为名从属于礼，而礼又是古代社会政治秩序之象征，因此和礼一样，名本身亦具有丰富的社会政治规定性。故正如礼有因人而异的礼数一样，名亦有因人而异的“名分”，而孔子之正名实际上正是就这种“名分”而言的：

齐景公问政于孔子。孔子对曰：“君君，臣臣，父父，子子。”公曰：“善哉！信如君不君，臣不臣，父不父，子不子，虽有粟，吾得而食诸?”(《论语·颜渊》)

这里的“君君，臣臣，父父，子子”常被人解释为“君要像个君，臣要像个臣……”，其实不确。正确的理解应为“君要有君的名分，臣要有臣的名分……”。这种“名分”的思想还可证诸《左传》：

夏四月己丑，孔丘卒。公诔之曰：“旻天不吊，不慭遗一老。俾屏余一人在位，茕茕余在疚。呜呼哀哉！尼父，无自律。”子赣曰：“君其不没于鲁乎！夫子之言曰：‘礼失则昏，名失则愆’。失志为昏，失所为愆。生不能用，死而诔之，非礼也；称一人，非名也。君两失之。”（《左传》哀公十六年）

因此，和法家的由实及名、以实验名的主张不同，孔子在政治上坚持由名及实、以名主实的思想路线。同时，也正是由于这种“唯名主义”，使孔子的正名说被一些现代学者想当然地视为是一种“地地道道的唯心主义”的观点。但是实际上，孔子所推重的名并非近代意义上的高度抽象化的能指与所指相分离之名，而是中国古代社会的“前逻辑”的从礼之“文名”，犹如那种“文犹质也，质犹文也”的礼一样，它亦是一种“文质彬彬”的“有意味的形式”。实际上，这种“名”的性质极类似于为卡西尔所揭示的早期人类神话思维中的“有魔力的语词”。对于它卡西尔曾这样写道：

在神话思维中，甚至一个人的自我，即他的自身和人格，也是与其名称不可分割地联系着的。这里，名称从来就不单单是一个符号，而是名称的负载者个人属性的一部分；这一属性必须小心翼翼地加以保护，它的使用必须排他地审慎地仅只归属于名称负载者本人。有时，它不单单只是他的名称，而且还是其他某种东西的言语指称，因此被看作是某种物质财产，是有可能被他人获得或攫取的东西。哥白沦茨的哥渥吉在其语言学著作中曾提及公元前三世纪一位中国皇帝的诏书，其中使用了一个第一人称的代词，于是，这个原来一直是任何人都可以使用的代词，从此便只归属于皇帝一人了。名称，当它被视为一种真正的实体存在，视为构成其负载者整体的一部分时，它

的地位甚至多多少少要高于附属性私人财产。这样，名称本身便与灵魂、肉体同属一列了。(《语言与神话》，第73页)

这不正是对孔子所推崇备至的中国古代“名”的最好的脚注吗？中国古代之“名”不也恰恰正是卡西尔所谓的“从来就不单单是一个符号，而是名称的负载者个人属性的一部分”的“名”吗？因此，对于中国古人来说，名并不等于今人所谓的“名称”之名，而是作为一种亦名亦实、亦形式亦内容的东西，名本身就是人的一种不可让渡的“真正的实体存在”形式。难怪中国古人“男子二十而冠，冠而字曰成人”，把名字作为步入“成人”之标志；难怪中国古人不仅生前有字，而且死后有谥，名号成为垂而不朽的东西；也难怪孔子坚持“名失则愆”，不是把“务实”而是把“正名”视为为政的第一要义。

削古人之足以适今人之履的做法已成为当今学者之通病。对孔子正名说的今人理解之失误不仅表现在对名本身的认识上，而且还表现在对孔子“正名”之宗旨的把握上。把孔子的正名一概视为是为了“维护等级制度”，这几乎已经成为当今学者的不易之论。但是，既然孔子的名不过是从属于礼的一种形式，既然这种礼最终是建立在等差之爱基础上的寓社会规定于艺术形式之中的一种情感形式，那么，正如“复礼”实际上是为了“归仁”一样，“君子去仁，恶乎成名?”，“正名”也最终不失为一种向体现在“铭”中的人类远古社会的原始亲情的重返活动。固然孔子所坚持的“名分”里有区分不同社会地位的功能，但是这里的社会地位之不同是一种所谓的

“相而不同”而非“同而不和”，也就是说，这种不同就像爱有差等一样完全是顺人之情的表现形式，从而它与那种后来“平等地”建立在财富和武力基础上并以成文法人为确立的人类等级制度完全不可同日而语。因此，“铭者自名”，孔子之正名并非是维护人类社会的等级制度，而恰恰相反，它毋宁是对已经崭露头角的异己于人的、失去了人性的人类等级制度的叛逆、反抗，是对古人的“名教内自有乐地”这一“乐地”的铭记和憧憬。

这是寻梦，但是正因为它是梦，它才是一种真正美好的东西。

三、“人文主义”

综上所述，对于中国古人来说，无论其个体的存在方式，还是其社会政治的存在方式都无不与礼这一“有意味的形式”息息相通。因此，不是某种抽象的“质”的规定，而是“礼义以为文”的“文”的形式本身成为人之所以实现和完成自己的最本质的东西。这就不能不使我们深入考查人与文之间的必然联系，从“礼之文”转向“人之文”，进而回到“人文主义”这一中国古代人类学的最终结论。

“人文”的概念最早肇始于《易》，《易·贲·彖辞》云：

贲亨；柔来而文刚，故亨。分刚上而文柔，故小利有攸往。刚柔交错，天文也；文明以止，人文也。观乎天文，以察时变；观乎人文，以化成天下。

“贲”是贝壳的光泽，即文饰的意思，《序卦传》曰：“物不可以苟且而已，故受之以贲；贲者饰也。”孔颖达的疏亦曰：“欲见火上照山，有光明文饰也。”因此，这里所谓“人文”的“文”同于“礼文”的“文”，即“文饰”之“文”，“人文”即为人的“文饰”活动。我们看到，也正是这种人的“文饰”活动，实际上恰恰成为人类告别蒙昧而步入文明的分水岭。

“人之所以异于禽兽者几希。”的确，人与动物的区别不啻为毫厘千里。人可以盖房，而燕子可以筑巢；人可以纺纱，而蜘蛛可以织网。然而无论蜜蜂的蜂房的建筑技术多么使人类最高明的建筑师都相形见绌，动物都仅仅只是按照自己的物种尺度来生产，而人则是按照“美的尺度”来生产。也就是说，人的生存活动已摆脱了物种自身的狭隘的生物需要，而成为一种超生物的“自由创造”活动。例如人吃饭不仅仅是为了充饥，而成为美食；穿衣不仅仅是为了御寒，而成为装束；结婚不仅仅是为了生殖，而成为爱情。这种超越了人的饮食男女需要的“自由创造”活动，就是古人称之为的“不可苛且而已”的作为艺术活动的“文饰”。德国哲学家席勒在谈到人类文饰活动时曾这样写道：

> 不久，人不再满足于事物使他喜欢，他要自己使自己喜欢，最初是通过属于他的东西，最后通过他自己本身。这时凡是他占有的和他所创造的东西，都不能再仅仅带有服务性的痕迹，即不能再仅仅是为达到他的目的的懦怯的形式。这种东西

除了应尽的服务以外，同时还必须反映出那思考它们的聪慧的知性，那实现它们的可爱的手，那选择并提出它们的明朗自由的精神。就是在这个时期，古日耳曼人为自己挑选了更加光彩夺目的兽皮，更加堂皇壮观的鹿角，更加轻巧别致的角杯；古苏格兰人为他们的宴席选择了最好看的贝壳。这时甚至武器也不只是用于威胁的物件，而且也是用于取乐的物件，精工细作的剑鞘引人注目的程度并不亚于杀人的剑刃。更为自由的游戏冲动不满足于把审美的剩余带入必然的东西之中，于是它最后完全挣脱了最低需求的枷锁，美本身成为人追求的一种对象。人自己装饰自己。自由的欢乐被纳入人的需求之列，多余的东西不久就成了人快乐中的最好的部分。(《审美教育书简》，北京大学出版社出版，第 11 页)

因此，对于席勒来说，所谓“文饰”就是人把其“挣脱了最低需求”的“剩余精力”付诸表现的“游戏”。而关于“游戏”席勒又不无思辨地指出，“只有当人是完全意义上的人，他才游戏；只有当人游戏时，他也才完全是人”（同上，第 80 页)。故正如席勒所表明的那样，“文饰”之于人并非一种附加的“多余的东西”，相反，作为一种内在于人的“自由形式”的“游戏”，它正是人之所以为人，即人的本质的真正揭示。

无独有偶，翻开中国古代哲人的著作，其对“文饰”的理解与近代西人几乎如出一辙。孔子曰：

弟子入则孝，出则悌，谨而信，泛爱众，而亲仁。行有余力，则以学文。(《论语·学而》)

这里所谓的“行有余力，则以学文”不正是可以看作为中国古代的“游戏说”吗？杨伯峻先生把这里的文释为“文献”之文，其实不确。诚如马司光所说：“然则古之所谓文者，乃诗书礼乐之文，升降进退之容，弦歌雅颂之声，非今所谓文也。”（《温国文正司马公文集》卷六十）因此，孔子所谓的文正是“文饰”之文，即作为“剩余精力”（“余力”）的表现形式的“游戏说”之文。

这并非人为地为古人穿上时髦的现代时装，而是文之所以为文的必然结论。同时也正是基于这一对文的本质规定，文被中国古人视为人之为人的根本而与席勒的“人文”思想殊途同归。例如中国古代甲骨文和金文的“文”字，均像以人身刺画花纹之形。这不仅表明了中国古代最早的文的概念是附丽于人的，而且还表明了早期先民正是借助于文的形式才使自身与其他动物加以区分。因此，“人文主义”并非一些数典忘祖的学者认为的那样是一种纯粹的舶来之品，相反，早在文明伊始之际它就已经与文字同源地成为中国人的专利。源远则必然流长，我们看到，这种“文学”即“人学”的“人文主义”实际上已经成为代代相传的地地道道的中国传统，无论是《周易》的“观乎人文”的观点，抑或是孔子的“文之以礼乐，亦可以为成人”的学说，还是王充的“人而无文，则为仆人”的结论，都无不旨在以文释人、以文明人。同时，每当世衰道蹇、人性沦丧之际，古之先觉者都万变不离其宗地坚持“以文救质”，以“人文”来“化成天下”。从孔子的“文不在兹乎”的抱负，魏晋人的“文学的觉醒”，到韩愈的“古文运动”，都无不是对这一点的明证。逮至中国历史剧变期的明清之交，“尚文反朴”已成为中国一代学者自觉的理性精神。关于这种“尚文反朴”，明末清初学者王船山曾下如下之雄论：

朴之为说，始于老氏。后世习以为美谈。朴者，木之已伐而未裁者也。已伐则生理已绝。未截则不成于用。终乎朴，则终乎无用矣。……人之生理在生气之中，原自盎然充满，条达荣茂。伐而绝之，使不得以畅茂，而又不施以琢磨之功，任其顽质，则天然之美既丧，而人事又废。君子而野人，人而禽，胥此为之。若以朴言，则惟饥可得而食，寒可得而衣者，为切实有用。养不死之躯以待尽，天下岂少若而人耶。自鬻为奴，穿窬为盗，皆以全其朴，奚不可哉！养其生理自然之文，而修饰之以成乎用者，礼也。《诗》曰：“人而无礼，胡不遄死。遄死者，木之伐而为朴者也。”（引自钱穆《中国近三百年学术史》，上册，115 页）

圣人之道，因民之质而益焉者，莫大乎文。文者，圣人之所有为也。天无为，物无为，野人安于为而不能为。（《诗广传》卷三）

在这里，王船山以文、朴之异别立论，其对文的认识已上升到“出禽而入人，出野人而入君子”这一人性进化论的高度。而“终乎朴，则终乎无用矣”这一断语，不仅是对其所处的出华入夷这一“天崩地析”的历史现实的猛烈鞭挞和痛定思痛，而且作为对“人文”的无上向往，不也正可以看作是中国近代最早鼓吹“文艺复兴”的激越呼声吗？

然而，在王船山的时代，这种“人文”的复兴不过是思想家的一厢情愿。清人不仅以其血腥屠城的兽行称冠于世，使其对明的胜利赤裸裸地建立在野蛮的武力征服的基础之上，而且在其长达二百余年的统治期间，崇专制，扩刑律，严保甲，兴文狱，礼教转手为钳制思想自由的刑具，文学龟缩为考据训诂之术。中国人文主义的传统在有清实际已跌入前所未有的历史低谷。

我们还看到，即使在推翻了清朝而步入现代的中国社会。这种“人文”复兴的历史任务也始终未受到人们应有的重视而一再延误、交臂交之。尽管“五四”运动的思想骁将们高举“文代批判”的旗帜，但是实际上，不是对人类自身文明的启蒙，而是对一国一族的“救亡图存”成为“五四”运动压倒性的主题。因此，社会批判取代了文学的觉醒，自身文化的复兴让位于外来科学的移植，人们批判传统礼的“杀人之理”，同时又不做区分地把作为“自由形式”的礼之“文”也弃如敝屣。这正是伟大的“五四”运动的悲剧所在。而四十余年后的中国“文革”运动之所以将一切斯文扫地，之所以为“焚书坑儒”大唱赞礼，尽管其原因固然是多方面的，但是不正是由于“五四”运动才开其反“文”之端倪吗？

我们还不能不看到，在当代社会，不仅中国社会通向人文主义的道路荆棘丛生、崎岖不平，而且由于工业主义和科学主义的迅猛抬头，“人文危机”已成为危及整个人类的全球性课题。工业革命固然唤醒了巨大的生产力，但伴之而来的却是人的机械化、齐一化的加强和“游戏空间”的丧失殆尽；计算机的推广固然加速了人类的社会化进程，但这又是以剥夺人的生动具体的“此在”为其牺牲。于是，艺术变成了刺激物欲的“广告技术”，“信息交流”取代了人与人之间的“彬彬有礼”，实证主义和实用主义成为人们膜拜的对象，而自由的想象、象征的原则则一蹶不振地被斥贬为落伍了的“神秘主义”……因此，从现代“象征派艺术”到法兰克福社会批判理论，从“历史科学”的崛起到“新解释学”的诞生，都无一不以重振审美原则为其主旨。我们看到，继近代“文艺复兴”后，“人文主义”再次脱颖而出，而成为领导人类进步的旗帜。

人的自由不仅是人的目的，而且亦是人的前提。当人文主义为世所瞩目时，人们也将最终把目光从西方转回到作为人文主义策源地的“郁郁乎文哉”的古老的东方。我们相信，诸如跪拜、寝苫枕块、守丧三年等具体礼仪也许随着历史的因革损益终将被淘汰而一去不返，但是，体现在中国古礼中的人文主义精神却将永远成为人类取之不竭、用之不尽的精神矿藏。

第三章
“情深而文明”

一、“礼”与“乐”

礼的“有意味的形式”的性质的揭示，不仅可以使我们真正登堂入室地步入中国古代社会礼的殿堂，而且亦可以使我们得以从所谓的“外作”之礼深入到所谓的“中出”之乐。于是，对于我们来说，礼与乐的内在关联及乐自身的本质毋宁可以明若观火了。

“礼别异，乐和同”。其实，礼与乐的这一不同社会功能的区分当是晚出的事情。在中国远古时代，不仅礼与乐相提并论而须臾不可分离，而且“肃雍和鸣，先祖是听”，同礼一样乐亦源自人类最初的祭祀活动。《周易·豫》中曾有这样的记述：

象曰：雷出地奋，豫。先王以作乐崇德，殷荐之上帝，以配祖考。

同时，《吕氏春秋》的《古乐》亦指出，古帝王作乐，是用于祭祀活动的。例如帝颛顼命飞龙作《承云》，帝尧命质和瞽叟作《大章》，这都是与“祭上帝”有关的。而从《尚书》中所记的“凤凰来仪”“百兽率舞”等描述，人们亦可想见乐典在当时祭祀活动中的规模之大、场面之盛。因此，和礼一样，乐亦是中国古代社会祭祀的一种形式。

正因为乐是源自祭祀的一种形式，所以和礼一样，乐显然亦非“物自外至者也”，而是自内而发自人内心的。故“乐由中出”成为古人乐的学说的一致结论：

凡音者，生人心者也。情动于中，故形于声，声成文，谓之音。(《礼记·乐记》)

乐者，音之所由生也，其本在人之心感于物也。是故其哀心感者，其声噍以杀；其乐心感者，其声啴以缓；其喜心感者，其声发以散；其怒心感者，其声粗以厉；其敬心感者，其声直以廉；其爱心感者，其声和以柔。(《礼记·乐记》)

夫乐者乐也，人情之所必不免也。故人不能无乐，乐则必发于声音，形于动静，而人之道，声音动静，性术之变尽是矣。(《荀子·乐论》)

同时，尽管乐是由衷而发的，然而古人不独讲“发”，而且亦讲“节”。诚如《礼记·乐记》所云：“夫物之感人无穷，而人之好恶无节，则是物至而人化物也”，故乐之“发”并非是一种所谓的“穷人欲”，即情欲之放纵宣泄，而是与礼一样亦是一种“因人之情而为之节文”的活动。荀子在谈到这一点时写道：

故人不能不乐，乐则不能无形，形而不为道，则不能无乱。先王恶其乱也，故制雅颂之声以道之，使其声足以乐而不流，使其文足以辩而不諰（xǐ），使其曲直，繁省、廉肉、节奏足以感动人之善心，使夫邪汙之气无由得接焉，是先王立乐之方也。(《荀子·乐论》)

因此，乐终归是一种“哀而不伤”“乐而不流”的“文质彬彬”的东西。这种“文”“质”的统一即是古人一再强调的所谓的“和”。“故乐者，审一定和者也”（《荀子·乐论》），“和”，成为乐之所以为乐的本质形式和至极境界。

需要指出的是，按照中国古人“表现即直觉”这一内在论原则，这里的“和”不仅是人的内心世界之完美表白，而且亦“天人合一”地与宇宙之道默契相合。故古人宣称“大乐与天地同和”“乐者，天地之和也”（《礼记·乐记》）。在这里，“情感逻辑”即为“宇宙逻辑”，从弦歌之声、钟鼓之乐里实际上开出了宇宙之秩序。故《吕氏春秋·大乐》不仅认为“惟得道之人，其可与言乐”，而且最终断定“乐本于太一”。

因此，和礼一样，乐亦是一种关乎终极实在（“道”）的“有意味的形式”。同时，也正是由这一点出发，乐之于中国古人不仅是个体生命存在的普遍形式，而且亦是人类社会政治的普遍形式。故我们看到，“乐通伦理”“乐通刑政”已经成为为中国古代思想家们不断强调的主题：

夫民有血气心知之性，而无哀乐喜怒之常。应感起物而动，然后心术形焉。是故志微噍杀之音作而民思忧，啴谐慢易繁文简节之音作而民康正，粗厉猛起奋末广贲之音作而民刚毅，廉直劲正庄诚之音作而民肃敬，宽裕肉好顺成和动之音作而民慈爱，流辟邪散狄成涤滥之音作而民淫乱。（《礼记·乐记》）

是故治世之音安，以乐其政和；乱世之音怨，以怒其政乖；亡国之音哀，以思其民困。声音之道与政通矣。宫为君，商为臣，角为民，徵为事，羽为物。五者不乱，则无怗滞之音矣。宫乱则荒，其君骄；商乱则陂，其臣坏；角乱则忧，其民怨；徵乱则哀，其事勤；羽乱则危，其财匮。五者皆乱，迭相陵谓之慢，如此则国之灭亡无日矣。郑卫之音，乱世之音也，比于慢矣。桑间濮上之音，亡国之音也，其政散，其民流，诬上行私而不可止也。凡音者，生于人心者也；乐者，通伦理者也。……是故审声以知音，审音以知乐，审乐以知政而治道备矣。（《礼记·乐记》）

在荀子的《乐论》里，我们亦看到同样的观点：

乐在宗庙之中，君臣上下同听之，则莫不和敬。闺门之内，父子兄弟同听之，则莫不和亲。乡里族长之中，长少同听之，则莫不和顺。

夫声乐之入人也深，其化人也速，故先王谨为之文。乐中平则民和而不流，乐肃庄则民齐而不乱，民和齐则兵劲城固，敌国不敢婴也。如是，则百姓莫不安其处，乐其乡，以至足其上矣。然后名声于是白，光辉于是大，四海之民莫愿得以为师，是王者之始也。

因此，“礼乐刑政，其极一也，所以同民心而出治道也”（《礼记·乐记》）。对于中国古人来说，乐作为声音之道与治道的统一，与礼一样亦是一种亦艺术亦政治的东西。我们看到，当西方美学家们为音乐其本质是“自律”（autonomy）抑或是“他律”（heteronomy）苦苦争执而至今仍莫衷一是的时候，中国古人则一开始就通过“乐政合一”的理论把二者视为有机的整体。而这种“乐政合一”也并非像有些人指摘的那样，是把乐视为一种“依附美”因而是中国乐论的一种“不纯粹”“不彻底”的表现，恰恰相反，它正是对“体用一源”“天人合一”这一“大乐”性质的大彻大悟，是中国乐论优于西方乐论的高明之处，是中国古人对人类乐的学说的独一无二的贡献。

总之，“知乐则几于礼矣”（《礼记·乐记》），乐与礼具有同样的起源，同样的本质，同样的社会功用。明代学者鹿善继曾不无见地地指出，“其当然而然，极其中的去处，叫作礼；其自然而然，极其和的去处，叫作乐。两个字，又却是一个理，未有不合礼而得成乐，不合乐而得成礼者”（《明儒学案》卷五十四，诸儒学案下二）。但是必须指出的是，乐之所以作为乐，礼之所以作为礼，亦表明二者之间有着不容忽视的差异性。尽管二者同为文情并茂的“有意味的形式”，然而在文与情之取舍上，作为“空间艺术”的礼与作为“时间艺术”的乐显然各有侧重。如果说礼是以文胜情的话，那么乐则是以情胜文。因此，随着人类文明进程，礼与乐亦由其原始的统一趋于分离：礼逐渐演变为中国古代以“别异”为其主旨的社会之绳准，而乐则发展为以“和同”为其主旨的音乐、诗歌等纯艺术形式；前者从属于“动于外”的“政”，而后者则皈依“动于内”的“教”。乐实际上更多地是与“善民心”“治人心”的“教化”密切联系在一起的。关于这一点，古人指出：

乐也者，圣人之所乐也，而可以善民心，其感人深，其易风易俗，故先王著其教焉。（《礼记·乐记》）

君子反情以和其志，比类以成其行。奸声乱色，不留聪明；淫乐慝礼，不接心术；惰慢邪辟之气，不设于身体；使耳目鼻口心知百体，皆由顺正以行其义。然后发以声音而文以琴瑟，动以干戚，饰以羽旄，从以箫管，奋至德之光，动四气之和，以著万物之理。是故清明象天，广大象地，始终象四时，周还象风雨。五色成文而不乱，八风从律而不奸，百度得数而有常。小大相成，始终相生，倡和清浊，迭相为经。故乐行而伦清，耳目聪明，血气和平，移风易俗，天下皆宁。故曰：乐者，乐也。君子乐得其道，小人乐得其欲。以道制欲，则乐而不乱；以欲忘道，则惑而不乐。是故君子反情，以和其志，广乐以成其教。乐行而民乡方，可以观德矣。（《礼记·乐记》）

故在中国古代“司乐”即为“司教”，而“成均”则为“大学”的前身。《周礼·春官宗伯》中的一段话就是其明证：

大司乐掌成均之法，以治建国之学政，而合国之子弟焉。凡有道者有德者使教焉；死则以为乐祖，祭于瞽宗。以乐德教国子中和祇庸孝友。以乐语教国子兴道讽喻言语。以乐舞教国子舞云门、大卷、大咸、大磬、大夏、大濩、大武……

这样，在情优于理，教重于政的中国古代社会，作为“入人也深，其化人也速”的一种社会形式的乐，毋宁说比起礼更具本体论的优先地位。实际上，溯其源流，尽管礼与乐共同源自中国远古的祭祀活动，但从时间上说乐却似乎早出于礼，徐复观先生在《中国艺术精神》一书中曾极有见地地指出：

中国古代的文化，常将“礼乐”并称。但甲骨文中，没有正式出现礼字。以“豊”为古“礼”字的说法，不一定能成立。但甲骨文中，已不止一处出现了乐字。这已充分说明乐比礼出现得更早。(《中国艺术精神》，春风文艺出版社1987年版，第1页)

这种优先不独体现在时间上，而且更重要的是就其意义而言的。对于中国古人来说，“乐著太始而礼居成物”（《礼记·乐记》，乐最终是与具有创始意义的“大哉乾元”联系在一起的。荀子认为乐可以“穷本”（“穷本极变，乐之情也”），《乐记》认为乐可以“通神”（“乐则安，安则久，久则天，天则神”），而孔子对乐的推崇不仅到了“忘我”的地步（“子在齐闻韶，三月不知肉味”），而且亦视乐为人生至极化境。这表现在孔子提出“立于礼，成于乐”而以乐为礼的最终归宿，还表现在其“吾与点也”这一对曾点之志的唯一嘉许：

子路、曾皙、冉有、公西华侍坐。

子曰：“以吾一日长乎尔，毋吾以也。居则曰：‘不吾知也！’如或知尔，则何以哉？”

子路率尔对曰：“千乘之国，摄乎大国之间，加之以师旅，因之以饥馑；由也为之，比及三年，可使有勇，且知方也。”

夫子哂之。

“求，尔何如？”

对曰：“方六七十，如五六十，求也为之，比及三年，可使足民，如其礼乐，以俟君子。”

“赤，尔何如？”

对曰：“非曰能之，愿学焉。宗庙之事，如会同，端章甫，愿为小相焉。”

“点，尔何如？”

鼓瑟希，铿尔，舍瑟而作，对曰：“异乎三子者之撰。”

子曰：“何伤乎？亦各言其志也。”

曰：“莫春者，春服既成，冠者五六人，童子六七人，浴乎沂，风乎舞雩，咏而归。”

夫子喟然叹曰：“吾与点也！”（《论语·先进》）

“与”，乃嘉许之意。孔子之所以不与由、求、赤而独“与点”，不正表明孔子认为唯有在鼓瑟和歌咏声中，人生才可真正臻至“与天地同和”的化境吗？

二、“礼治”与“法治”

我们的分析已经表明，无论是中国古代之礼，抑或是中国古代之乐都是一种亦艺术亦政治的社会形式。那么，这种被称之为“礼（礼乐）治”的社会形式与所谓的“法治”的社会形式关系如何，以及前者与后者相比自身又有什么特点，这些问题，正是我们这一节需要考查的内容。

和礼治一样，中国的法治思想亦是源远流长的。尽管在中国古代社会法晚出于礼，其地位也远逊于礼，然而法一旦诞生，它就与礼相得益彰、互为补足，二者犹如车之双轮、鸟之双翼而成为中国古代社会管理的两根支柱。虽然夏之刑律未可徵之于书，但商汤作官刑已史有明文，周初刑法也载于《周官》，而《尚书》且有吕刑篇可见。因此，对于中国古代社会来说，法治形式与礼治形式并非完全对立和排斥，《孟子·离娄上》篇中所谓“徒善不足以为政，徒法不能以自行”的观点，实际上就是对这一点的说明。

中国古代关于“法”之含义的论述，其最为完备的应推管子之书，其在《七臣七主》篇指出：

夫法者，所以兴功惧暴也；律者，所以定分止争也；令者，所以令人知事也。

依管子之见，法的内容包括“法”“律”“令”三个方面，因此其含义亦有三个方面：其一是用于劝功防暴，其二是明确人的权利义务界限而消弥纷争，其三是使人知何者当为何者不当为。一言以蔽之，法即人的行为规范的总称。故《荀子·非相》篇云：“君子……度己以绳，故足以为天下法则矣。”

显然，就此而言，法与礼是别无二致的。礼也不正是一种所谓的所以“正民”，所以“序民”的“度量分界”，一种所谓的“不以规矩不能成方圆”的“经纬蹊径”吗？但是实际上，礼与法尽管同为人的行为规范，然而其实质却迥然异趣，二者之区别不啻毫厘千里。下面，我们试就二者之间的本质区别做一论述。

礼与法的区别首先表现在：一为治于“内”的规范，二为治于“外”的规范。众所周知，法作为一种令行禁止的社会规定形式，实际上是与人的外部行为有关的，它规定了人的现实的社会行为做什么和不做什么的度量界限。因此，法源于“刑”，而“刑”即为“形”，法终归是一种对人的具体有形的行为的范型和规定。而与之不同的是，“礼乐之说，管乎人情矣”（《礼记·乐记》），礼的规范性却始终是与人的无形的、内在世界有关的。《礼记·礼运》曾这样指出：

> 饮食男女，人之大欲存焉；死亡贫苦，人之大恶存焉。故欲恶者，心之大端也。人藏其心，不可测度也，美恶皆在其心，不见其色也。欲一以穷之，舍礼何以哉……
>
> 故圣人修义之柄、礼之序，以治人情。故人情者，圣王之田也。修礼以耕之，陈义以种之，讲学以耨之，本仁以聚之，播乐以安之。

因此，礼，诚如清代学者皮锡瑞所说，其并非人之行为之束缚之具，而实为人之性情之修养、引导和节制，它最终是与“反人道之正”的“复性”有关的。清代另一位学者凌次仲曾就此指出：

> 夫人之所以受于天者，性也，性之所固有者，善也，所以复其善者，学也，所以贯其学者，礼也。是故圣人之道，一礼而已。……夫性具于生初，而情则缘性而有者也。性本至中，而情则不能无过不及之偏，非礼以节之，则何以复其性焉。……如曰舍礼而可以复性，是金之为削为量，不必待熔铸模范，材之为毂为辕，不必待规矩绳墨也。如曰舍礼而可以复性，必如释氏之幽深微眇而后可。(《复礼上》)

需要指出的是，“复性”之“性”字不仅从“心”，而且从“生”(《孟子·告子章句上》:“生之谓性”)。而“生”表明这种“复性”之礼并非是一种已经完成的行为，而是一种“尚未”的行为，即唐君毅先生所说的“一半之行为”。关于这种作为“一半之行为”的礼，唐君毅曾有如下之妙论：

> 总此所言，吾人可说儒家之礼，虽依于人之内在之道德心与人之性情而有。然既表现于礼之仪节中之行为动作，则不只是一内在的道德与心情。又此礼之仪节中之行为动作，虽有表现此一心之性情道德之用，却又不同于对人对物之行为动作，能实际的改变人与物，以达一功利目标之用者。……对此礼之为礼，若依纯内心之德之标准者，似纯为外在之行为。若纯依人之功利之目标看，则又似不足以为成就一有外在事功之行为。然亦正以此之故，而礼之行为，即处于人之内在之心与德

及外在之事功之交界，而兼通于此内外之二者，亦足以为贯通此内外二者之媒者。自此礼为贯通内外者之媒上看，则内以此而表现于外，而外亦可还养其内。其表现于外，非直接成就一外在事功之行，而却为此事功之行之本。故此礼仪之行为，对直接成就事功之行为言，吾名之为一半之行为，亦即可为事功之行为之本原，而潜具一“引致事功之可能”之行为。此不特人之正式典礼，如冠婚、丧祭、射乡、朝聘者如是，即日常生活中，人对人之礼，如礼记曲礼中所言者之类亦如是。……如人对人之握手，其本身非以手助人以成一事。然此伸出手而与人手相握，即表示我之愿用此手，以助人。昔人之只以手揖拜，亦足表我之愿用此手助人。……一切为礼之事，亦皆可说只是一对人对己之实际的行为，先做一准备，表示一态度。此态度，对实际之行为言，即皆只可称为一半之行为。（《中国哲学原论》，原道第二，台湾学生书局出版）

因此，作为一种唐君毅先生所谓的“引致事功之可能”的“一半之行为”，礼之行为完全不同于人的现实之行为，如果说后者是一种“已然”之行为的话，那么前者则为一种“未然”之行为。故礼对人之规范并非像法那样是消极的亡羊而补牢，而是积极的防患于未然。这就把我们导向了礼与法的第二个区别：一为禁于“未然”，一为施于“已然”。故司马迁曾极为明确地指出：

夫礼禁未然之前，法施已然之后；法之所为者易见，而礼之所为禁者难知。（《史记·太史公自序》）

无独有偶，人们看到，《礼记》亦作如是论：

故礼之教化也微，其止邪也于未形，使人日徙善远罪而不自知也。是以先王隆之也。《易》曰："君子慎始，差若毫厘，谬以千里"。此之谓也。(《礼记·经解》)

同时，也正因为礼是一种"未然"而非"已然"的行为，故人之能否合乎礼就并非任何外在的有形的力量所可以劝禁和左右的，而只能够求助于内在的无形的心理自我调节作用。因此，一为"自律"而一为"他律"就成为礼与法的第三个区别。换言之，不是赏信罚必的外在强制，而是自知自觉的内省精神不啻为有别于法的礼的又一个特点。《礼记》的作者曾写道：

是故圣人作，为礼以教人，使人以有礼，知自别于禽兽(《礼记·曲礼上》)

因此，礼作为一种"自别"方式最终是和人的道德自我完善联系在一起的。从这种意义上来说，礼治即为"德治"，礼之必然即为德之"自然"①。这样，"自律"与"他律"不

---

① 值得注意的是，正是基于这种"德"的"自律"，产生了中国古人的有别于"刑法"的"德法"的思想。《大戴礼记·盛德》云："故明堂，天法也；礼度，德法也。所以御民之嗜欲好恶，以慎天法，以诚德法。刑法者，所以威不行德法者也""善御民者，正其德法而均民力，知民心，故听言不出于口，刑不用而民治，是以民德美之。夫民善其德，必称其人。故今之人称五帝三王者，依然若犹存者。其法诚德、其德诚厚，夫民思其德，必称其人，朝夕祝之，升闻于皇天，上帝歆焉，故永其世而丰其天""亡德法，民心无所法循，迷惑失道，上必以为乱天道。苟以为乱天道，刑法必不克，成其天道，上下俱天道。"

仅成为礼与法的根本分界线，而且亦是礼之所以优越于法所赖以的坚实的基点。故孔子对勘礼法后曾留下如下脍炙人口的千古名言：

道之以政，齐之以刑，民免而无耻；道之以德，齐之以礼，有耻且格。(《论语·为政》)

孔子认为，法可以使“民免”，但却不可以使人“有耻”，而礼则不仅规定了人不去做什么，而且使自觉到为什么不去作什么。因此，礼是最终从属于伦理学的内在的“应该”(should) 的。在中国古人看来，这种“应该”不仅是人的一切社会行为的真正裁判，而且亦是人去恶为善的永不枯竭的动力源泉，只要我们善于挖掘，它就会成为使社会由乱到治的巨大力量。故天下之治乱实系于人心，而人心之动静又实与礼有关。清代学者许周生曾就此写道：

古之圣人，欲天下之久治安也，于是为礼。礼也者，静天下之人心者也。天下之治乱，由于人心之动静。……大乱之后，民困兵革。思所息肩，受命之主出，荡涤而抚安之，天下翕然以定。承平既久，人日众，物力日耗，富贵者恃财力以纵其欲，贫贱者常不胜歆慕，以生觊幸。在上者绳之以政，威之以刑，民曰：此有位与权者所为也，我一日得其位与权，则所以绳我威我音，我亦可以绳之威之。于是政刑不足以静民，而益以速以其动。古之圣人，逆知其必至于是也，故于其得天下之始，因民之思治，而制为一代之礼以治之。……虽有兵凶之变，而民犹知顾恤于礼义，则不至于动而难静。(《礼论上》)

西方哲学家们认为，法是完美的“理性”在人类社会的体现。例如亚里士多德曾把法称为“不受欲望影响的理性”，并且认为“谁让法律来统治，可以说是只让上帝和理性来统治，但谁要让人来统治，那就要加上兽性的成分”。再如西塞罗亦提出“真正的法律是正确的理性，它是和自然调和的，散布在一切人们中间的，不变的和永恒的”。但是，对于中国思想家来说，与“礼”相比，这种所谓的“理”终归是一种不完善的东西。“理”不仅不是万能的，而且如果不以情统理的话，它还往往会“公说公有理，婆说婆有理”地成为一切社会纷争之源。例如清代学者程易畴曾就此一针见血地指出：

理但可以绳己，……若将理绳人，则人必有诡词曲说，用相取胜，是先启争端也。(《论学外篇上》)

焦里堂亦持同样观点。他认为“理愈明而讼愈烦”，认为人皆能絜矩、皆能恕，故主张治天下“以礼不以理”。因此，对于中国古人来说，情终归是优于理的，礼终归是优于法的。尽管由汉以降中国古代社会长期以来一直是礼法并行，但是正如荀子所谓的“有乱君，无乱国；有治人，无治法”“故械数者，治之流也，非治之原也；君子者，治之原也”（《荀子·君道》）这些话所表明的那样，礼本刑末、礼主刑辅始终是中国古代社会的主旋律。归根结底，中国古代社会的管理思想其实质是“礼治主义”而非“法治主义”的。

这种“依礼不以理”的“礼治主义”，以其在中国古代社会千年不坠的影响而对人类社会文明做出过杰出的贡献。但是在近现代社会，随着“理性”的日益崛起和法的精神在西方先进工业国家地位的日益巩固和确立，它却日益被人们忘却和遗弃了。但是正如“理”并非总是万能的一样，“法”也从来不是什么“金科玉律”。在现代西方社会人们看到，“法”的富有实际上是以“人”的贫困为其牺牲的：民“免而无耻”已取代了传统的“有耻且格”，法的“他律”已取代了古老的“自律”。于是人们不禁要问，在一个法律泛滥成灾、律师无处不在的国度，在一个人们动辄“对簿公堂”的国度，“我”又在哪里？所谓人的“自由”、所谓民的“自主”又从何谈起？

因此，随着人类对自己所创造的历史的自觉，随着历史本身的审美性质的发现，法的异己于人的历史局限已被愈来愈多的人所认识，法与德的结合也成为愈来愈多的社会理论家的共识。而在黑格尔对使人沦为“原子化”的人的罗马法的描绘里，在托夫勒对现代“全球法律工厂”的冷嘲热讽中，我们不是正感觉到、时代不正呼唤着一场人类新的“复礼”运动的到来吗？

所以，历史已经表明也将表明，为中国古人所创立所坚持的“礼治主义”思想，其魅力将是永存的。

三、从“礼”到“仁”

众所周知，尽管“礼治”曾给中国古代社会带来了西周政治的“黄金时代”，尽管“礼治”思想自汉以后已在中国社会确立了其颠扑不破的主导地位，然而，在孔子时代，“礼崩乐毁”、礼的式微却是触目可见、无可置疑的历史的事实。

这种礼治的危机不仅表现在以分封宗法为核心的中国古代封建制的解体，不仅表现在“法治”对“礼治”越俎代庖，而且以更为深入的方式体现在被中国古人视为社会的真正基础的人的内在的道德心理上。翻开《论语》，有关这种人的道德心理危机的记载可以说是俯拾皆是：

子曰：“已矣乎，吾未见能见其过而内自讼者也。”（《论语·公冶长》）

子曰：“中庸之为德也，其至矣乎！民鲜久矣。”（《论语·雍也》）

子曰：古之学者为己，今之学者为人。”（《论语·宪问》）

子曰：“由！知德者鲜矣。”（《论语·卫灵公》）

子曰：“已矣乎！吾未见好德如好色者也。”（《论语·卫灵公》）

子曰：“古者民有三疾，今也或是之亡也。古之狂也肆，今之狂也荡；古乏矜也廉，今之矜也忿戾；古之愚也直，今之愚也诈而已矣。”（《论语·阳货》）

联系《左传》《国语》中对春秋之际诸多社会现象的描绘，就可知道孔子的这些议论并非杞人忧天的夸大其词，而是对当时历史现实的确确凿凿的写实。孔子说：“其为人也孝悌，而好犯上者，鲜矣。”（《论语·学而》）。在孔子看来，不是君臣界限之僭越，也不是对各种名物制数之背离，而正是这种祸发萧墙的“人心不古”才是危及社会礼治最致命的东西。同时，在这种“人心不古”的社会潮流中，最使孔子深以为忧的，则是那些被孔子痛斥的“德之贼”和“以紫乱朱”的

“乡愿”者流了。孔子忧心忡忡地指出：

恶似而非者：恶莠，恐其乱苗也；恶佞，恐其乱义也；恶利口，恐其乱信也；恶郑声，恐其乱乐也；恶紫，恐其乱朱也；恶乡愿，恐其乱德也。(《孟子·尽心章句下》)

关于“乡愿”，孟子曾对其有如下说明：

“何以是嘐嘐也？言不顾行，行不顾言，则曰，古之人，古之人。行何为踽踽凉凉？生斯世也，为斯世也，善斯可矣”。阉然媚于世也者，是乡愿也……

非之无举也，刺之无刺也，同乎流俗，合乎污世，居之似忠信，行之似廉洁，众皆悦之，自以为是，而不可与入尧舜之道，故曰“德之贼”也。(《孟子·尽心章句下》)

显然，所谓“乡愿”是指那些在为人处世上以不偏不倚自居，以趋声逐响于世俗认可为荣的人。这些人尽管表面上遵奉一般的社会常则，但自己内心深处却毫无道德判准。杨伯峻先生曾把“乡愿”释为“好好先生”，其实不确，“乡愿”作为“伪君子”倒更像海德格尔笔下的那些把“自己”让渡给“他人”的所谓“大众化”的“常人”①。然而与之不同的是，一为现代西方社会的产物，一为古代中国社会的产物；一为貌

① 海德洛尔曾这样描述“常人”：“常人怎样享乐，我们就怎样享乐；常人对文学艺术怎样阅读怎样判断，我们就怎样阅读怎样判断；竟至常人怎样从‘大众’中抽身，我们也就怎样抽身；常人对什么东西愤怒，我们就对什么东西‘愤怒’。这个常人不是任何确定的人，而一切人（却不是作为总和）都是这个常人，就是这个常人指定着日常生活的存在方式。”（《存在与时间》，中译本，第156页）

似合“理”，一为貌似合“礼”。但是在“乱德”方面二者却异曲而同工；他们都企图以媚世的“为人”偷换自我完善的“为己”。都企图以外在的“同而不和”偷换内在的“和而不同”，他们都殊途同归地否定道德的本己性质而最终走向道德的取消论。

而道德的原则一旦被社会所取消所丢弃，作为“德之则”的礼则必然沦为形同虚设徒有其表的文具。故正如我们已经指出的那样，在春秋之际，礼仪的“仪”已不复有其“义”了。孔子在《论语》中，对这种毫无生命内容的礼提出了激烈的抗议：

子曰：“居上不宽，为礼不敬，临丧不哀，吾何以观之哉？”（《论语·八佾》）

但是，更让孔子看不下去的，则是一些“贪冒无厌”“赋粟倍他日”的巧取豪夺的无礼之辈也居然用庄严神圣的天子、诸侯之礼互为攀比，孔子对此当然更是愤慨之极了：

孔子谓季氏，“八佾舞于庭，是可忍也，孰不可忍也？”（《论语·八佾》）

季氏旅于泰山。子谓冉有曰：“女弗能救与？”对曰：“不能。”子曰：“呜呼！曾谓泰山不如林放乎？”（《论语·八佾》）

这样，在孔子时代，尽管由于历史的惯性礼依然得以苟存，但今非昔比。它已经完全不能与往昔的那种“文质彬彬”的礼同日而语。它或成为人们附庸风雅装点自己的门面，或成为诸侯们师出有名的大旗。因此，这种已经面目全非徒具空壳的礼的存在价值及其意义理所当然地受到人们的质疑和非议，于是我们看到，臣子“事君尽礼”而“人以为谄”（《论语·八佾》），孔子不仅“入太庙每事问”为人所汎（《论语·八佾》），而且其坚持“复礼”亦被人视为“知其不可而为之”的迂腐之举。

同时，为孔子痛心疾首的是，终日与其习礼如仪的弟子也人云亦云地不能深明礼之大义：

子贡欲去告朔之饩羊。子曰：“赐也！尔爱其羊，我爱其礼。”（《论语：八佾》）

其实，不独子贡如此，宰我亦对“三年之丧”礼颇有微词（《论语·阳货》），而更有甚者，为孔子所钟爱的子路竟把他的“正名”说直斥为“迂”（《论语·子路》）。因此对于孔子来说，对礼进行一种“本质的还原”、恢复其庐山真面目已经成为“复礼”刻不容缓的当务之急了。故林放问“礼之本”，孔子许其以“大哉问”，并告诉他：

礼，其与奢也，宁俭；丧，与其易也，宁戚。（《论语·八佾》）

故“礼云礼云，玉帛云乎哉？乐云乐云，钟鼓云乎哉？”（《论语·阳货》）在孔子看来，礼固然是以文取胜的，但“情深”才能“文明”，礼终归是一种内在论的而非外在论的东西。而这种礼的最内在的东西，也就是孔子一再强调的所谓“仁”。所以孔子在《八佾》篇中不无感慨地指出：

人而不仁，如礼何？人而不仁，如乐何？

因此，孔子的“复礼”最终是指向“归仁”的。

第三部分

仁治理论

仁治是礼治的一种崭新的、也更深入、更普遍的形式。

周的灭亡，以“尊尊、亲亲”为核心的封建制的解体，使中国古代礼治思想面临严峻挑战。而这一传统之所以在中国历史没有中断，实际上是与儒家“以仁释礼”的文化再建有关。由于把礼之“亲亲”还原为先验的、普遍的“仁”的这一“仁学”的确立，中国古代礼治精神在新的历史条件下以新的形式再次被肯定，遂成为中国古代百代不易延续千年的社会治之传统。

第一章
仁的本质规定

一、仁作为伦理同情心

尽管孔子之大可以用学周公一言而蔽之，尽管孔子称自己是“述而不作”和“信而好古”，但是，同样不容否认的是，孔子对古人的思想不仅有因循，亦有创新。这种源于古人而又高于古人之处，就是孔子的“仁”的思想的提出。我们看到，正是由于这种“仁”的提出，使为孔子不渝信守的周礼从一定的外在的制度被改造为不以社会变迁为转移的内在自觉的心理形式，而孔子则由旧体制的维护者一跃成为新文化使者的先觉先知。

正如众多学者所指出的那样，仁的概念在春秋之前很少为人提及。在殷的甲骨文和西周的金文中都没有发现仁这个字，在《尚书》二十八篇中仅在一处提到了仁（“予仁若考”），《诗经》三百篇中也只有两处提到了仁（“洵美且仁”与“其人美且仁”）。据专家考证，这三处的仁字不仅意义含混，而且其旨与后来的仁字迥异。降至春秋之际，仁字虽然多次散见在文书中，例如在《左传》中仁字出现了四十余次，在《国语》中仁字亦出现有二十余次，然而其含义仅限于为人的某种具体品德。但是在孔子的代表作《论语》里情况就完全不同了。仁的概念不仅被作者反复提及申说（例如在《论语》中，仁字出现 109 次，而礼字才有 75 次），而且引人注目地成为其人文学说里统贯诸德的核心形式。其内容涉及修、齐、治平而无所不包，请看：

子曰：“刚、毅、木、纳近仁。”（《论语·子路》）

子张问仁于孔子。孔子曰：“能行五者于天下为仁矣”。请问之。曰：“恭、宽、信、敏、惠。恭则不侮，宽则得众，信则人任焉，敏则有功，惠则足以使人。（《论语·阳货》）

君子笃于亲，则民兴于仁。（《论语·泰伯》）

子路曰：“恒公杀公子纠，召忽死之，管仲不死”。曰：“未仁乎？”子曰：“恒公九合诸侯，不以兵车，管仲之力也。如其仁，如其仁。”（《论语·宪问》）

这不正完全同于“统合了、弥贯了人生的一切向度”的礼吗？但是实际上，仁与礼并非同义反复。孔子之所以把仁视为礼之本，之所以从礼走向仁而企图以仁救礼，它表明了与礼相比，仁当有其自身固有的更为深入的本质性质。那么，仁的这种本质性质又是什么呢？

我们看到，在《论语》中孔子与宰我关于“三年之丧”的礼的讨论，可以说为这一问题的解决提示了一条可靠的途径：

宰我问：“三年之丧，期已久矣。君子三年不为礼，礼必坏；三年不为乐，乐必崩。旧谷既没，新谷既升，钻燧改火，期可已矣。”

子曰：“食夫稻，衣夫锦，于女安乎？”

曰：“安。”

“女安，则为之！夫君子之居丧，食旨不甘，闻乐不乐，居处不安，故不为也。今女安，则为之！”

宰我出。子曰：“予之不仁也，子生三年，然后免于父母之怀。夫三年之丧，天下之通丧也。予也有三年之爱于其父母乎！”（《论语·阳货》）

这一讨论之所以引起我们极大兴趣，是因为“三年之丧”实际上是与“亲亲”的“孝”的原则有关的，而孝实际上又被视为中国古礼的核心内容。因此对“三年之丧”的讨论不仅是对孝的根据的讨论，而且也不外乎是对礼制的最终根据的讨论。在这里我们看到，孝已不再是孔子所痛加驳斥的所谓“能养”（《论语·为政》），也不再是孔子一度指出的“无违”（《论语·学而》）和“色难”（《论语·为政》），而是以更为鞭辟入里的方式直接诉诸为、还原为、挖掘为“汝安乎”这一内在的人类同情心。因此，对孔子来说，这种内在的人类同情心实际上就是所谓的“仁”。我们还看到，孔子这一仁的思想被自称为其“私淑弟子”的孟子进一步大力发明，遂形成极为明澈的“不忍人之心”和“恻隐之心”的理论：

曰：“若寡人者，可以保民乎哉？”

曰：“可。”

曰：“何其知吾可也？”

曰：“臣闻之胡龁（hé）曰，王坐于堂上，有牵牛而过堂下者，王见之，曰：‘牛何之？’对曰：‘将以衅钟。’王曰：‘舍之！不忍其觳觫，若无罪而就死也。’对曰：‘然则废衅钟与？’曰：‘何可废也？以羊易之！’一不识有诸？”

曰：“有之。”

……

曰：“无伤也，是乃仁术也，见牛未见羊也。君子之于禽兽也，见其生，不忍见其死，闻其声，不忍食其肉。是以君子远庖厨也。”（《孟子·梁惠王章句上》）

孟子曰：“人皆有不忍人之心。……所谓人皆有不忍人之心者，今人乍见孺子将入于井，皆有怵惕恻隐之心——非所以内交于孺子之父母也，非所以要苦干乡党朋友也，非恶其声而然也。由是观之，无恻隐之心，非人也。”（《孟子·公孙丑章句上》

孟子明确指出，这种“不忍人之心”和“恻隐之心”正是仁之所以为仁的东西。故他进一步写道：“人皆有所不忍，达之于其所忍，仁也”（《孟子·尽心章句下》），“恻隐之心，仁也”（《孟子·告子章句上》）。在孟子的学说里，仁已经由最初的“事亲”推及到一切社会的他人，已经由狭义的血缘亲情升华为普遍的人之通性。换言之，“强恕而行，求仁莫近焉”(《孟子·尽心章句上》),不是作为日常生活经验的“孝悌”。而是作为先验伦理范畴的“如心”(“恕”),最终成为儒家仁的真正本质规定①。《论语》曾经写道:

仁者,已欲立而立人,已欲达而达人。能近取譬,可谓仁之方也已。(《论语·雍也》)

子贡问曰:“有一言而可以终身行之者乎?”子曰:“其恕乎!己所不欲,勿施于人。”(《论语·卫灵公》)

子曰:“参乎!吾道一以贯之”。曾子曰:“唯。”

子出,门人间曰:“何谓也?”曾子曰:“夫子之道,忠恕而已矣。”(《论语·里仁》)

如上所述,所谓“恕”,即“己欲立而立人,己欲达而达人”及“己所不欲,勿施于人”。其实,恕不仅仅是一种由己推人的人的为人处世的絜矩之道,而且亦即用即体地为人本身的一种本质规定。正如明代学者杨复所曾指出的那样,“恕者,如心之谓,人己之心一如也”(《明儒学案》,泰州学案三),恕实指人的情感的一种可以共通的性质,即焦里堂所谓的“旁通之情”,戴东原所谓的“通天下之欲之欲”,也即西方近现

① 必须强调指出的是,儒家从“亲亲”向普遍的“不忍人之心”和“恻隐之心”的升华过渡,并不意味着儒家仁学已放弃了“亲亲”的原则,相反,作为源于“亲亲”的一种东西,它是以更为深入的方式对“亲亲”原则的坚持和捍卫。故儒家一方面强调仁的“泛爱众”性质,另一方面又坚持“仁者人也,亲亲为大”(《礼记·中庸》)。因此,仁既是超于“亲亲”,又不离乎“亲亲”,从而它亦是一种“极高明而道中庸”的东西。

代哲学家所谓的“主体通性”或“主体间性”（intersubjecty）[1]。而孔子之所以把恕称为“一贯之道”，《中庸》之所以称“忠恕违道不远”（《中庸·第十二章》），实际上都是就这种可以共通的人心而言的。故孟子云“无恻隐之心，非人也”，朱子云“知痛是人心，恻隐是道心”。对于中国古人来说，我之心性能否与他人相交旁通，乃是人与禽兽、君子与野人的分水岭。焦里堂说得好：

> 禽兽之情不能旁通，……人之情能旁通，……故可以为善。情可以为善，此性所以善。……以己之情通乎人之情，以己之欲通乎人之欲，……如是则情通。……是性之神明有以运旋乎情欲而使之善，此情之可以为善也。故以情之可以为善，而决其性之神明也。（《正义乃若其情即可以为善章》）

戴东原亦持如是论，他写道：

> 人之生也，莫病于无以遂其生。欲遂其心，亦遂人之生，仁也。欲遂其生，至于戕人之生而不顾者，不仁也。不仁实始于欲遂其生之心，使其无此欲，必无不仁矣。然使其无此欲，

① 所不同的是，尽管西方哲学家如维柯、夏夫兹博里、哈奇生及休谟等人试图通过人的情感的共通来介说人的主体通性，例如哈奇生认为恰恰是通过“同情”而说明了人的共通性，然而就整个西方传统来说，绝大多数哲学家则偏重于从所谓的“理性”来介说人的主体通性，正如康德的道德哲学所表明的那样。但是实际上，“父亲无须论证地就已倾向于去照顾他的孩子，这并不是爱在示威，而是心情不断冲破了敌视所爱对象的理性”（厄汀格）。从根本上说，人与人之间的互通是不需要这种“理性”为其中介的，它是不假思索和论证的“良知良能”，是向生命朴实性的返回，即生命本身的一种“直觉”形式。

则于天下之人，生道穷促，亦将漠然视之，己不必遂其生而遂人之生，无是情也。(《孟子字义疏证》上卷)

因此，对于中国古人来说，所谓人性不过就是人的情的旁通、欲的旁通，即《大学》里所说的“所恶于上，毋以使下；所恶于下，毋以事上；所恶于前，毋以先后；所毋于后，毋以从前；所恶于右，毋以交于左；所毋于左，毋以交于右”这一“以情絜情”。在这里，情已不再是自我的纯粹的生理宣泄而成为审美的“移情”，已不再是我的一己之私而成为与他人休戚相关、疾痛相感的东西。这不正是根植于人类生命深层、祈求与人融为一体的作为人类社会原始亲和力的“爱”吗？西方当代精神分析学家萨利文曾不无正确地指出，爱始于一个人感到另一个人的需要与自己的需要同等重要之时。故仁的概念最终是和普遍的人类之爱联系在一起的。早在春秋之际，古人就开始以爱训仁，例如《国语·周语》谓“仁，文之爱也”、“爱人能仁”，《楚语》言“明之慈爱，以导之仁”。而在孔子的学说里，爱则更自觉地成为其仁的理论的主题和核心。所谓“仁者爱人”(《论语·颜渊》)，所谓“泛爱众而亲仁”(《论语·学而》)，所谓“君子成人之美”(《论语·颜渊》)，所谓“四海之内，皆兄弟也”(《论语·颜渊》)，所谓“其养民也惠”(《论语·公冶长》)，《论语》中的这些大量论述，清楚表明孔子的仁的学说和爱的学说完全是异名同谓的。

因此，韩愈称“博爱之谓仁”，朱子以仁为爱之德、爱之理。但是须要指出的是，正如“恕”的本质所表明的那样，孔子所强调的这种仁爱的爱是双向的，它与现代人所持有的那种基于狭隘的私我的单向的爱迥然异趣。西方现代哲学家弗洛姆在谈到爱时曾一针见血地指出，“将爱当作相互的性欲满足，以及将爱当作‘合舟共济’和逃避孤独的‘避风港’，这是现代西方社会中最为常见的两种爱的蜕变形式，是社会化的病态爱情”(《爱的艺术》。中译本，四川人民出版社 1986 年出版)。而与这种囿于利己主义病态化的“伪爱”完全不同，孔子的爱的学说不仅强调“忠”与“恕”不可分“恕”以“忠”为前提，即爱终归是一种“由衷而发”的东西，而且强调以爱己之心爱人，以利己之心利人。换言之，爱别人就是把别人一视同仁地当作和自己完全一样的存在和主体。“不敬，何以别乎？”（《论语·为政》）在孔子的仁的学说里，爱人与对人极度尊重的“敬人”是完全同一的，爱人终归是以“敬人”为其前提的。

这是对人类古老的“爱人如己”这一伟大的人道主义精神的呵护和发扬。在人类已经步入到现代化的今天，对这一精神的重新揭示依然有着极其现实的时代意义。弗洛姆指出，资本主义社会的基本原则与爱的原则是水火不相容的。作为社会高度商品化的必然产物，现代人不仅将自己个人本质异化为可以出售的商品，而且也同时将“类”的本质异化为赤裸课的商品交易关系。我们看到，父女在饭馆一起吃饭还要各掏各的钱，儿子向母亲借债还要算利息，这已经在今天资本社会司空见惯。而金钱和利益一旦成为社会关系的准绳，作为人与人之间真正纽带的爱则或被视为无用的东西，或被歪曲为生物的“性”及缓解异化的代偿品。但是金钱绝不是万能的，它既不可能填平人的欲壑，又不可能真正代替人与人之间的至爱深情。于是，作为对物质极大丰富和商品高度社会化的补充，“孤独”已经成为当今资本社会深入膏肓的“时代病”。

从这一事实出发，我们就不难理解为什么不堪失落之苦的西方现代青年一度曾掀起了对无爱社会抗议和反叛的“公社主义”运动，就不难理解为什么重振基督教的宗教复兴运动在当今西方如火如荼地兴起，就不难理解为什么对人类心灵共性的挖掘已成为当代哲学运动的中心：胡塞尔一反自我中心的西方传统而隆重推出了“主体间性”的概念，伽达默尔视道德“共通感”为“人文主义”的核心内容。备受与自己类的本质分离之苦的西方人开始认识到，人从来就不是以邻为壑的一个个的个别的人，而是需要理解、需要同情、需要爱的与他人情如手足的“类”的人。换言之，人最终是指向从二的“仁”的。

因此，为中国古代儒家所揭示的仁的学说，不仅是属于中国的，亦是属于整个世界的。

二、仁作为自我完善的潜能

“仁从千心”。仁的提出，犹如架起一座爱之桥，使我与他人之间的关系由外在的对立变为内在的相契如一。但是实际上，对于中国古代儒家来说，这里是无须谈什么桥的，因为我与他人本来就是一亲密无间的整体。正如天之于人不过是人的形体之延长之扩展一样，他人之于我也不过是我的道德之充实之完善。而要真正理解这一点，就不能不涉及儒家作为“端”的仁的学说，它是由孟子首先揭明的。孟子说：

恻隐之心，仁之端也；羞恶之心，义之端也；辞让之心，礼之端也；是非之心，智之端也。人之有是四端也，犹其有四体也。有是四端而自谓不能者，自贼者也；谓其君不能者，贼其君者也。凡有四端于我者，知皆扩而充之矣，若火之始然，泉之始达。苟能充之，足以保四海；苟不充之，不足以事父母。(《孟子·公孙丑章句上》)

这就是孟子著名的“四端”说。“端”字本作“耑”。许慎《说文解字》解耑云：“耑，物初生之题（题犹额也，端也）也，上象生形，下象其根也。”换言之，“端”即事物之萌芽、之端绪。用现代哲学语言来表述，“端”即事物之作为“非存在”与“存在”之中点的“潜在”或“潜能”形式；用中国古代哲学术语来表述，“端”即古人所说的那种“动而未形、有无之间”的“几”。因此，“端”表明作为“恻隐之心”的仁并非是一种已经完成的既定的东西，而实际为一种不断“生成”的过程。故以“生”训仁已经成为为中国古代学者屡屡揭明的不易之论。大程子谓“心譬如谷种。生之性，便是仁也”（《遗书》，十八），朱熹谓“仁是个生底意思，如四时之有春”（《朱子语类》卷二十），二程门人谢良佐称活者为仁，死者为不仁，认为仁同于可种而生者的“桃仁杏仁”之仁，明人罗近溪则把仁直截了当地比作“人之胚胎”，如此等等。

对于中国古人来说，既然我的恻隐之心是一种“仁之端”，既然这种仁之端又被表明是一种“生成”的过程，那么当我们由恻隐之心出发而从事伦理实践时，当然不意味着对某种异己的、外在的权威或准则的消极的服从，而犹如“火之始然，泉之始达”，不过是我的人性的一种积极的“扩而充之”，即不过是我从自身的潜在性向现实性的一种完成和实现的活动。用孟子形象的比喻，这是一种所谓的“仁熟”的过程：

五谷者，种之美也；苟为不熟，不如荑稗。夫仁，亦在乎熟之而已矣。(《孟子·告子上》)

实际上，就其哲学方法论而言，这亦是“我”自身的一种“即用显体”的过程：我的“为他”的伦理实践活动并非是我自身自为的主体性让渡和牺牲，相反，它恰恰是作为显示和实现本体之我的一种“用”。因此“他人”并非像今之西人所说的那样是我的“地狱”，而恰恰相反地是我的“天堂”，即我唯有投身于“为他”的事业中时，我才能真正成其为我自己，我才能真正实现我自身的主体性。这里也体现了一种黑格尔所谓的“主奴辩证法”：我一旦成为为他人服务的“奴隶”，同时我也恰恰相反相成地成为他人的真正“主人”。换言之，我的“兼济天下”即为我的“独善其身”。故大程子曾极有见地地指出：

医书言手足痿痹为不仁。此言最善名状。仁者以天地万物为一体，莫非己也。认得为己，何所不至？若不有诸己，自不与己相干。如手足不仁，气已不贯，皆不属己，故博施济众，

乃圣人之功用。(《遗书》,二上)

在这里,“非我”即“本我”,“为他”即“为我”,“伦理”即“生理”,我与他人、我的感性欲求与社会的伦理规定不仅克服了其固有的尖锐对立,而且“本体即流行”地成为一以贯之的生命化的整体。进而言之,我的伦理实践已不再是所谓的出恶入善的“痛苦的超越”,已不再是所谓的对灵魂的鞭挞与拷问,而是“制欲非体仁”地成为人的至情之流露,成为“率性而行”的东西。孟子说“礼义之悦我心,犹刍豢之悦我口”(《孟子·告子章句上》),“君子所性,仁义礼智根于心。其生色也睟然见于面,盎于背,施于四体,四体不言而喻”(《孟子·尽心章句上》。我们看到,在中国古代儒家的伦理学里,人的伦理行为的“善”,最终是和䜣合和畅的生命“美”的表现形式联系在一起。

这是中国古人对人类伦理思想的极其杰出的贡献。反观西方的伦理学说,由于泥于经验自我与先验自我二分这一西方固有的传统,西方人不惟不能解决我与他人、感性欲求与伦理规范之间尖锐的对立和背反,而且使二者之间的矛盾愈演愈烈,从而最终形成了西方伦理学说史上壁垒森严的两大对抗阵营。

一方面,西方经验论者从经验自我出发,把人的伦理道德归结为赤裸裸的感性需要。例如伊壁鸠鲁宣称“一切善的开端和根源都在于肚子的快乐”;霍布斯认为人所欲求的对象就是善,人所憎恶的事物就是恶,故伦理规范是以“利己”为其准则;爱尔维修坚持“痛苦和快乐是道德世界的唯一动力”,

趋乐避苦的“自爱”就是所谓道德；而边泌则提出追求“最持久、最确实、最切近、最广泛、最纯粹和最合算的快乐”就是最高的道德。我们可以看出，无论这些快乐主义者如何标榜自己的学说与伦理道德多么一致，他们都不能克服我的快乐与他人的快乐之间的矛盾和冲突，他们都最终无一例外地从道德相对主义走向道德的取消主义。

另一方面，西方先验论者从先验自我出发，把人的伦理道德视为超感的纯粹理性。例如斯多葛学派的代表人物塞涅卡认为“最高的善在于理性，而不在感觉”“人由于理性的力量超脱动物，并且与神相齐”。康德也认为“道德法则是作为我们先天意识到而又必然确实的一个纯粹理性事实给予我们的”，而这种先验的普遍道德律排除了一切经验感性的东西。不难看出，这种先验论的伦理道德学说固然由此而维护了伦理道德的普遍与绝对性，但是这却是以否弃、无视现实人的感性欲求为其代价和牺牲的，故这种伦理学说所追求的人伦之理不是属于此岸的而是属于彼岸的东西。

所以，无论是西方的经验论伦理学，抑或是西方的先验论伦理学都不可能真正解决人类伦理行为中我与他人，感性欲求与伦理规定之间的关系问题。于是，与西方人充满自信、引以为荣的物的科学形成鲜明对比，人的伦理王国始终成为西方人争执无穷、莫衷一是的领域，这最终导致了西方现代激进的实证主义者把伦理学敌视为非科学的“形而上学”而断然主张对其付之一炬。但是人们看到，对于西方人来说是望之却步的地方，对于中国古人来说却恰恰是其驾轻驭熟的领域。中国古人不仅以仁释德，而且以生释仁，从而使伦理学中的我与他人、感性欲求与伦理规定二者的关系由静态的对立变成了动态的统一，使伦理学从“百姓日用而不知”的东西一跃成为人类自知自觉的真理。因此，作为人类伦理之谜的真正揭示的仁学的提出，不仅对于中国文化而且对于整个人类文化都具有不容否认的历史意义。

我们还看到，中国古代儒家的这种伦理学说不仅是对人类伦理悖论的真正解决，而且也在人类历史上第一次破天荒地使伦理之理成为人自身的真理。对手西方哲学家来说，人类的伦理规定或者来自于冥冥之中的超自然的神谕，或者来自宇宙中的某种至极之“理”。因此，尽管康德等人曾提出了所谓“意志自律”的命题，然而就其最终结论来说，伦理规定之于西方人仍然是一种异己于人的“他律”。但是对于中国古代哲学家来说，既然人的伦理规定是“人皆有之”“非由外烁”地“根于心”，那么它作为人最本己的东西理所当然地从属于“自律”而非“他律”。“盖仁者，人所自在而自为之”（朱熹语），在中国古代论理学里，“为仁由已”已经成为其必然的结论：

颜渊问仁，子曰：“克己复礼为仁。一日克己复礼，天下归仁焉。为仁由己，而由人乎哉？”（《论语·颜渊》）

仁远乎哉？我欲仁，斯仁至矣。（《论语·述而》）

孟子亦持同样看法，并且曾以“牛山之木”为喻，对“为人由己”原则予以了淋漓酣畅的阐述：

孟子曰：牛山之木尝美矣，以其郊于大国也，斧斤伐之，可以为美乎?是其日夜之所息,雨露之所润,非无萌蘖之生焉,牛羊又从而牧之,是以若彼濯濯也。人见其濯濯也,以为未尝有材焉,此岂山之性也哉?虽存乎人者,岂无仁义之心哉?其所以放其良心者,亦犹斧斤之于木也,旦旦而伐之,可以为美乎?其日夜之所息,平旦之气,其好恶与人相近者几希,则其旦昼之所为,有梏亡之矣。梏之反复,则夜气不足以存;夜气不足以存,则其违禽兽不远矣。人见其禽兽也,而以为未尝有才焉者,是岂人之情也哉?故苟得其养,无物不长;苟失其养,无物不消。孔子曰:“操则存,舍则亡;出入无时,莫知其乡”。唯心之谓与?(《孟子·告子章句上》)

因此,“个个人心有仲尼”(王阳明语),“非独贤者有是心也,人皆有之”(《孟子·告子章句上》),我的仁心已使我自己成为不假外求自给自足的伦理主体。故我能否成为仁者完全是我对自己的仁心能否“存养”的结果,苟能“存养”,就“见父自然知孝,见兄自然知弟,见孺子入井自然知恻隐”(王阳明:《传习录上》),苟不能“存养”而使其“梏亡”,则“其违禽兽不远”。这必然导致了中国古人的伦理上的一种“自我选择”的学说,即我能否从善去恶是“不怨天,不尤人”(《论语·宪问》)的,善者是自己造就为善者,恶者是自己造就为恶者。因而孟子提出“故君子欲其自得之也”(《孟子·离娄下》)。对于中国古人来说,道德最终就是“自得”,只要我们不病其求,不“自暴自弃”,我们就不仅可以居安资深左右逢源地完善自己,而且还可以“人皆可以为尧舜”地直抵圣域。故《孟子》写道:

曹交问曰："人皆可以为尧舜，有诸？"

孟子曰："然。"

"交闻文王十尺，汤九尺，今交九尺四寸以长，食粟而已，如何则可？"

曰："奚有于是？亦为之而已矣。有人于此，力不能胜一匹雏，则为无力人矣；今曰举百钧，则为有力人矣。然则举乌获之任，是亦为乌获而已矣。夫人岂以不胜为患哉？弗为耳。徐行后长者谓之弟，疾行先长者谓之不弟。夫徐行者，岂人所不能哉？所不为也。尧舜之道，孝弟而已矣。子服尧之服，诵尧之言，行尧之行，是尧已矣。子服桀之服，诵桀之言，行桀之行，是桀而已矣。"

曰："交得见于邹君，可以假馆，愿留而受业于门"。

曰："夫道若大路然，岂难知哉？人病不求耳。于归而求之，有余师。"（《孟子·告子章句下》）

这是中国式的"自由学说"。它以其坚持"依自不依他"的自由精神而与形形色色的命定论、决定论的学说完全不可同日而语，同时它又并非与社会他人的自由相抵牾而恰恰相反地以其为前提而与今人唯我的自由意志论趣旨迥异。在这里，人的自由与伦理必然、人性与天命已成为天衣无缝、浑然为一的整体。孟子说："仁也者，人也。合而言之，道也"（《孟子·尽心章句上》），因此我们看到，中国古人的仁的学说最终是和大一的"道"相通的。

三、仁作为宇宙本体

我们关于仁的分析已经表明，仁终归不是一种即定的和规定的东西，而是一种不断生成的过程。同时，我们关于中国古代宇宙论的分析表明，“天地之大德曰生”，宇宙的真谛亦是一种不断生成的过程。于是在这里，中国古人的伦理学的分析与宇宙论的分析不期而遇了：“生”毋宁已经成为人道与天道的共同结论。故王船山曾指出，“圣人尽人道而合天德。合天德者，健以存生之理；尽人道者，动以顺生之几”（《周易外传》二）。这并非是什么纯粹的巧合，而是由中国古人的“表现即直觉”这一彻底经验主义的哲学方法论所决定的。因而仁学大师孟子曾不无雄辩地写道：

尽其心者，知其性也。知其性，则知天矣。存其心，养其性，所以事天也。夭寿不贰，修身以俟之，所以立命也。（《孟子·尽心章句上》）

因此，对于中国古人来说，人性与天性完全是异名同谓的，作为人的本质属性的仁也就是天之所以为天的根本属性。所以周敦颐指出：“天以阳生万物，以阴成万物。生，仁也；成，义也。故圣人在上，以仁育万物，以义正万民”（《周子全书》卷八），朱熹提出“仁即天心”，薛细称“人恻然慈良之心，即天地蔼然生物之心”（《明儒学案》卷七）。而对人与天的这一“原则同格”，王阳明阐发的尤为莹晰明彻，在《大学问》里他写道：

大人者，以天地万物为一体者也；其视天下犹一家，中国犹一人焉。若夫间形骸而分尔我者，小人矣。大人之能以天地万物为一体也，非意之也，其心之仁本若是其与天地万物而为一也。岂唯大人，虽小人之心，亦莫不然；彼顾自小之耳。是故见孺子之入井，而必有怵惕恻隐之心焉，是其仁之与孺子而为一体也。孺子犹同类者也。见鸟兽之哀鸣觳觫，而必有不忍之心焉，是其仁之与鸟兽而为一体也。鸟兽犹有知觉者也。见草木之摧折，而必有悯恤之心焉，是其仁之与草木而为一体也。草木犹有生意者也。见瓦石之毁坏，而必有顾惜之心焉，是其仁之与瓦石而为一体也。是其一体之仁也，虽小人之心，亦必有之，是乃根于天命之性，而自然灵昭不昧者也。（《王阳明全集》，卷二十六）

这样，仁不仅可以由我及人地与社会他人为一体，而且亦可以进一步由我及物地与天地万物为一体。在中国古人看来，这种与天地万物为一体之仁并非人的“意之”的结果，它实乃“根于天命之性，而自然灵昭不昧者也”，即人之天性之自然显现。同时，也正是由这一点出发，中国古人提出了所谓“践形”的观点。关于“践形”孟子写道：

形色，天性也；惟圣人然后可以践形（《孟子·尽心章句上》）。

王船山释“践形”曰：

唯圣人然后可以践形。践其下，非践其上也。故聪明者，耳目也；睿知者，心思也；仁者，人也；义者，事也；中和者，礼乐也；大公至正者，刑赏也；利用者，水火金木也；厚生者，谷蓏丝麻也；正德者，君臣父子也。如其舍此，而求诸未有器之先，亘古今，通万变，穷天穷地穷人穷物，而不能为之名，而况得有其实乎？(《周易外传》五)

在这里，宇宙的万事万物既不是“万法唯识”的佛学所谓的我的感觉的幻影，又不是“见物不见人”的西方唯物论所谓的与我无涉的实体化的东西，而成为我最切己最真实的生命的表现形式。故孔子提出“人能弘道，非道能弘人”（《论语·卫灵公》，孟子提出“万物皆备于我”（《孟子·尽心章句上》)，以及宋新儒学巨擘张载集古人之大成地提出了“民胞物与”这一千古宏论：

乾称父，坤称母。予兹藐焉，乃浑然中处。故天地之塞吾其体；天地之师吾其性。民吾同胞，物吾与也。大君者，吾父毋宗子；其大臣，宗子之家相也。尊高年，所以长其长；慈孤弱，所以幼其幼。圣其合德，贤其秀也。凡天下疲癃（pí lóng）残疾惸（qióng）独鳏寡，皆吾兄弟之颠连而无告者也。于时保之，子之翼也；乐且不忧，纯乎孝者也。违曰悖德，害仁曰贼。济恶者不才，其践形惟肖者也。知化则善述其事，穷神则善继其志。不愧屋漏为无忝，存心养性为匪懈。……富贵福泽，将厚吾之生也；贫贱忧戚，庸玉汝于成也；存吾顺事，没吾宁也。(《正蒙·乾称篇第十七》)

这不仅是对当时愈燃愈炽的佛学的“形自形，性自性”。

“以山河大地为见病之说”的抗议，亦是对孟子所揭示的中国古老的“践形”说的捍卫和继承。而这种“知化则善述其事，穷神则善继其志”必然导致了古人的一种自强不息、积极入世的精神。于是人们还看到，不是佛学所鼓吹的“虚静无为”的寂灭圆满，而是一种“必有事焉”的不断烦恼，成为中国古代儒家人生观的又一特点。这就是为孟子苦心孤诣所揭明的作为人的本质属性的“忧患”：

舜发于畎亩之中，傅说举于版筑之间，胶鬲举于鱼盐之中，管夷吾举于士，孙叔敖举于海，百里奚举于市。故天将降大任于是人也，必先苦其心志，劳其筋骨。饿其体肤，空乏其身，行拂乱其所为，所以动心忍性，曾益其所不能。人恒过，然后能改；困于心，衡于虑，而后作；徵于色，发于声，而后喻。入则无法家拂士，出则无敌国外患者，国恒亡。然后知生于忧患而死于安乐也。(《孟子·告子章句下》)

因此，“忧患”在中国古代哲学中并非像一些人所认为的那样是一种纯粹的社会心理学的概念，与之不同，正如与西方哲学家海德格尔生存论哲学中所谓的“烦”（Sorge）一样①，

① 在海德格尔的学说里，“烦”作为联接“此在”与在者状态的中介而成为其生存哲学的中心概念。海德格尔写道：因为在世本质上就是烦，所以在前面的分析中，寓于上手事物的存在可以破理会为繁忙，而与他人的在世内照面的共同此在一起的存在可以被理解为烦神。寓于……的存在是繁忙，因为这种存在作为“在之中”的方式是被它的基本结构，即烦，规定着的。烦并不是只描述与实际性及沉沦都脱节了的生存论状态，而是包括这些存在的规定之统一的。因此烦也不是首先而且专门指“我”对“我”本身的一种孤立行为（《存在与时间》，中译本，第233页）。

它作为连接我与非我的桥梁，作为人的一种“整体性结构”，是一种具有极为深刻哲学含义的先验本体论的概念。“天将降大任于是人也”，实际上，类似于浮士德的那种永不可避逃的命运感，“忧患”最终是和那种绝对的、先验的、普遍的“天命”有关的。

明乎此，我们就不难理解，为什么在中国古人的学说里，忧以天下的仁已经被视为人的一种庄严神圣的道德责任，被视为人的一种颠沛造次无违的历史使命。请看：

士不可以不弘毅，任重而道远。仁以为己任，不亦重乎，死而后已，不亦远乎。(《论语·泰伯》)

可以托六尺之孤，可以寄百里之命，临大节而不可夺也，君子人欤？君子人也。(《论语·泰伯》)

君子去仁，恶乎成名？君子无终食之间违仁，造次必于是，颠沛必于是。(《论语·里仁》)

其为人也，发愤忘食，乐以忘忧，不知老之将至云尔。(《论语·述而》)

明乎此，我们就不难理解，为什么在中国古人的学说里，这种仁已经被高扬为人类伟大人格力量的象征，仁者不为贫贱、武力所移所屈，乃至于超越了生死对自己的规定：

天生德于予，桓魋其如予何？(《论语·述而》)

居天下之广居，立天下之正位，行天下之道；得志，与民由之，不得志，独行其道。富贵不能淫，贫贱不能移，威武不能屈，此之谓大丈夫。(《孟子·滕文公章句下》)

生，亦我所欲也；义，亦我所欲也。二者不可得兼，舍身而取义者也。生亦我所欲，所欲有甚于生者，故不为苟得也；死亦我所恶，所恶有甚于死者，故患有所不辟也。如使人之所欲莫甚于生，则凡可以得生者，何不用也？使人之所恶莫甚于死者，则凡可辟患者，何不为也？由是则生而有不用也，由是则可以辟患而自不为也，是故所欲有甚于生者，所恶有甚于死者。非独贤者有是心也，人皆有之，贤者能勿丧耳。（《孟子·告子章句上》）

这就为我们推出了由孟子所揭示的极为神秘的“浩然之气”的理论。关于它《孟子》这样写道：

“敢问夫子恶乎长？”

曰：“我知言，我善养吾浩然之气。”

“敢问何谓浩然之气？”

曰：“难言也。其为气也，至大至刚，以直养而无害，则塞于天地之间。其为气也，配义与道；无是，馁也。是集义所生者，非袭义而取之也。行有不慊于心，则馁矣。我故曰，告子未尝知义，以其外之也。必有事焉，而勿正，心勿忘，勿助长也。（《孟子·公孙丑章句上》）

“浩然之气”之所以“难言”，“盖其心所独得，而无形声之验，有未易以言语形容者”（朱子语）。在孟子看来，这种“无形声之验”的“浩然之气”既是“有事”的，又是“勿正”的；既是“勿忘”的，又是“勿助”的。故“由气化，有道之名”（张载语），这不正是那种无目的合目的性、无为而无不为的“道”吗？这不正是那种中国哲学里被视为至极至美之境的“太虚”和“太极”吗？

我们看到，作为一种“内在的超验”，这种“浩然之气”不仅具有出神入化的性质，而且亦“志”“气”合一地以“志”的形式内在于人的现实的伦理行为中，成为志士仁人活的生命和灵魂。古往今来，孔子之所以老当益壮、穷当益坚，孟子之所以以一介布衣笑傲王侯，文天祥之所以慷慨高歌“生死安足论”，鲁迅之所以不为“千夫指”所动，不正都是以这种磅礴天地、凛冽万古的“浩然之气”为其坚实的价值依凭，不正都是这种“浩然之气”的“不言而喻”的表现形式吗？

因此，中国古代仁之伦理学即为道之宇宙本体论，反之亦然。显然，那种像黑格尔一样把中国古人的学说仅仅视为是一些简单的道德箴言的观点，要么是孤陋寡闻，要么就是一种十足的近视和偏见。

第二章
仁与社会政治

一、“王道”理想

由先秦儒家所奠定的中国古代社会政治学说，是以“仁”为其核心的中国古代的伦理学说的放大形式，而后者不过是前者的“先蕴之原型”。“仁”犹如一颗生命饱满的种子，它不仅要萌发出枝叶，而且还要畅其所欲地一直成长为郁郁葱葱的参天大木。因此，循着中国古人的足迹，我们对仁的探索自然而然地从伦理领域推进到社会政治领域。

对于中国古人来说，和人的伦理行为完全一样，人的政治行为亦是一种“不忍人之心”“举斯心加诸彼”即由己推人的过程和结果。所不同的是，前者是由我而推及我周围的旁人，而后者则是由君王而推及天下的百姓。故在《梁惠王上》篇中，孟子就齐宣王见牛“不忍其觳觫”之心进一步循循善诱曰：

老吾老，以及人之老；幼吾幼，以及人之幼。天下可运于掌。《诗》云，“刑于寡妻，至于兄弟，以御于家邦。”言举斯心加诸彼而已。故推恩足以保四海，不推恩无以保妻子。古之人所以大过人者，无他焉，善推其所为而已矣。今恩足以及禽兽，而功不至于百姓者，独何与？

这就自然而然地导致了所谓的“不忍人之政”的提出，孟子说：

人皆有不忍人之心，先王有不忍人之心，斯有不忍人之政之政矣。以不忍人之心，行不忍人之政，治天下可运之掌上。（《孟子·公孙丑上》）

因此，在中国古代儒家看来，政治之于人并非是什么外在的异己的形式，它最终是建立在人自身的同情心的基础之上的，是人的同情心的显现和外化的结果。显而易见，这是一种为中国古代儒家所持有的审美的“移情论”的政治学说。它既不同于远古时代所谓“天生烝民，作之君，作之师”这一“君权神授”的政治学说，又不同于近代西方人那种基于功利、权力的让渡的“社会契约论”的政治学说。孔子说：“其人存，则其政举；其人亡，则其政息，人道敏政，地道敏树”，“为政在人”（《中庸》第十九章）。我们看到，不是超然冷漠的神，也不是外在对象性的物，而是亲切贴己的内在的人（仁）成为中国古代政治学说的唯一的理论根据和意义的坐标中心。

同时，既然“仁”成为中国古代儒家社会政治学的核心，那么，“仁者爱人”，人道主义的仁爱就必然成为这种“仁政”学说的基本精神。因此，在经济生活上，这种“仁政”学说主张“治民主产”，主张“薄税敛”而使“黎民不饥不寒”。即所谓“仰足以事父毋，俯足以畜妻子，乐岁终身饱，凶年免于死亡”“五亩之宅，树之以桑，五十者可以衣帛矣。鸡豚狗彘之畜，无失其时，七十者可以食肉矣。百亩之田，勿夺其时，八口之家可以无饥矣。谨庠序之教，申之以孝悌之义，颁白者不负戴于道路矣”（《孟子·梁惠王章句上》）；而“庖有肥肉，厩有肥马，民有饥色，野有饿莩”这一横征暴敛则被怒斥之为“率兽而食人”（同上）。

在为政举措上，这种“仁政”学说主张“以德服人”，反对“以力服人”，反对杀伐和滥刑：“仁人无敌于天下，以至仁伐至不仁，而何其血之流杵也?”（《孟子·尽心章句下》）“王如施仁政于民，……可使制梃以挞秦楚之坚甲利兵”（《孟子·梁惠王章句上》）；“不嗜杀人者能一之”（《孟子·梁惠王章句上》；“有人曰：我善为阵，我善为战，大罪也”（《孟子·尽心章句下分》）；“善战者服上刑”（《孟子·离娄上》）。

总之，“仁政”学说要求统治者“视民如伤”“王如好货，与百姓同之”“王如好色，与百姓同之”，即以爱己之心爱人、以利已之心利人。“与民同乐”成为这种仁政的最高的理想和绳准：

曰：“独乐乐，与人乐乐，孰乐?”

曰："不若与人。"

曰："与少乐乐，与众乐乐，孰乐？"

曰："不若与众。"

"臣请为王言乐。今王鼓乐于此，百姓闻王钟鼓之声，管龠之音，举疾首蹙頞（è）而相告曰：'吾王之好田猎，夫何使我至于此极也？父子不相见，兄弟妻子离散。'此无他，不与民同乐也。

"今王鼓乐于此，百姓闻王钟鼓之声，管龠（yuè）之音，举欣欣然有喜色而相告曰：'吾王庶几无疾病与，何以能鼓乐也？'今王田猎于此，百姓闻王车马之音，见羽旄之美，举欣欣然有喜色而相告曰：'吾王庶几无疾病与，何以能田猎也？'此无他，与民同乐也。今王与百姓同乐，则王矣。"（《孟子·梁惠王章句下》）

这就是为中国古人推崇备至的"王道"理想。它为孔子所首倡，司马迁称"晋阻三河，齐负东海，楚介江淮，秦因雍州之固。四国迭兴，更为伯主……是以孔子明王道"（《史记·十二诸侯年表》）。在孔子之后，孟子不仅继承了孔子这一王道思想，而且作为对战国之际历史的反思，进一步明确提出了"保民而王"的政纲。朱子曰："保，爱护也。"因此，儒家所谓"王道"，即以仁爱治天下之道，也即"禹思天下有溺者，由己溺之也；稷思天下有饥者，由己饥之也"（《孟子·离娄章句下》）的先王之道。它与后世那种崇尚武力、刑杀，建立在强权政治基础上的"霸道"不独判若霄壤、迥然相异，而且恰恰是对其的愤怒声讨和抗议。故孟子宣称"仲尼之徒无道桓文之事者”(《孟子·梁惠王章句上》),“五霸者,三王之罪人也”(《孟子·告子章句下》)。在儒家眼里,弃“王”而从“霸”的人无论其如何威风八面、不可一世,他们终归都是为人类所不齿。

刘向云:“王道如砥,本乎人情,出乎礼义”(《新序·善谋篇》)。显然,这种基于脉脉温情的“王道”的“仁治”不过是中国古代“礼治”思想和原则的再次重申。但是,作为阶级分裂和对抗日益加剧的新的历史条件下的产物,与“礼治”相比,“仁治”无疑地已被赋予了更为丰富的历史的意义。其主要表现形式之一,就是对所谓“民本”思想的深入挖掘和彻底揭示。

追其历史,民本主义在中国古代曾有着远久的渊源。例如早在《尚书·太誓》篇中古人就提出了“天视自我民视,天听自我民听”这一著名观点。但是,民本主义思想作为社会政治纲领而在中国历史上被大张旗鼓明确地提出,则非孟子而莫属。《孟子·尽心章句下》记孟子的话曰:

民为贵,社稷次之,君为轻。是故得乎丘民而为天子,得乎天子为诸侯,得乎诸侯为大夫。诸侯危社稷,则变置。牺牲既成,粢盛既絜,祭祀以时,然而旱乾水溢,则变置社稷。

这里的“社”即为土神,“稷”即为谷神,在重农的中国古代社会,“社稷”被视作为国家政权的象征。孟子认为,就其地位来说,政权贵于君主,而民众则贵于政权。因此,随着历史的变迁,君主可以被废黜,社稷可以被易替,而唯有民众是万世不移的。

这是对古人“民惟邦本，本固邦宁”（《五子之歌》）思想的大力阐扬。那么，为什么民众是社会政治生活中的根本呢？孟子在此似乎对之并没有言明，但是它其实是以“仁”为核心的中国古代社会政治学说的必然结论。也就是说，既然儒家认为社会政治形式是“仁”的一种表现形式，即政治家个体之仁心向一切类的民众的推广形式，那么，根据中国古人的“显微无间”“体用一源”的逻辑，类的民众就不仅是社会政治之显体，亦是社会政治之本体；不仅是社会政治之手段，亦是社会政治之目的。它是社会政治活动赖以存在和发展、社会政治之所以为社会政治的先决前提。因此对于儒家来说，“民以君为心，君以民为体”（《礼记·缁衣》），政治最终并非某些纵横捭阖的政治家的一己之私，相反，只有广大的民众才是其真正之本体、真正之主体。

正因为民众被视为社会政治之本体、主体，所以儒家坚持民意高于一切，国家应以民众的意志为自己的意志。例如：

王曰：“吾何以识其不才而舍之？”

曰：“国君进贤，如不得已，将使卑逾尊，疏逾戚，可不慎与？左右皆曰贤，未可也；诸大夫皆曰贤，未可也；国人皆曰贤，然后察之，见贤焉，然后用之。左右皆曰不可，勿听；诸大夫皆曰不可，勿听；国人皆曰不可，然后察之；见不可焉，然后去之。左右皆曰可杀，勿听；诸大夫皆曰可杀，勿听；国人皆曰可杀，然后察之；见可杀焉，然后杀之。故曰，国人杀之也。如此，然后可以为民父母。”（《孟子·梁惠王章句下》）

再如：

齐人伐燕，胜之，宣王问曰："或谓寡人勿，或谓寡人取之。以万乘之国伐万乘之国，五旬而举之，人力不至于此。不取，必有天殃。取之，何如?"

孟子对曰："取之而燕民悦，则取之。古之有行之者，武王是也。取之而燕民不悦，则勿取。古之有行之者，文王是也。以万乘之国伐万乘之国，箪食壶浆以迎王师，岂有他哉?避水火也。如水益深，如火益热，亦运而已矣。"(《孟子·梁惠王章句下》)

同时，正因为民众被视为社会政治之本体、主体，所以儒家认为既非隐匿在历史背后的某种"看不见的手"，也非恣心肆欲的君王的个人意志，而是人心的向背，即统治者对民心能否顺应和同一决定了天下的兴亡治乱，决定了"王业"能否确立和不易。孟子说：

桀纣之失天下也，失其民也；失其民者，失其心也。得天下有道：得其民，斯得天下矣；得其民有道；得其心，斯得民矣；得其心有道；所欲与之聚之，所恶勿施，尔也。民之归仁也，犹水之就下，兽之走圹也。故为渊驱鱼者，獭也；为丛驱爵者，鹯也；为汤武驱民者，桀与纣也。(《孟子·离娄章句上》)

乐民之乐者，民亦乐其乐；忧民之忧者，民亦忧其忧。乐以天下，忧以天下，然而不王者，未之有也。(《孟子·梁惠王章句下》)

这种对民心的顺应、同一，也就是作为中国古代政治学核心的有别于“天时”和“地利”的所谓“人和”。故在《孟子》里，人们看到“人和”被论证为社会政治的第一原则：

天时不如地利，地利不如人和。三里之城，七里之郭，环而攻之而不胜。夫环而攻之，必有得天时者矣；然而不胜者，是天时不如地利也。城非不高也，池非不深也，兵革非不坚利也，米粟非不多也；委而去之，是地利不如人和也。故曰：域民不以封疆之界，固国不以山谿之险，威天下不以兵革之利。得道多助，失道者寡助。寡助之至，亲戚畔之；多助之至，天下顺之。以天下之所顺，攻亲戚之所畔；故君子有不战，战必胜矣。(《孟子·公孙丑章句下》)

在这里，“人和”已经成为中国古代社会政治学中超越一切的先验本体，“得道多助，失道寡助”而被视为是与“道”齐一的东西。故“顺乎人”则必然“应乎天”，对于儒家来说，民心的顺应最终是和至高无上的“天命”联系在一起。这是一种真正彻头彻尾的“民本主义”。我们看到，这种彻底的民本主义不仅成为两千年来中国人民反抗暴政的理论依据和思想旗帜，而且亦对近代人类的民主政治进步作出了积极的贡献：不仅孙中山先生的“三民主义”的国家学说是以这种民本主义为其哲学蓝本，而且乃至有学者据国会的档案的考证断言，法国的大革命、美国的《独立宣言》的理论根据实际上都是与《孟子》有关的。

因此，“民主”并非像有些人所认为的那样，纯粹是一种舶来之品，而恰恰相反地它是我们民族自己所最早拥有的宝贵的文化遗产。

二、“义”“利”之辨

如果说“王道”与“霸道”的取舍涉及中国古代社会政治学说所追求的社会终极理想的话，那么，“义”与“利”的选择则与中国古代社会政治学说所遵循的社会价值取向有关。因此，义利之辨，历来成为中国古代社会思想家所关注的焦点。

在中国古代，早在春秋之际人们就掀起了义利关系的讨论，而且以义统利、重义轻利几乎成为当时众多思想家的共同的观点。例如《国语·晋语》云：“民之有君，以治义也，义以生利，利以丰民”，以及“夫义者，利之足也。贪者，怨之本也。废义则利不立。”再如《左传》亦提出：“多行不义，必自毙”（《左传·隐公元年》），“大义灭亲”（《左传·隐公四年》），以及“让，德之主也，让之为懿德。凡有血气，皆有争心，故利不可强，思义为愈。义，利之本也，蕴利生孽。姑使无蕴乎，可以滋长”（《左传·昭公十年》）等。

任何社会思想的出现都并非是思想家的凭空杜撰，而是其时代的产物，是对他们所处的时代反思的结果。春秋之际思想家们之把义利之辨提到议事日程而扬义而抑利，以反题的形式恰恰表明了当时随着礼治的式微，“利益原则”高度膨胀和社会道义的日趋沦丧。在齐国我们看到，“以家量货，而以公量收之。山木如市，弗加于山。鱼盐蜃蛤，弗加于海。民参其力，二入于公，而衣食其一。公聚朽蠹，而三老冻馁。国之诸市，屦贱踊贵”（《左传·昭公三年》）。在晋国我们看到，“庶民罢敝，而宫室滋侈。道殣（jìn）相望，而女富溢尤。民闻公命，如逃寇仇”（同上）。在鲁国我们看到，季孙氏富比周公，仍利欲熏心而“赋粟倍他日”（《论语·先进》《孟子·离娄上》）。因此春秋之际的中国历史表明，“民之秉彝，好是懿德”已让位于“上下交征利”，淳朴敦厚的“礼仪之邦”已成为功利、私欲的角逐场。

这是人的异化和人性的迷失。关于“利”，《说文解字》曰：“利，铦也。”而所谓“铦”段玉裁注：“铦者，臿属。引申为铦利字，铦利引申为凡利害之利”。另关于“义”，《说文解字》曰：“义，己之威仪也，从我从羊”。段玉裁注：“从羊者，与善美同意”。因此，词源学的考查表明，“利”从金指工具之锋利，它是属于“手段”范畴的一个概念；而“义”从我指人文之形式，它是与“目的”的人有关。故对于中国古人来说，义内利外、利隶属于义而义支配利是不言而喻和理所当然的。但是在春秋之际中国社会之所以反其道而行之地沿着“见利忘义”的道路愈走愈远，究其根源，除与因史的成熟”这一社会历史条件有关外，亦与“文化的成熟”这一人的自觉程度有关。所以，义利关系的真正澄清，不仅有待于历史，更有待于一代文化先觉者的出现。而孔子、孟子正是这种文化先觉者。他们的“仁”的学说的提出，不仅是对中国古代人本主义路线的坚持和捍卫，而且亦疏河导源地把中国古代的义利之辨推向了一个新的阶段。

在孔子“仁”的学说里，“义”是其中的一个核心概念。孔子说：

君子之于天下也，无适也，无莫也，义之与比。（《论语·里仁》）

因此，对于孔子来说，义是人的社会行为的普遍规定，君子处世当唯以义为表准。同时，孔子又认为，尽管义是人的一种当然之则，但它又是一种无所必从、无所必违即“无适无莫”的东西。这不正是那种“无目的的合目的性”“无规律而有普遍性”的人本主义的自在自为的“仁”吗？虽然孔子对这一点没有言明，但是既然仁被孔子视为人的行为的“一贯之道”，既然仁被孔子视为人的“好恶之正”的依凭，那么仁其实就是义的本质规定，仁与义就其实质来说不过是完全同一的。所不同的是，“敬以直内，义以方外”，如果说仁是以其内在内容胜的话，那么义则是以其外在形式胜。正如义即“仪”这一词源学的根据所表明的那样，义作为仁的“在世”形式，更多地是指仁的因时、因地制宜的一种具体的规定。

正因为人本主义的仁被视为义的本质规定，所以在孔子的学说里，能否循义而行已经成为出小人而入君子的根本分水岭。我们在《论语》中看到：

子曰：“君子义以为质，礼以行之，孙以出之，信以成之。君子哉！”（《语论·卫灵公》）

子路曰：“君子尚勇乎？”子曰：“君子义以为上，君子有勇而无义为乱，小人有勇而无义为盗。（《论语·阳货》）

子曰："君子喻于义，小人喻于利。"（《论语·里仁》）

同时，正因为人本主义的仁被视为义的本质规定，所以孔子比前人更自觉地高扬了中国古代义本利末的思想，提出"义以生利"（《左传·成公二年》）、"见利思义""见得思义""义然后取（《论语·宪问》），对唯利是图的功利主义的倾向予以了猛烈的抨击。诸如：

子曰："富与贵，是人之所欲也；不以其道得之，不处也。贫与贱，是人之所恶也；不以其道得之，不去也。"（《论语·里仁》）

士志于道，而耻恶衣恶食者，未足与议也。（《论语·里仁》）

子曰："饭疏食饮水，曲肱而枕之，乐亦在其中矣。不义而富且贵，于我如浮云。"（《论语·述而》）

子曰："放于利而行，多怨。"（《论语·里仁》）

子罕言利。（《论语·子罕》）

如果说孔子为先秦的儒家的义利学说奠定了基础的话，那么，孟子则百尺竿头更进一步地为这种学说予以坚实的理论铺垫。而这一工作是由对告子的"义外说"的批判为其开端的：

告子："食色，性也。仁，内也，非外也；义，外也，非内也"。

孟子曰："何谓仁内义外也?"

曰："彼长而我长之，非有长于我；犹彼白而我白之，从其白于外也，故谓之外也。"

曰:“异于白马之白也,无以异于白人之白也;不识长马之长也,无以异于长人之长与?且谓长者义乎?长之者义乎?”

曰:“吾弟则爱之,秦人之弟则不爱也,是以我为悦者也,故谓之内。长楚人之长,亦长吾之长,是以长为悦者也,故谓之外也。”

曰:“耆秦人之炙,无以异于耆吾炙,夫物则亦有然者,然则耆炙亦有外欤?”(《孟子·告子章句上》)

接下的孟季子与公都子问答和该处的孟子与告子的辩论有可以互发之妙,现也不妨摘录如次:

孟季子问公都子曰:“何以谓义内也?”

曰:“行吾敬,故谓之内也。”

“乡人长于伯兄一岁,则谁敬?”

曰:“敬兄。”

“酌则谁先?”

曰:“先酌乡人。”

“所敬在此,所长在彼,果在外,非由内也。”

公都子不能答,以告孟子。

孟子曰:“敬叔父乎?敬弟乎?彼将曰:‘敬叔父’。曰:‘弟为尸,则谁敬?’彼将曰:‘敬弟。’子曰:‘恶在其敬叔父也?’彼将曰:‘在位故也’。子亦曰:‘在位故也。庸敬在兄,斯须之敬在乡人。’”

季子闻之,曰:“敬叔父则敬,敬弟则敬,果在外,非由内也。”

公都子曰:“冬日则饮汤,夏日则饮水,然则饮食亦在外

也?”(《孟子·告子章句上》)

这是中国式的“苏格拉底的反诘”。但是它并没有因此而导向真理的相对主义，而是得出了义的绝对主义的结论。在这里，告子从“作用是性”的感觉经验论出发，言人的甘食悦色之欲即其性。故认为仁爱之心生于内，而事物之义由乎外。学者便当用力于仁，而不必汲汲求义。而孟子则“以子之矛攻子之盾”：既然人之欲是内在而非外在的，而人之欲又离不开所欲之事物，故“耆炙亦有外欤?”从根本上说事物之义也当然是内在的而非外在的。义者宜也，犹如“冬日则饮汤，夏日则饮水”一样，事物之义不过是因人而异的东西。

这不啻可以视为是中国古代意义论的一场“哥白尼式的革命”，但是孟子的学说并没有由此皈依唯我的经验论，而是径直走向了主体间的先验论。故孟子进一步指出：

口之于味，有同耆也；易牙先得我口之所耆者也。如使口之于味也，其性与人殊，若犬马之与我不同类也，则天下何耆皆从易牙之于味也？至于味，天下期于易牙。是天下之口相似也。唯耳亦然。至于声，天下期于师旷，是天下之耳相似也。惟目亦然。至于子都，天下莫不知其姣也。不知子都之姣者，无目者也。故曰，口之于味也，有同耆焉；耳之于声也，有同听焉；目之于色也，有同美焉。至于心，独无所同然乎？心之所同然者何也？谓理也，义也。(《孟子·告子章句上》)

从口之同耆、耳之同听、目之同美推到心之同然。对于孟子来说，所谓义，就是同然之心，即先验的普遍的人性。故义最终是等同于人之所以为人的千心之“仁”的。

这已是一种明确地“先验还原”了的义。它使孟子的义的学说虽源于孔子但却又高于孔子：如果说在孔子的学说里仁与义虽有本质关联然仍似有内外之分的话，那么在孟子的学说里仁与义则直接并称而铸为一体；如果说在孔子的学说里义似乎仅仅囿于人的伦理领域的话，那么在孟子的学说里义则入之弥深而推之弥广地急进地推进到社会的政治领域。它反映了先秦儒家的思想已不满足于寻梦和憧憬，而意欲在治平的经世实践上与法家一决高低。于是义利之辨已成为孟子推行“仁政王道”的当务之急，成为孟子政治学说造端托始的首揭主题。故《孟子》首卷首节处就开宗明义地写道：

孟子见梁惠王。王曰：“叟不远千里而来，亦将有以利吾国乎?”孟子对曰：“王何必曰利？亦有仁义而已矣。王曰：‘何以利吾国?’大夫曰：‘何以利吾家?’士庶人曰：‘何以利吾身?’上下交征利而国危矣。万乘之国，弑其君者，必千乘之家；千乘之国，弑其君者，必百乘之家。万取千焉，千取百焉，不为不多矣。苟为后义而先利，不夺不厌。未有仁而遗其亲者也，未有义而后其君者也。王亦曰仁义而已矣，何必曰利?”（《孟子·梁惠王章句上》）

司马迁曾说：“余读《孟子》书至梁惠王问何以利吾国，未尝不废书而叹也。曰嗟乎！利诚乱之始也。”程子亦曰《孟子》此处其言殊警切而不啻“拔本塞源”。我们看到，孟子在这里所提出的“王何必曰利？亦有仁义而已矣”这一“义治”的观点，作为中国古代社会政治学说的纲领性思想，已成为中国古代思想家千年不易之谈。例如循着孟子这一思想，稍后于孟子的荀子提出“国者巨用之则大，小用之则小。巨用之者，先义而后利；小用之者，先利而后义”（《荀子·王霸》），“故义胜利为治世，利克义者为乱世”（《荀子·大略》）。《大学》提出“畜马乘，不察于鸡豚；伐冰之家，不畜牛羊；百乘之家，不畜聚敛之臣”，“此谓国不以利为利，以义为利也”（《大学·第九章》）。汉儒董仲舒提出“正其谊不谋其利，明其道不计其功”“义则治世，不义则世乱”（《春秋繁露》）。宋儒邵雍提出“天下将治，则人必尚义也；天下将乱，则人必尚利也”（《皇极经世观物内篇》）。清儒王船山则提出“出义入利，人道不立”，而把义利之别提到“民之生死，国之祸福”的高度（《尚书引义》二）。

这就形成了有别于“利益原则”的“道义原则”的中国社会的政治传统。我们看到，由于这一原则与人本主义这一人类的终极关切有关，因而它已超越了历史、地域的界限，即使在当代的今天其也依然有着不可磨灭的意义。固然，“利益原则”的发现和凸出为人类摆脱宗教的黑暗统治，为近代工业文明、物质文明的发展提供了契机；固然，作为“人性”的一个重要组成部分，“恶”也确确实实成为启动历史前进的杠杆和动力。但是，同样不容否认的是，并非“趋利避害”而是“自作主宰”才是人的本质规定，人把“灵魂借给魔鬼”这一历史辩证法刚并不是自己变成“魔鬼”，而恰恰是为了赎回作为“天使”的人自身。因此，在当代世界，“拜金主义”的横行无忌同时也导致了“人道主义”的大彻大悟，“价值规律”

的左右一切也恰恰促进了“工作伦理”的揭扬。人类的历史发展表明，“魔高一尺，道高一丈”，无论社会发展多么受惠于“利益原则”，但归根结底，不是“利益原则”而是“道义原则”才是人类社会最优先的、最本己的价值取向。

所以，为中国儒家所坚持的“义本利末”的社会学说，不仅是从属于中国古代的，而且以其不朽的伟大的“人学”思想亦是从属于人类的今天和未来的。

三、“权”的思想

“义者宜也”（《礼记·中庸》）。义的思想的提出，不仁把仁学由理想具体化为人的行为取向和准则，而且作为仁的表现形式，也使仁的一个本质属性——“宜”的内涵因此而彰明较著。

顾名思义，“宜”就是“适宜”。那么何者才可为适宜呢？根据中国古人的观点，它似乎不外乎有以下几方面含义：

其一，要做到适宜，就要求我们“叩其两端”来把握事物之对待，取其辩证的“中”，既反对“过”，又反对“不及”。

其二，要做到适宜，就要求我们“四毋”：“毋意，毋必，毋固，毋我”（《论语·子罕》），即不凭空揣测，不绝对肯定，不拘泥固执，不自以为是。

其三，要做到适宜，就要求我们循“时”而行。古人称

“礼以时为大”，因时才能得中，因时才能制宜。

因此，为中国古人所强调的“宜”（适宜）并不同于西人所推重的“必”（必然）。后者“太阳底下没有新东西”而一以所谓的铁面无私的“科学规律”为准，而前者则“五帝殊时，不相沿乐，三王异世，不相袭礼”地要求具体问题具体分析。

不同的方法论源自于不同的世界观。中国古人之所以坚持“宜”的原则，实际上正是以仁为核心的社会本体论的反映。也就是说，既然仁是社会历史的本体，同时既然这种仁又是我之“一心”即体即用地向现实世界的生成和实现的过程，那么，人类历史就当然不是一种异己的单向度的“合规律性”的东西，而是既是合规律性的东西，又是合目的性的东西，是二者的有机的统一，二者动态的平衡。这种二者的有机的统一、二者的动态的平衡就是中国古人的所谓的“宜”。康德说，理性要求“一致”，审美则要求“协调”。显然，中国古人的宜不是从属于“一致”的“理性”，而是指向“协调”的审美领域的。

对于中国古人来说，审美优于理性，当在“理”与“宜”之间人们面临两难取舍时，当然要“惟义（宜）所在”了：

淳于髡曰：“男女授受不亲，礼与？”

孟子曰：“礼也”。

曰：“嫂溺，则援之以手乎？”

曰：“嫂溺不援，是豺狼也。男女授受不亲，礼也；嫂溺，援之以手者，权也。”（《孟子·离娄章句上》）

这就为我们引出了古人的“权”的概念。孟子说：“权，然后知轻重”（《孟子·梁惠王章句上》），又朱子解：“权，称锤也，称物轻重而往来以取中者也”（《四书章句集注》）。因此，“权，义制也”（荀悦语），这里所谓的“权”就是中国古人的“中”、中国古人的“宜”。故对于中国古人来说，权者并非枉道以苟且的权宜之计之权，即《公羊传》所谓的“权者何？权者反于经然后有善者也”的“反经”之权（《公羊传·桓公十一年》），毋宁说，“通权”才能“达变”，权恰恰就是变化莫测、生生不已的“道”本身的形式和表现。

耐人寻思的是，在中国古人的字典里，这种“权”字即同于“政权”和“权力”之“权”。这绝非什么偶然，它反映了在中国古人眼里，权的原则正是社会政治的基本思想和核心概念。

因此，深入剖析儒家的社会政治学说，我们就不难发现，其既极富理想而又不无现实，既坚持原则但又游刃有余。例如儒家从“仁政王道”出发，主张“中心悦而诚服也”的“以德服人”，反对杀伐和刑罚的“以力服人”。但是这并不意味着儒家在现实政治生活中完全排斥力的原则的运用。“徒善不足以为政”（《孟子·离娄上》），史书中不仅记载了鄙薄“刑治”的孔子对“大司寇”工作的身体力行，记载了反对“杀无道以就有道”的孔子“请伐齐三”，而且在《论语》中我们还看到，作为其徒“无道桓文之事者”的孔子竟对辅佐齐桓称霸的头号功臣管仲，许其为“仁”而倍加称颂了：

子路曰：“桓公杀公子纠，召忽死之，管仲不死。”曰：

“未仁乎?”子曰:“桓公九合诸侯,不以兵车,管仲之力也。如其仁,如其仁。”(《论语·宪问》)

子贡曰:“管仲非仁与?桓公杀公子纠,不能杀,又相之。”子曰:“管仲相桓公,霸诸侯,一匡天下,民到于今受其赐。微管仲,吾其被发左衽矣。岂知匹夫匹妇之为谅也,自经于沟渎而莫之知也?”(《论语·宪问》)

我们还看到,如果说在这里孔子对力的原则的“破例”肯定还不越“忠君”这一周礼的白窠的话,那么在孟子的学说里,孟子则主张君不君、则臣可不臣地对无道之君拔刀相向了:

齐宣王问曰:“汤放桀,武王伐纣,有诸?”

孟子对曰:“于传有之。”

曰:“臣弑其君,可乎?”

曰:“贼仁者谓之‘贼’,贼义者谓之‘残’。残贼之人谓之‘一夫’。闻诛一夫纣矣,未闻弑君也。”(《孟子·梁惠王章句下》)

这并非与讲求“忠恕”、“博爱”的仁政相矛盾,而是仁的“此时此地”的表现形式,是把仁的原则贯彻到底的必然结论。也就是说,对于儒家来说,既然仁政是一种把仁的原则推及、付诸天下的政治行为,那么它就不能仅仅停留在“知耻”的道德意识上,而必须成为一种“力行”的现实力量。从这种意义来说,“力的原则”不惟不与仁的原则相抵牾,而恰恰相反地是仁的原则实现自己的先决前提。在这里,对“一夫”施以“不仁”的暴力也正是为了大多数人的“仁”的理想所必须。故“汤武革命”之于儒家并非大逆不道，而是“顺乎天而应乎人”的仁义之举。

因此，儒家所坚持的“仁”并非“宋襄仁义”之伪仁。它并没有流于“唯爱”的教条和片面，而是始终重视手段的运用而与对社会现实的清醒思考有关，即与“智”的原则有关。故徐干有鉴于历史写道：

殷有三仁：微子介于石，不终日；箕子内难，而能正其志；比干谏，而剖心。君子以微子为上，箕子次之，比干为下。故春秋大夫见杀，皆讥其不能以智自免也。且徐偃王知修仁义，而不知用武，终以亡国；鲁隐公怀让心，而不知佞伪，终以致杀；宋襄公守节而不知权，终以见执；晋伯宗好直而不知时变，终以陨身；叔孙豹好善而不知择人，终以凶饿；此皆蹈善而少智之谓也。(《中论·智行第九》)

不仅仅有智而无仁不可为善，而且仅有仁而无智亦不可为善，唯有既有仁又有智才可为善。诚如孔子所说，“可与共学，未可与适道；可与适道，未可与立；可与立，未可与权”(《论语·子罕》)，实际上，中国古人的真正的善、最高的善即“至善”是指向“仁且智”的“权”的。

这种“权”的思想不仅体现在儒家学说中的“德”与“力”的关系上，而且亦体现在其“义”与“利”的关系上。

一方面，我们看到，儒家反对“见利忘义”的功利主义的价值取向，提出“见利思义”“见得思义”的思想路线。但是另一方面，我们又看到，与那种所谓“终日吃饭，不曾咬破一粒米，终日着衣，不曾挂着一条丝”的佛学的唯心说教迥异，儒家在强调义的同时，亦不反对人们对利的积极的获取。

例如所谓“罕言利”的孔子，不仅在《左传》中人们可以看到他的“利以平民”（《左传·成公二年》）的议论，而且在《论语》中他亦提出了“因民之所利而利之”的思想，而他的“先富后教”的政治大纲，以至于被一些热衷于附庸时髦的学者认为是中国最早的“唯物史观”的天才奇想：

子适卫，冉有仆。子曰：“庶矣哉！”

冉有曰：“既庶矣，又何加焉？”曰：“富之。”

曰：“既富矣，又何加焉？”曰：“教之。”（《论语·子路》）

再如提出“何必曰利”而显得更为激进的孟子，亦一反常论地提出了“周于利者凶年不能杀，周于德者邪世不能乱”的思想，在其学说里利与德不仅不悖逆，而且还互为补充而相得益彰。尤其值得一提的是，一向以鼓吹先验的“性善论”著称的这位巨儒，竟不时对法家的趋利避害的“性恶论”秋波频送：

天下之言性也，则故而已矣。故者以利为本。（《孟子·离娄章句下》）

富岁，子弟多赖；凶岁，子弟多暴，非天之降才尔殊也，其所以陷溺其心者然也。（《孟子·告子章句上》）

这简直与“仓廪实则知礼节，衣食足则知荣辱”这一法家的论调别无二致。这样，和孔子的“先富后教”一样，“盍反其本矣”，把道德之心建立在物质利益之上的“无恒产则无恒心”的提出在孟子的学说里也就成为顺理成章的了：

无恒产而有恒心者，惟士为能。若民，则无恒产，因无恒心。苟无恒心，放辟邪侈，无不为已。及陷于罪，然后从而刑之，是罔民也。焉有仁人在位罔民而可为也？是故明君制民之产，必使仰足以事父母，俯足以畜妻子，乐岁终身饱，凶年免于死亡；然后驱而之善，故民之从之也轻。

今也制民之产，仰不足以事父母，俯不足以畜妻子；乐岁终身苦，凶年不免于死亡。此惟救死而恐不赡，奚暇治礼义哉？（《孟子·梁惠王章句上》）

因此，儒家在其义利观上，似乎出现了并行不悖的两种不同的价值取向。也正是从这一点出发，董子提出了儒家的“内治”与“外治”“治身”与“治民”之间的区分：

君子求仁义之别，以纪人我之间，然后辨乎内外之分，而著于顺逆之处也。是故内治反理以正身，据礼以劝福；外治推恩以广施，宽制以容众。孔子谓冉子曰：“治民者先富之而后加教”；语樊迟曰：“治身者先难后获。以此之谓，治身之与治民，所先后者不同焉矣。”《诗》云：“饮之食之，教之诲之。”先饮食而后教诲，谓治人也。又曰：“坎坎伐辐，彼君子兮，不素食兮！”先事其食，谓之治身也。

董子还认为二者之间不容混淆逾越，其界限泾渭分明：

是故以自治之节治人，是居上不宽也；以治人之度自治，是为礼不敬也。为礼不敬则伤行而民弗尊；居上不宽则伤厚而民弗亲。弗亲则弗信；弗尊则弗敬。（《春秋繁露·仁义法二

十九》)

这些观点不正是与儒家的“自天子以至庶人，一是皆以修身为本”这一“德本主义”“义本主义”相违背吗？其实，儒家的“先富后教”“无恒产则无恒心”的提出并不需要董子所强加的这种不无蛇足的“二无论”来加以说明的，它正是由一元的“义”的内在逻辑所决定的。也就是说，既然“义内”决定了义是内在的而非外在的，那么义对于利的超越亦是一种彻底经验主义的“内在的超越”而非超验主义的“外在的超越”。换言之，义既是超越于经验的利害世界之外的，又是对经验的利害世界不越雷池一步。故儒家的“义本”思想并非是对利益原则的绝对排斥和否定，而是义为“体”利为“用”，义为“源”利为“流”；是义对利的有机的统摄，是义与利之间的一种能动的平衡。因此，君子而“可以货取”不是义（见《孟子·公孙丑章句下》)，陈仲子的“蚓而后充其操者也”的“过廉”也不是义（见《孟子·滕文公章句下》)；“庶人曰何以利吾身”不是义，“民有饥色，野有饿莩”也不是义。义，正如孟子所指，最终是以“中”、是以“权”为其归宿的。孟子曾经这样写道：

杨子取为我，拔一毛而利天下，不为也。墨子兼爱，摩顶放踵利天下，为之。子莫执中。执中为近之。执中无权，犹执一也。所恶执一者，为其贼道也，举一而废百也。(《孟子·尽心章句上》)

因此，儒家的义本主义的思想并没有走向一种完全否弃利、排斥利的教条主义的独断论，而是走向了一种以义为本、义利兼统的学说。这也说明了为什么儒家的义利学说素与唯心的基督教的“原罪”、佛教的“涅槃”无缘，说明了为什么不仅“正德”，而且“厚生”和“利用”也逻辑地成为儒家的传统：董子提出“为天下兴利”（《春秋繁露·考功名》），李泰伯提出“人非利不生，曷为不可言”（《文集·富国策》），叶水心提出“既无功利，则道义乃无用之虚语”（《习学记言》），李卓吾提出“若不谋利，不正可矣，……若不计功，道又何时而可明也”（《藏书卷32·德业儒臣后论》）。颜习斋则直截提出“正其谊以谋其利，明其道而计其功”（《四书正误》），乃至于近代的张之洞在其《劝学篇》里由“内篇”开出“外篇”，由“中体”开出“西用”，在其学说里，儒家的“正心诚意”的原则竟与西方的“资本增值”“富国强兵”滚作一处、一气相通了。

第三章
为仁之方

一、“反求诸己”

综上所述，对于中国古代儒家来说，无论是其社会伦理学说，还是其社会政治学说，都是以“仁”为其核心、为其基本规定的。仁毋宁说成为儒家的“道”的化身，成为其治论的“一以贯之”的根本。现在的问题是，我们如何才能实现仁，即“为仁之方”是什么？在这方面，儒家学说中诸多关于仁的具体规定也可以看作是对这一点的说明。我们可以按照这些规定一点一滴的作起，而最终由博及约、由远及近地臻至仁的理想。但是，既然仁是一种“显微无间”“体用一源”的东西，其具体规定不过是其本体的发用流行，而不是“总和之仁”的“分有”，那么，我们就完全可以通过直溯其本源的方式来实现仁。这是两种完全不同的为仁的方法论。如果说前者尽管不失其具体但只能使我们瞻望门墙地获得支离之仁的话，那么后者则可以使我们登堂入室地获得一统的完整的仁。如果说前者导致了程朱“理学”的“格物致知”的路线的提出的话，那么后者则导致了儒学正统“心学”的“反求诸己”路线的形成。

儒家的“反求诸己”的思想最早可见之于孔子的论述中，它是由“射”道而引发了对人的目的实现的思考的：

子曰：“射有似乎君子，失诸正鹄，反求诸其身。”（《中庸·第十三章》）

继承孔子这一思想，孟子则把“反求诸己”的原则和仁的实现联系起来。对于孟子来说，这一原则已成为我们通向仁的不二法门：

孟子曰：“矢人岂不仁于函人哉？矢人唯恐不伤人，函人唯恐伤人。巫匠亦然。故术不可不慎也。孔子曰：‘里仁为美，择不处仁，焉得智？’夫仁，天之尊爵也，人之安宅也。莫之御而不仁，是不智也。不仁、不智、无礼、无义，人役也。人役而耻为役，由弓人而耻为弓，矢人而耻为矢也。如耻之，莫如为仁。仁者如射：射者正己而后发，发而不中，不怨胜己者，反求诸己而已矣。”（《孟子·公孙丑章句上》）

在这里，孟子以矢人造箭唯恐不伤人，函人造甲唯恐伤人，巫者为人祈祝利人之生，匠者作为棺椁利人之死为喻。得出“慎术”即重视术的选择的问题，再进一步由术的选择引申到仁的选择的问题。最后得出为仁就好像射箭一样，箭都否中不怨胜己之人，我能否为仁亦不可推卸地只能取决于我自身。

这不仅为我们提出了一种道德自我决定、自我负责的学说，而且亦同时为我们揭明了实现仁的根本方法论。也就是说，既然仁是由“我”而非由“非我”所决定，那么仁无疑就是“求在我”的而非“求在外”的，我的仁能否实现是我能否“反求”而非“外索”的结果。换言之，向“我”的回返也就是向“仁”的返回，而背离“我”也就无异于与“仁”相离背。我们看到，也正是在这种意义上，孟子提出了其著名的找回自我的“求其放心”的理论。孟子写道：

仁，人心也；义，人路也。舍其路而弗由，放其心而不知求，哀哉！人有鸡犬放，则知求之；有放心而不知求。学问之道无他，求其放心而已矣。(《孟子·告子章句上》)

这并非是那种詹姆士所谓的“外部世界不友好而被迫退回龟缩到自己内心深处的“唯心论”，相反，它所找回的“我”是中国哲学特有的那种作为社会我、宇宙我的“大心”的“我”，故向我的内心世界的退返。同时也就意味着即体即用地向非我的外部世界的积极进取和推扩。正如孟子所说：“反身而诚，乐莫大焉。强恕而行，求仁莫近焉”(《孟子·尽心章句上》)，在这里，内收的“反身而诚”和外推的“强恕而行”实际上是同时并进而互为因果的。

因此，儒家所提出的“反求诸己”的学说不仅是方法论的，亦是本体论的，它是儒家学说中一具有“拔本塞源”意义的纲领性原则。故在《论语》里，这一原则被以“子曰”的形式不断提醒，反复申说，例如：

子曰：“躬自厚而薄责于人，则远怨矣。”（《论语·卫灵公》）

子曰：“君子病无能焉，不病人之不己知也。”（《论语·卫灵公》）

子曰：“不患人之不己知，患其不能也。”（《论语·宪问》）

子曰：“莫我知也夫！”子贡曰：“何为其知子也？”子曰：“不怨天，不尤人，下学而上达。知我者其天乎！”（《论语·宪问》）

更有进者，在孔子的学说里，能否求诸己乃至已成为“古人”与“今人”“君子”与“小人”的分界：

子曰：“古之学者为己，今之学者为人。”（《论语·宪问》）

子曰：“君子求诸己，小人求诸人。”（《论语·卫灵公》）

孔子是这样，孟子亦是如此。对于以捍卫“我本”、“心本”的儒学路线而著称的醇儒孟子来说，“反求诸已”更被视为是人们为人处世、待人接物的指导性原则。故在《孟子》里其谆谆教诲曰：

爱人不亲，反其仁；治人不治，反其智；礼人不答，反其敬一行有不得者皆反求诸己，其身正而天下归之。诗云：“永言配命，自求多福。”（《孟子·离娄章句上》）

君子所以异于人者，以其存心也。君子以仁存心，以礼存心。仁者爱人，有礼者敬人。爱人者，人恒爱之；敬人者，人恒敬之。其待我以横逆，则君子必自反也：我必不仁也，必无礼也，此物奚宜至哉？其自反而仁矣，自反而有礼矣，其横逆由是也，君子必自反也，我必不忠。自反而忠矣，其横逆由是也，君子曰："此亦妄人也已矣。如此，则与禽兽奚择哉？于禽兽又何难焉？"是故君子有终身之忧，无一朝之患也。(《孟子·离娄章句下》)

不是以牙还牙，以血还血的"你不仁，我不义"，而是"爱人不亲，反其仁"，是"其待我以横逆，则君子必自反也"。这种"以德报怨"，并非像一些锱铢必较的狭隘的功利主义者认为的那样是一种性格软弱的"忍让哲学"，相反，它恰恰是仁者包容一切、主宰一切的主体性"我"的力量的显揭。也就是说，对于儒家来说，"仁"的原则决定了我能否真正成为主体的我就在于我能否把别人也当作和我一样的主体来"敬"，而我一旦像对方一样"以怨报怨""以暴易暴"地把别人当作力的对象来征服，那么我也就同时"以物易物"地变成为同对方一样的对象性的东西。因此，"以德报怨"并不意味着对"我"的让渡和否定，恰恰是对"我"之为"我"的真正守护和高度肯定。

对于儒家来说，这种"反求诸己"不仅是人们为人处世之圭臬，而且亦可以被推展为社会政治生活的普遍准则，即它不仅是一种可以"安人"的道德，亦是一种可以"安百姓"的政略。故在《论语》中，人们看到有如下的议论：

子路问君子。子曰："修己以敬。"

曰："如斯而已乎？"曰："修己以安人。"

曰："如斯而已乎？"曰："修己以安百姓。修己以安百姓，尧舜其犹病诸？"（《论语·宪问》）

因此，儒家认为，社会之治乱的关键并不在于财富的多寡、刑制的完备及兵力的强弱，而在于统治者能否切己自返而反思自我。也正是从这一点出发，孔子提出了"上好礼，则民易使也"（《论语·宪问》）、"远人不服，则修文德以来之"（《论语·季氏》）这些"怀柔"的理论。也正是从这一点出发，孟子则提出了"君仁，莫不仁；君义，莫不义；君正，莫不正。一正君而国定矣"（《孟子·离娄章句上》）、"君之视臣如手足，则臣视君如腹心；君之视臣犹犬马，则臣视君如国人；君之视臣如土芥，则臣视君如寇仇"（《孟子·离娄章句下》）及"上有好者，下必有甚焉者矣。君子之德，风也；小人之德，草也。草尚之风，必偃"（《孟子·滕文公章句上》）等极富辩证思想的学说。

这就导致了"政者正也"这一中国古代儒家特有的对政治学的理解：

季康子问政于孔子。孔子对曰："政者，正也。子帅以正，孰敢不正？"（《论语·颜渊》）

子曰："苟正其身矣，于从政乎何有？不能正其身，如正人何？"（《论语·子路》）

子曰："其身正，不令而行；其身不正，虽令不从。"（《论语·子路》）

这不仅是对“以其昏昏，使人昭昭”这一昏君霸道的强权政治的有力批判，同时亦使作为从政者本身的“人”的问题进一步凸出，人本身毋宁已明确成为社会政治的基石和前提。故孔子一针见血地指出：

文武之政，布在方策。其人存，则其政举；其人亡，则其政息。人道敏政，地道敏树。夫政也者，蒲卢也。故为政在人。(《中庸·第十九章》)

而孟子也持如是论：

人有恒言，皆曰，“天下国家”。天下之本在国，国之本在家，家之本在身。(《孟子·离娄章句上》)

这样，不是从外在的“力”出发的法家之流的对“法、术、势”的强调，而是从内在的“人”出发的“格君心之非”的“明德”和“修身”理所当然地成为儒家社会政治学说的核心。我们看到，这一思想主旨在揭示“大学之道”的儒家经典著作《大学》里被表述得淋漓尽致：

大学之道，在明明德，在亲民，在止于至善。知止而后有定，定而后能静。静而后能安，安而后能虑，虑而后能得。物有本末，事有始终，知所先后，则近道矣。古之欲明明德于天下者，先治其国；欲治其国者，先齐其家；欲齐其家者，先修其身；欲修其身者，先正其心；欲正其心者，先诚其意；欲诚其意者，先致其知；致知在格物。

物格而后知至，知至而后意诚，意诚而后心正，心正而后身修，身修而后家齐，家齐而后国治，国治而后天下平。自天子以至于庶人，壹是皆以修身为本。其本乱而末治者否矣，其所厚者薄，而其所薄者厚，未之有也！

朱熹说：“大程子曰：‘大学，孔氏之遗书，而初学入德之门也’。于今可见古人为学次第者，独赖此篇之存，而《论》《孟》次之。学者必由是而学焉，则庶乎其不差矣”（《四书章句集注》）。《大学》之所以被古人抬到如此高的地位，之所以被称为“入德之门”而列为“四书之首”，究其原因，是因为它作为儒学思想的集大成者，把“反求诸己”的原则明确地、彻底地贯彻在人类的社会政治领域，即把“治平”建立在’修身”之上，把“外王”建立在“内圣”之上，把“治法”建立在“治人”之上，从而宣告了以“德”为本的儒家的社会政治学的正式奠定。

我们看到，这种“德本主义”已经成为地地道道的中国政治本色，成为历代社会思想家们众论所归的主题。从孔子的“为政以德”到孟子的“修身以俟”，从董仲舒的“阳德阴刑”到王充的“治国之道当任德”，从张载的“德性之知”到王阳明的“拔本塞源”的“致良知”，都无一不是对这一主题的申明和揭示。因此，从儒家的“反求诸己”原则实际上滥觞出粲然明备的中国“存心养性”的学说体系，开出了百世不易的中国古代“德政合一”的“伦理中心主义”。

我们还看到，这种“德本主义”的社会思想不仅成为中国古代思想家的心目中的理想的政治图式，而且亦现实化为数千年来有血有肉的中国历史。对它的臧否、厚薄关乎着中国社会历史的沉浮兴衰，记载着一代又一代王朝的崛起和更替。正如荀子的“有乱君，无乱国；有治人，无治法”这一观点所指出的那样，统治者的“德性”，几乎成为人们了解中国古代社会“国运”最为敏感的晴雨指示器。这一事实不正表明中国儒家的充满反思精神的“反求诸己”原则，是一个可以接受历史实证和检验的社会真理吗?

二、“克己复礼”

儒家的“反求诸己”的学说表明，我们能否实现“仁”的关键就在于我们能否“求其放心”，即“找回我自己”。那么，我们如何才能“找回我自己”呢?要真正回答这一问题，就涉及儒家的“克己复礼”概念的提出。

众所周知，“克己复礼”这一概念首先是由孔子所提出的，在《论语》里我们看到有如下问答:

颜渊问仁。子曰:“克己复礼为仁。一日克己复礼，天下归仁焉。”(《论语·颜渊》)

不止《论语》，在《左传》中我们也看到同样的记载:

仲尼曰:“古也有志，克己复礼，仁也。信善哉!楚灵王若能如是，岂其辱于乾谿?”(《左传·昭公十二年》)

显然，“克己复礼”并非孔子偶一为之的提法，而是孔子学说中的一个其言之谆谆的核心命题。朱子解“克己复礼为仁”曰:“仁者，本心之全德。克，胜也。己，谓身之私欲也。

复，反也。礼者，天理之节文也。为仁者，所以全其心之德也。盖心之全德，莫非天理，而亦不能不坏于人欲。故为仁者必有以胜私欲而复于礼，则事皆天理，而本心之德复全于我矣”（《四书章句集注》）。因此，“复礼”即复归于“本心之全德”的仁之“我”，而要复归于这种“我”，其前提就在于能否“克己”，即克服我身之私欲。在孔子的《论语》中，“克欲”已成为其反复强调的道德功夫。例如孔子提出“枨也欲，焉得刚”（《论语·公冶长》），欲者，即多嗜欲，刚者，即能克之也；他提出“君子有三戒”（《论语·季氏》），其中的“戒色”与“戒得”的色与得亦是欲，而戒者亦是能克之也。及他所谓的“君子固穷，小人穷斯滥矣”“君子谋道不谋食”“君子忧道不忧贫”（《论语·卫灵公》等思想的提出，亦都可以看作是对这种“克欲”观点的申明和揭示。

同时，我们看到，也正是从孔子的这种“克欲说”出发，引发了孟子“无以小害大，无以贱害贵”的“体”的“大小之辨”及“养心莫善于寡欲”等一系列议论：

孟子曰：“人之于身也，兼所爱。兼所爱，则兼所养也。无尺寸之肤不爱焉，则无尺寸之肤不养也。所以考其善不善者，岂有他哉？于己取之而已矣。体有贵贱，有小大。无以小害大，无以贱害贵。养其小者为小人，养其大者为大人。今有场师，舍其梧槚（jiǎ），养其樲（èr）棘，则为贱场师焉。养其一指而失其肩背，而不知也，则为狼疾人也。饮食之人，则人贱之矣，为其养小以失大也。饮食之人无有失也，则口腹岂适为尺寸之肤哉？”（《孟子·告子章句上》）

孟子曰："养心莫善于寡欲。其为人也寡欲，虽有不存焉者，寡矣；其为人也多欲，虽有存焉者，寡矣。"（《孟子·尽心章句下》）

也就是说，对于孟子来说，心为本，故其为大；欲为末；故其为小。这不正是张载的"天地之性"与"气质之性""德性之知"与"见闻之知"，朱子的"道心"与"人心""天理"与"人欲"等一系列范畴的原版和出处吗？因此在这里，孟子上承孔子，其体的大小之别实际上开出了宋明儒学的以"心性"为宗。而他的"养心莫善于寡欲"之说则开出了"功夫只在减"的中国古代传承不已的"修身"传统。"修身"的"修"字，正如某些学者所指出的那样，在中国古文字中原作"修脯"的"修"；修脯即腊肉，有干缩损减之意。故中国古人所谓的"修身"概念与所谓的"寡欲"概念之间本来就存在着某种内在的联系。

实际上，孟子的这种"养心莫善于寡欲"的观点完全可以看作是中国古代"为道日损"原则在伦理领域里的体现和运用。所不同的是，后者的"损"是为了去除对道的种种遮蔽，而前者的"损"，则是与反对人之被"蔽于物"的"异化"有关。故《孟子》写道：

公都子问曰："钧是人也，或为大人，或为小人，何也？"

孟子曰："从其大体为大人，从其小体为小人。"

曰："钧是人也。或从其大体。或从其小体，何也？"

曰："耳目之官不思，而蔽于物。物交物，则引之而之矣。心之官则思，思则得之，不思则不得也。此天之所与我者。先

立乎其大者，则其小者不能夺也。此为大人而已矣。”（《孟子·告子章句上》）

“小人”之所以为“小人”，就在于他自我放弃“天之所与我者”的“心”的权利，而被“不思”的感官所左右而成为物的奴隶。孟子在这里的分析几乎与现代西方人的那种“人不仅与自己疏远，而且亦与自然疏远”的关于人性异化分析理论如出一辙。其实，这种中国古代早熟的人性“异化说”不仅为孟子所持有，而且亦不断为其他儒家学者所申说。例如《礼记》的作者曾写道：

人生而静，天之性也；感于物而动，性之欲也。物至知知，然后好恶形焉。好恶无节于内，知诱于外，不能反躬，天理灭矣。夫物之感人无穷，而人之好恶无节，则是物至而人化物也。人化物也者，灭天理而穷人欲者也。（《礼记·乐记》）

在这里，好恶无节的“穷人欲”所导致的已不仅是孟子所谓的“蔽于物”，而是“人化物”。对于人来说，这是一幅多么触目惊心、岌岌可危的图景啊！无怪乎古人感叹“人心危微”而“人兽几希”，无怪乎古之君子对其人生践履始终怀有“履冰临深”的敬畏之意，也无怪乎儒家把“戒慎乎其所不睹，恐惧乎其所不闻”的“慎独”视为最重要的道德修养功夫之一。《大学》云：

所谓诚其意者，毋自欺也。如恶恶臭，如好好色，此之谓自谦，故君子必慎其独也！小人闲居为不善，无所不至，见君子而后厌然，掩其不善，而著其善。人之视己，如见其肺肝

然，则何益矣。此谓诚于中，形于外，故君子必慎其都也。曾子曰："十目所视，十手所指，其严乎!"(《大学·玉章》)

朱子关于"慎独"指出，"独者，人所不知己所独知之地也。言欲自修者知为善以去恶，则当实用其力，而禁止其自欺。使其恶恶如恶恶臭，好善则如好好色，皆务决去，而求必得之，以自快足于己，不可徒苟且以殉外而为人也。然其实与不实，盖有他人所不及知而己独知之者，故必谨之于此以审其几焉"(《四书章句集注》)。因此。所谓"慎独"是指人在独处无人注意时，自己的行为也要谨慎不苟这一为善去恶的"实用其力而禁止其自欺"。其实，所谓"慎独"的"独"，并不仅仅是朱子所说的"人所不知而己所独知之地"之"独"，而且亦是有别于世界上林林总总万物的、作为宇宙先验本体的别无对待、独一无二的"人"之"独"。之所以对其慎之又慎，正是唯恐其穷人欲而沦为物以至于失却天予其"独"。故主张"慎独之外无功无"的明儒刘宗周曾高屋建瓴地指出：

夫天即吾心，而天之托命处即吾心之独体也。率此之谓率性，修此之谓修道，故君子慎独，而曰：或慎乎其所不睹，恐惧乎其所不闻，所以事天也，此圣学之宗也。(《刘子全书》卷二十一)

学不本之慎独，心无所主，滋为物化。(《刘子全书》卷一)

因此，中国古代儒家认为，人能否克服"欲"对自己的诱惑，实际上是人能否成其为人、人能否保有其先验的、绝对的主体特性、人能否从“非我”复归于“我”的分水岭。耐人寻思的是，这一观点不仅成为中国古代大多数思想家的共识，而且亦得到现代西方很多思想家一致认肯。西方批判的精神分析学派的代表人物弗洛姆认为，在现代资本社会所出现的“把外在价值视为唯一价值”的“接受型”性格的急剧膨胀，是一场人的创造性潜能的日益丧失、人与自己的本质日益疏远和离异的最为严重的人类学危机。同时，正是从这一点出发，他在理论上尖锐地批判了以“本能满足”为宗旨的弗洛伊德主义。弗洛姆写道：

根据弗洛伊德的理论，全部本能欲望如能得到毫无压抑的充分满足，人就可以获得精神健康和幸福。但是，临床病例显然表明，那些致力于追求无拘无束的性欲满足的男性和女性，不但没有得到幸福，而且还得常常承受严重的神经质冲突或神经症状的痛苦。全部本能需要的满足，不仅不是幸福的基础，甚至连精神正常也不能保证。(《爱的艺术》，中文版，第 103 ~ 104 页)

这不正是中国古人所谓的“外求愈多，中怀愈苦”的这一“人欲观”最好的注释和证明吗？但是，特别需要强调指出的是，正如弗洛姆反对“全部本能欲望毫无压抑地充分满足”并不意味着其对本能的彻底否定摒弃，而是企图走向感性与理性的真正的辩证统一一样，中国古人对“克欲”“寡欲”的坚持也并不因此意味着从中得出一种禁欲主义的结论，而是走向了一种对“欲”的不泥不越的审美的“中和之境”。故《中庸》在提出“君子慎其独也”之后又旋即写道：

喜怒哀乐之未发谓之中，发而皆中节谓之和，中也者，天下之大本也，和也者，天下之达道也。致中和，天地位焉，万物育焉。

因此，中国古代儒家的“克欲”“寡欲”的学说其实与那种“饿死事极小，失节事极大”的“以理杀人”的晚出的超验论的“理学”迥然异趣，它讲对欲的“克”和“寡’非指对欲的完全根除的“灭”而流于“与吃菜事魔者等”，非指喜怒哀乐之未发的“死中”，而是指对欲的“发而皆中节”，是指使人免除“饥渴之害”而得“饮食之正”。明儒曰：“舍寂而缘感，谓之逐物；离感而守寂，谓之泥虚”（《明儒学案》卷十二），实际上，正如孔子的“克己复礼”这一命题所表明的那样，中国古代儒家“克欲”“寡欲”学说既非“逐物”，也非“泥虚”，而是最终指向“所以制中”“本乎大一”的“礼”的。

故深得礼学三昧的清代学者戴震对中国古人的“欲”的学说的真谛领会的尤为明晰莹彻，他指出：

古人多言命，后人多言理，异名而同实。耳目百体之所欲，由于性之自然，明于其必然，斯协乎矢地之中，以奉为限制而不敢逾，是故谓之命。命者非他，就性之自然，察之精，明之尽，归于必然为一定之限制，是乃自然之极则。若任其自然而流于失，转丧其自然，而非自然也。故归于必然，适完其自然……夫耳目百体之所欲，血气之资以养者，生道也，纵欲而不知制之，其不趋于死也几希？（《绪言》）

实际上，对于戴震来说，这种“归于必然，适完其自然”的“欲”亦是一种有别于“小我”之“欲”的“遂天下之欲”的“大我”之“欲”。关于这一点他写道：

> 是故去生生之道者，贼道也，细民得其欲，君子得其仁。遂己之欲，亦思遂人之欲，而仁不可胜用矣；快己之欲，忘人之欲，则私而不仁。(《原善》下卷)
>
> 欲不失之私，则仁。(《原善》上卷)

这样，在这里，势如水火的经验人性论的“欲”和先验人性论的“仁”已经不期而遇、合二为一了。这难道不是一种理论上的自相矛盾吗？

其实，这并非是什么自相矛盾。它不正是“会得活泼泼地，会不得只是弄精魂”这一“内在的超验”性质的中国古代学说的高明之处吗？

三、教育

中国古代儒家认为，“我”之所以失去“我”是由于“物欲之蔽”所致，故要复回于“我”就必须克服其对我的遮蔽。但是实际上，我们是无须乎说什么“物”的遮蔽的，正如我之所以为尧舜是我自己为尧舜一样，我之所以为桀纣亦是我自己的一种选择。我是我自己的主人，我对我的遮蔽不是外物所蔽，而其实是一种“自我遮蔽”，是我丧失了“自我意识”这一“思执”的结果。这种对物蔽的深入理解使我们从“格物论”的对物欲的克服走向“意识论”的对于自我的觉悟和认识。于是，正如《中庸》“天命之谓性，率性之谓道，修道之谓教”所指出的那样，教育，毋宁说已成为儒家实现仁这一大本达道的最终结论和第一前提。

没有任何人能够否认古代儒家对教育的重视。古代儒家不仅以“祖述尧舜，宪章文武”、独取先王之法以昭后世为其人生宗旨，而且其代表人物亦大多既是社会活动家又是教育家，一身二任地为“斗士兼大师”。以孔子为例，其不仅为实现自己的政治抱负周游列国而席不暇暖，而且在其漫长的一生中孜孜以诲而从未挂其教鞭。据历史记载，跟随孔子从游的弟子多达三千，从中不难想见其讲学之盛。即使在绝粮于陈时，孔子仍“讲诵弦歌不绝”以致成为一时之美谈。而翻开孔子的《论语》，其尊学重教的思想更是触目可见。除一开始就开宗明义地提出“学而时习之，不亦说乎”（《论语·学而》）外，其他的论述还有“博学于文，约之以礼”（《论语·雍也》），“笃信好学，守死善道”（《论语·泰伯》），“三人行，必有我师焉。择其善者而从之，其不善者而改之”（《论语·述而》），“学而不思则罔，思而不学则殆”（《论语·为政》），“见贤思齐焉，见不贤而内自省也”（《论语·里仁》），以及“好仁不好学，其蔽也愚；好知不好学，其蔽也荡；好信不好学，其蔽也贼；好直不好学，其蔽也狡；好勇不好学，其蔽也乱；好刚不好学，其蔽也狂”（《论语·阳货》）等。尤其耐人回味的是，在孔子的自述中，对于别人许其为政治上的“圣”和道德上的“仁”，孔子是“则吾岂敢”“则吾不能”，然而对于教育上的“师”，他则是当之不让：

子曰：“若圣与仁，则吾岂敢？抑为主不厌，悔人不倦。则可谓云尔已矣”。公西华曰：“正唯弟子不能学也。”（《论语·述而》）

昔者子贡问于孔子曰：“夫子圣矣乎？”孔子曰：“圣则吾不能，我学不厌而教不倦也。”子贡曰：“学不厌，智也；教不倦，仁也。仁且智，夫子既圣矣。”（《孟子·公孙丑章句上》）

儒家之所以对教育如此地拳拳服膺，之所以对教育如此地膜拜推崇，这绝非什么偶然，乃是儒家人学本体论思想的必然反映。

众所周知，儒家的人的学说是一种先验的人性论学说。从人的仁的性质出发，儒家认为人不仅是社会之主体，亦是宇宙之本体，“天命之谓性”“人性”与普遍、绝对的“天命”终归是一种异名同实的东西。因此也正是基于这一点，孔子提出“道不远人”（《礼记·中庸》）、“天生德于予”（《论语·述而》的观点，而孟子不仅提出“心之同然”（《孟子·告子章句上》）、“圣人，与我同类者”（《孟子·告子章句上》）的思想，而且还发前人所未发地大力阐明了“良知良能”这一人的本质同属性，从而标志着中国古代儒家“性善论”学说的正式奠定：

孟子曰：“人之所不学而能者，其良能也；所不虑而知者，其良知也。孩提之童，无不知爱其亲也；及其长也，无不知敬其兄也。亲亲仁也，敬长义也。无他，达之天下也。”（《孟子·

尽心章句上》)

但是，中国古代儒家所认为的人性实际上是一种“内在的超验”的人性，它既是先天先验的，又是内在于后天经验之中的，换言之，儒家鼓吹人的性的超验并不意味着其完全排斥经验世界对其性的作用和影响。正如作为“端”的仁的属性所表明的那样，儒家的“性善论”仅仅为人成为善者提供了一种潜在的可能，而要把这种可能变成现实，则有待于现实生活中的具体的个人去发扬和努力。因此，“性固天生，亦由人成”（王夫之语），这就为我们揭示出了后天的习养、育化在“成人”过程中的重要地位和积极作用。

所以我们看到，孔子一方面提出“天生德于子”，另一方面又提出“我非生而知之者，好古，敏以求之者也”（《论语・述而》）；一方面提出“人是天生的”这一“性相近”，另一方面又提出“贼是人作的”这一“习相远”（《论语・阳货》）。孟子一方面提出“不学而能”“不虑而知”的“良知良能”，另一方面又提出“人之有道也，饱食、暖衣、逸居而无教，则近于禽兽”（《孟子・滕文公章句上》）；一方面提出“人皆可以为尧舜”，另一方面又提出“天之生此民也，使先知觉后知，使先觉觉后觉也”（《孟子・万章上》）。这种在儒家著作中多次出现的“良知论”与“学习论”之间的并行不悖，丝毫不意味着儒家学说本身是一种自相矛盾和二元对峙的东西，而恰恰是对儒家学说的亦天亦人这一彻底人本主义性质的说明和反映。

因此，中国古代儒家对教育功能的强调，并非是出于把知识服务于人的某种外在目的这一功利主义的考虑，而是始终与对人的关心、人的潜能的实现、人性的开发挖掘，即康德所说的“自然向人生成”这一人的“内在目的”有关的。明白了这一点，我们就不难理解为什么儒家既强调“中人以上，可以语上也；中人以下，不可以语上也”（《论语·雍也》）的“因材施教”，但更强调“自行束修以上，吾未尝无诲焉”（《论语·述而》）的“有教无类”（《论语·卫灵公》），开有别于“学在官府”的中国古代“学移民间”之先声，从而“平民以学术进身而预贵族之位，自儒而始盛”（钱穆：《先秦诸子系年考辨》）。我们就不难理解为什么儒家既主张“多闻”“多见”的“博学”，又更主张“切问而近思”的“慎思”“学思并重”地使“道问学”须臾不离“尊德性”，使其致知学说充满了道德自我反省精神。我们就不难理解为什么儒家在教育方法上反对“填鸭式”的灌注，而坚持“不愤不启，不悱不发。举一隅不以三隅反，则不复也”（《论语·述而》）这一“循循然善诱人”（《论语·子罕》），力图把教学活动变成被教育者主体自身的生机盎然的创造过程。

这一不是“教书”而是“教人”的人本主义的教育观也决定了儒家别具一格的教学内容。换言之，不是外在物的规律性，而是内在人的“文的形式”成为儒家教育的核心内容。故孔子不仅讲“博学于文”（《论语·雍也》），“行有余力，则以学文”（《论语·学而》）而使学与“文”须臾不离，而且他所谓的“四教”（文、行、忠、信）亦把“文”的教育列居第一。因此，对于儒家来说，其审美的‘文化”即为知识的“教育”。若加以分析，其“文”的教育不外乎以下几方面

含义:

其一，礼的教育。孔子说“不学礼，无以立”(《论语·季氏》)，“若臧武仲之知，公绰之不欲，卞庄子之勇，冉求之艺，文之以礼乐，亦可以为成人矣”(《论语·宪问》)。而荀子则进一步发其归趣，其指出“礼者，所以正身也；师者，所以正礼也，无礼何以正身，无师吾安礼之为是也。……故学也者，礼法也”(《荀子·修身》)，“礼者，法之大分类之纲纪也。故学至乎礼而止矣，夫是之谓道德之极”(《荀子·劝学》)。因此，对于儒家来说，“博学于文”即意味着“约之以礼”。

其二，诗的教育。孔子说：“诗三百篇，一言以蔽之曰：思无邪。”故诗之于儒家并非今人所认为的那样是一种无意识的情感的纯粹表现和宣泄，而是一种使人得“思”之正的东西。这一看法简直与现代西方哲学家海德格尔的“诗”即为存在之本的“思”的看法不谋而合。同时，也正因为诗是一种具有本体论意义的“思”，所以诗教一直被孔子尊奉备至。孔子云“不学诗，无以言”(《论语·季氏》)，又云“小子何莫学夫诗？诗可以兴，可以观，可以群，可以怨，迩之事父，远之事君，多识于鸟兽草木之名”(《论语·阳货》)。朱子解“兴”为“感发志意”，解“观”为“考见得失”，解“群”为“和而不流”，解“怨”为“怨而不怒”。因此，“人伦之道，诗无不备”，诗教历来被儒家认为是通向“温柔敦厚”的君子的必由之径。

其三，乐的教育，《论语》称“兴于诗，立于礼，成于乐”(《论语·泰伯》)，《礼记》亦称“志之所至，诗亦至焉；

诗之所至，礼亦至焉；礼之所至，乐亦至焉”（《礼记·孔子闲居》）；显然，对于儒家来说，乐教与礼教、诗教是三位一体的，都是为培养造就文化的审美的人性服务的。故《礼记》云“治乐以治心”（《礼记·乐记》），孔安国注云“乐所以成性”，而孔子不仅认为学习乐的道理可以使君子“爱人”（见《论语·阳货》），而且他本人在乐的教育实践方面亦功绩卓著、造诣颇深。《史记·孔子世家》所谓的“（诗）三百五篇，孔子皆弦歌之”及《论语·子罕》所谓的“吾自卫反鲁，然后乐正，《雅》《颂》各得其所”的记载，就是对这一点的证明。

另外，除“礼”“诗”“乐”的教育外，还有“书”“易”“春秋”等方面的教育，古人统称之为“六经”或“六艺”。因此，正如陆象山所谓的“六经皆我注脚”所表明的那样，中国古代儒家所谓的教育是一种有别于今日所谓“社会科学”教育的有关“我”之人性培养的教育。在这方面，它与西方古典的“人文学科”教育完全具有东西方的可比性。必须指出的是，尽管这种人性的教育不同于“社会科学”的教育，但是正如明儒吴霞舟所谓的“不明死生，必不能忠义，不知忠义，必无经济”这一中国古代“存在主义”宣言所表明的那样，由于它系乎社会之根本，因而儒家认为其存在与否直接关乎社会之治乱。故人的教育始终成为中国古代儒家社会政治学说的首揭主题。不仅孔子在政治上提出对民“教之”“不教而杀谓之虐”的观点，而且继承孔子的主钵、孟子亦提出“不教民而用之，谓之殃民。殃民者，不容于尧舜”（《孟子·告子章句下》）、“仁言不如仁声之入人深也，善政不如善教之得民也。善政，民畏之；善教，民爱之。善政得民财，善教得民心”（《孟子·尽心章句上》），等一系列思想。以致以逮至晚清，儒学遗老曾国藩仍坚持以教立宗，提出“天下之安危系乎风俗，而正风俗者必兴教化”（《言风俗书》），企图从振兴教育入手挽回有清的衰世颓政。

这就形成了为中国古代社会所特有的“政教合一”“以教为本”的政治传统。教育，作为一种“无形的政治”，事实上已成为古老的中华帝国赖以存在的内在的灵魂，成为启动其运作的第一推动力。然而人们不能不看到，在当代社会，这种为中国古人所宗守的“以教为本”的思想已经和正在被人所丢弃和遗忘。在一些人的心目中，这一古老的思想与高度社会化所导致的愈来愈倚重政治“硬件”的“现代政治精神”是完全难以相容的。

但是实际上，政治的现代化从来都是以人的现代化为其标尺的，而人的现代化又是以人是否能摆脱物的支配，人是否能真正成为“自由的形式”为其标尺的。因此，旨在启发人、完善人的教育从来就不仅是社会发展的手段，而是社会发展的本身、社会发展的最终目的和归宿。这种对教育的理解就是黑格尔所谓的“教化”。黑格尔在其《精神现象学》里谈到“教化”时写道：

就个别的个体来说，个体的教化乃是实体本身的本质性环节，即是说，教化乃是实体在思维中的普遍性向现实性的直接过渡，或者说，是实体的简单的灵魂，而借助于这个简单的灵魂，自在存在才得以成为被承认的东西，成为特定存在。因此，个体性的自身教化运动直接就是它向普遍的对象性本质的发展，也就是说，就是它向现实世界的转化。现实世界虽是通过个体性而形成的，在自我意识看来却是一种直接异化了的东西，而且对自我意识来说它有确定不移的现实性。但是自我意识尽管确信这个世界是它自己的实体，却同时又须去控制这个世界；它所以能有统治这个世界的力量，是因为它进行了自我教化……（《精神现象学》下卷，中译本，第44页）

透过这些极为抽象思辨的论述，不难看出，黑格尔所谓的“教化”，无非是指人摆脱了其直接性和本能性对自己的支配，使人上升为自己主宰自己的自由的、普遍的人的一种活动。

耐人寻思的是，在黑格尔的《精神现象学》里，作为“教化”的直接精神成果就是所谓“自由主体性的觉醒”的“启蒙”，而后者在历史上对应于激进的法国近代政治大革命。这不正表明，认为每一个人都可以通过教育实现自我的普遍性的“教化”，作为一种所谓的“实体本身的本质性环节”，实际上开出了人类告别蒙昧的过去的政治解放运动，这也不正表明，建立在“性善论”基础之上的中国古老的“有教无类”“学而优则仕”的教育原则，实际上与以自由平等、民主自治为旗帜的现代政治精神是一脉相承的吗？

第四部分

法家论

翻开中国古代关于“治”的思想史，人们发现，除历史上一直占统治地位的儒家理论外，还有作为儒家理论的反题形式，并曾在历史上显赫一时的法家理论。因此，在这一章里我们的题目将从儒家的治论转入法家的治论。我们相信，对法家理论的考查不仅有助于我们对整个中国古代治论全貌的了解，而且亦可以使我们在法儒两家的理论比较中更深入地把握儒家治论的真正精神。

第一章
法家的哲学思想

一、“明于天人之分”

要追溯法家的思想，就不能不回到荀子的学说。

正如很多荀学研究资料所表明的那样，要真正界定荀子思想所属派别，无疑是一至难之举。人称荀子或为儒家，或为法家，或为儒法过渡人物。人们对荀子的思想之看法之如此难以统一，正反映了荀子思想本身的巨大矛盾和分歧。现我们不妨就荀子思想的一些基本特征谈起。

显而易见，荀子的思想有鲜明的儒家烙印。荀子以儒自居，而且其同代人也称其学为儒学，《韩非子·显学》篇云：“世之显学，儒墨也。儒之所至，孔丘也；墨之所至，墨翟也。自孔子之死也，有孟氏之儒……，有孙氏之儒，……。”这一看法，其实并非凭空之论，而是有其思想为见证的。例如：

在政治上，荀子主张尊王抑霸：“行一不义，杀一无罪，而得天下，仁者不为也”（《荀子·王霸》），厚礼薄刑：“隆礼贵义者其国治”“礼者，治辨之极也”（《荀子·议兵》），以及坚持“民本”思想：“天之生民，非为君也；天之立君，以为民也”（《荀子·大略》），“从道不从君”（《荀子·臣道》），“君者，舟也，庶人者，水也，水则载舟，水则覆舟”（《荀子·王制净》）。这些都几乎与孔孟的政治思想一脉相承。

在经济上，荀子主张“轻税”“裕民”，即所谓“轻田野之税，平关市之征，省商贾之数，罕兴力役，无夺农时”（《荀子·富国》），“下贫则上贫，下富则上富。故田野县鄙者，财之本也；垣窌（jiào）仓廪者，财之末也。百姓时和，事业得叙者，货之源也。等赋府库者，货之流也”（《荀子·富国》）。其见解可与孔孟有关经济的论述互为发明。

在伦理上，荀子致力“劝学”，倡导“化性起伪”：“故木受绳则直，金就砺则利，君子博学而日参乎己，则知明而行无过矣”（《荀子·劝学》），“尧禹者，非生而具者也。夫起于变故，成乎修为”（《荀子·荣辱》），“德操然后能定，能定然后能应。能定能应，夫是之谓成人”（《荀子·劝学》）。在荀子的学说里，齐家治国最终落实到“始乎诵经，终乎续礼”（《荀子·劝学》），“外王”最终落实到“内圣”，这又与儒家的“修身为本”的传统节拍若吻。

但是，另一方面，荀子身上的法家色彩亦是不容忽视否认的。这不仅表现在法家巨擘李斯与韩非二人均为荀子的亲炙弟子这一事实，不仅表现在荀子入秦时对专任法家路线的秦政赞美之情溢于言辞，而且还表现在其很多思想与正统儒家去之甚远、大相径庭。例如儒家言“性善”，荀子言“性恶”；儒家倡“良知”，荀子倡“征知”；儒家重义轻利，荀子重义而不轻利；儒家专法先王，荀子兼法后王。尤其需要指出的是，儒家主“天人合一”，而荀子则讲“明于天人之分”。而恰恰正是在这一点上，从根本上开出了儒法思想之分歧，使荀子成为法家思想造端讬始的真正先驱。

荀子的“明于天人之分”的思想主要见之于其《天论》篇。在该篇里荀子一开始就开宗明义地写道：

天行有常，不为尧存，不为桀亡。应之以治则吉，应之以乱则凶。彊本而节用，则天不能贫。养备而动时，则天不能病。修道不贰，则天不能祸。故水旱不能使之饥，寒暑不能使之疾，袄怪不能使之凶。本荒而用侈，则天不能使之富。养略而动罕，则天不能使之全。倍道而妄行，则天不能使之吉。故水旱未至而饥，寒暑未薄而疾，袄怪未至而凶。受时与治世同，而殃祸与治世异，不可以怨天，其道然也。故明于天人之分，则可谓至人矣。

在这里，荀子实际上提出天道与人道各自独立而相互有别的问题。一方面，“天行有常”，它“不为尧存，不为纣亡”“天不为人之恶寒也，辍冬；地不为人之恶辽远也，辍广”（《荀子·天论》）。另一方面，人道亦是独立不徙而不为天所左右，只要我们“修道不贰”“则天不能祸”，相反如果我们“倍（背）道而行”“则天不能使之吉”。我们看到，正是基于这一点，荀子有力地批判了当时流行一时的神秘的“天人感应”说和“卜筮以为神”的思想：

星队（坠），木鸣，国人皆恐。曰：是何也？曰：无何也，是天地之变，阴阳之化，物之罕至者也。怪之，可也；而畏之，非也。夫日月之有蚀，风雨之不时，怪星之党见，是无世而不常有之。上明而政平，则是虽竝（bìng）世起，无伤也。上暗而政险，则是虽无一至音，无益也。夫星之队，木之鸣，是天地之变，阴阳之化，物之罕至者也；怪之，可也；而畏之，非也。（《荀子·天论》）

雩而雨，何也？曰：无何也，犹不雩而雨也。日月食而救之，天旱而雩，卜筮然后决大事，非以为得求也，以文之也。故君子以为文，而百姓以为神。以为文则吉，以为神则凶也。（《荀子·天论》）

那么，天道和人道的各自基本特征又是什么呢？荀子认为，天是“不为而成，不求而得”（《荀子·天论》），“能生物，不能辨物”（《荀子·礼论》）。也就是说，天是无目的的、无功利的、无意识的。而人则与之不同：“为之，人也；舍之，禽兽也”（《荀子·劝学》），“可学而能、可事而成之在人者，谓之伪”（《荀子·性恶》）。也就是说，人的基本属性则是具有一定目的、功利、意识的能动的“为之”，即有别于“天时”“地财”的所谓的“治”。于是，人与天地三才鼎立、人与天地各尽其职、各显其能的“人与天地参”的思想，就在荀子学说中推之而出了：

不为而成，不求而得，夫是之谓天职。如是者，虽深，其人不加虑焉；虽大，不加能焉；虽精，不加察焉；夫是之谓不与天争职。天有其时，地有其财，人有其治，夫是之谓能参。舍其所以参，而愿其所参，则惑矣！(《荀子·天论》)

天地者，生之始也；礼义者，治之始也；君子者，礼义之始也。为之，贯之，积重之，致好之者，君子之始也。故天地生君子，君子理天地；君子者，天地之参也，……(《荀子·王制》)

我们看到，也正是从这里滥觞出了中国古人“天人交相胜”的思想。后人刘禹锡沿着荀子的理路指出：

大凡入形器者，皆有能有不能。天，有形之大者也；人，动物之尤者也。天之能，人固不能也；人之能，天亦有所不能也。故余曰：天人交相胜耳。(《天论》上)

天之所能者，生万物也；人之所能者，治万物也。……天恒执其所能以临乎下，非有预乎治乱云尔；人恒执其所能以仰乎天，非有预乎寒暑云尔。(同上)

但是，需要强调指出的是，荀子强调天人的相分、天人的相胜并不意味着其完全否认天与人之间具有同一性。在荀子看来，人与天之间固然有其各自独立而不可代庖的属性，然而正如“天地生君子”这一事实表明的那样，作为天地之“生物”的人却不可避免地要服从天对其的规定。故荀子一方面讲“天不能祸”“天不能使之吉”，另一方面又讲“应之以治则吉，应之以乱则凶”；一方面讲“不与天争职”，另一方面又讲

“圣人清其天君，正其天官，备其天养，顺其天政，善其天情，以全其天功”（《荀子·天论》）；一方面讲“唯圣人为不求知天”（《荀子·天论》），另一方面又讲“其行曲治，其养曲适，其生不伤，夫是之谓知天”。而他在《王制》篇中的对所谓“时”的强调，则把这种“顺天”的思想表达的明畅尽致：

故养长时，则六畜育，杀生时，则草木殖。政令时，则百姓一，贤良服。圣王之制也：草木荣化滋硕之时，则斧斤不入山林，不夭其生，不绝其长也；鼋鼍（yuán tuó）鱼鳖鳅鳣孕别之时，罔罟毒药不入泽，不夭其生，不绝其长也；春耕、夏耘、秋收、冬藏，四者不失时，故五谷不绝，而百姓有余食也；汙池渊沼川泽，谨其时禁，故鱼鳖优多而百姓有余用也；斩伐养长不失其时，故山林不童而百姓有余材也。圣王之用也：上察于天，下错于地，塞备天地之间，加施万物之上……

这样，对于既强调“可事”的“人为”，又强调“守时”的“天命”的荀子来说，就逻辑地引出了其“制天命而用之”这一荀学的必然结论：

大天而思之，孰与物畜而制之；从天而颂之，孰与制天命而用之；望时而待之，孰与应时而使之；因物而多之，孰与骋能而化之；思物而物之，孰与理物而勿失之；愿于物之所以生，孰与有物之所以成。故错人而思天，则失万物之情。（《荀子·天论》）

这是中国古代“以人制天”思想的战斗宣言，亦是先秦之际中国社会人对自然的节节胜利的哲学见证。通过这些像诗一样的充满激情的语言，荀子毋宁说向人们揭示了为近代西方哲学家黑格尔所指出的这样一种深刻的思想，即：人为了真正成为自然的主人，就必须抛弃自己目的“唯心论”，使自己的目的的“对象化”于自然对象之中，从而完成自在之我向自为之我、自在自然向为我的自然的转变。这亦是一种“欲进故退”的辩证法，“思天”“颂天”的对“天”的承认，恰恰是为了高扬对“天”的“制之”“用之”“使之”“化之”的人的主体精神。故荀子进一步明确指出：

所志于天者，已其见象之可以期者矣。所志于地者，已其见宜之可以息者矣。所志于四时者，已其见数之可以事者矣。所志于阴阳者，已其见和之可以治者矣。官人守天而自为守道也。(《荀子·天论》)

荀子坚信，只要我们积极发挥这种“敬其在己者”而非“慕其在天者”的“制天命而用之”的主体能动性，我们就可以摆脱人受制于天的悲惨命运，而使天地万物“尽其美，致其用”地成为我不可胜用的东西。故他在批判墨子“为天下忧不足”的思想时满怀信心地这样写道：

今是土之生五谷也，人善治之，则亩数盆，一岁而再获之；然后瓜桃枣李一本数以盆鼓；然后荤菜百疏以泽量；然后六畜禽兽一而剸车（tuán chē），鼋鼍鱼鳖鳅鳣以时别一而成群；然后飞鸟凫雁若烟海；然后昆虫万物生其间，可以相食养者不可胜数也。夫天地之生万物也，固有余足以食人矣；麻葛茧丝、鸟兽之羽毛齿革也，因有余足以衣人矣。夫不足，非天

下之公患也，特墨子之私忧过计也。(《荀子·富国》)

这样，在荀子的学说里，为其所一再重申的“不为”“不求”“虽深，其人不加虑焉；虽大，大加能焉”的这一不以人的意志为转移的“天”，最终变为人的合目的的“用之”的对象。于是，一种视自然为人的“被假之物”的“工具主义”思想被荀子空前地发扬了。荀子写道：

假舆马者，非利足也，而致千里；假舟楫者，非能水也，而绝江河。君子生非异也，善假物也。(《荀子·劝学》)

这样，在荀子的学说里，不是人的内在目的，而是人的外在的手段毋宁已成为连接天人的中介，人在“善假物”的活动过程中毋宁已实现了物与我的现实的统一。为荀子自己亲手深浚的天与人之间的不可逾越的鸿沟，又被荀子自己亲手填平了。从“明于天人之分”为其哲学起点的荀子哲学，似乎最终又与“天人合一”这一中国古老的传统不谋而合了。

但是实际上，在荀子哲学里所体现的这种天与人的合一，其实质与中国古代真正的“天人合一”思想不啻判若霄壤。如果说后者是一种先验论的内在的合一的话，那么前者仅仅停留在经验论的外在的合一。正如我们只有用对他人的“敬”来换取他人对我的“敬”，用对他人的“爱”来换取他人对我的“爱”一样，一个不讲对天的“敬爱”之情而一味强调“戡天”、一味强调对天的“利用”的人，是不可能换取天与己的友谊而真正和天建立友好睦邻关系的。近代工业主义的急剧膨胀而由此带来的人的生态环境的危机就是对其明证。这一事实表明，人与天的关系远非一些近视的人所简单地认为的那样是一种纯粹的功利关系，而是具有一定的超功利的审美的特质。退一步来说，自然界固然对人具有其可资利用的属性，但是迫其究竟，这种被利用本身不正说明了人与自然界之间绝非存在什么偶然的巧合，而是其中必有一种固有的根本的“天作之合”吗？这就迫使我们天人关系的思考从外在的经验层次回到内在的先验层次，即从理智功利的思考返回到对不可诘致的原始的宇宙生命本身的思考，也即返回到中国儒家的本体论的“性”的思考。

因此，真正的“天人合一”的学说还是非儒家而莫属的。

二、经验主义认识论

“天人合人”还是“天人相分”，是了解儒法哲学一切奥秘的一把钥匙。它不仅为我们指明了儒法在本体论问题上的对立，而且亦为我们揭示出了儒法在认识论问题上的尖锐分歧。

众所周知，儒家从“天人合一”的宇宙观出发，在认识论问题上坚持的是一条先验主义的认识路线。也就是说，既然儒家认为天与人是合二而一的，宇宙本身是一种亦天亦人的东西。天的本质“一内外”地不外乎为人的本质，那么，人们对天的认识显然就是不假外求的，它实际上就内在于我的“本心”之中。故对天的认识不外乎就是对我自己的体认，即认识全然是一种“反求诸己”的过程。因此，正是基于这一点，孔子提出了“生而知之者上也，学而知之者次也，困而学之者又其次也”（《论语·季氏》）这一“生而知之”的学说。也正是基于这一点，孟子提出了“不虑而知”“不学而能”的“良知、良能”及“学问之道无他，求其放心而已矣”（《孟子·告子章句上》）的理论。于是在儒家的学说里，认识论最终落实到伦理学，“道问学”最终落实到“尊德性”，“道”与“德”“命”与“性”“知”与“行”不啻成为间不容发、异名同实的东西。我们看到，儒家的“天人合一”学说最终是通向以伦理为其中心的认识论的取消论的。

但是对于法家来说，情况就完全不同了。也就是说，既然法家认为天有别于人而有其自身独立自主的品性，既然法家又认为天与人虽然各自有别但人又要“制天命而用之”地使天成为为人所用的东西，那么，对作为异己之物的天的认识就不能不成为法家所必须大力解决的课题。认识，毋宁说已成为联接天与人的一座桥梁，成为法家的使自在之天成为为我之天的学说的先决前提。故荀子不仅提出了有别于“天有其时，地有其财”的“人有其治”（《荀子·天论》），而且还提出了“治之要在于知道”（《荀子·解蔽》）这一人的使命。在荀子的学说里，人的“知”“虑”行为已成为人之所以为人的根本。因而他写道：

凡以知，人之性也；可以知，物之理也。（《荀子·解蔽》）

生之所以然者谓之性。性之和所生，精合感应，不事而自然谓之性。性之好、恶、喜、怒、哀、乐、谓之情。情然而心为择谓之虑。心虑而能为之动谓之伪。虑积焉，能习焉，而后

成谓之伪。(《荀子·正名》)

正因为强调“知”的作用，所以在荀子的学说里，不是对“物欲”的“克治”，而是对事物本来面目的“人蔽”的“解蔽”成为其所面临的中心课题。故荀子不仅在其学说中条分缕析地详列了“欲”“恶”“始”“终”“远”“近”“博”“浅”“古”“今”“十蔽”，而且还征古引今对“蔽塞之祸”痛加抨击，以至于把能否“解蔽”与社会治与乱相提并论。他指出：

凡人之患，蔽于一曲，而暗于大理。治则复经；两疑则惑矣。天下无二道，圣人无两心。今诸侯异政，百家异说，则必或是或非，或治或乱。乱国之君，乱家之人，此其诚心莫不求正而以自为也，妬缪于道而人诱其所迨也。私其所积，唯恐闻其恶也。倚其所私以观异术，唯恐闻其美也。是以与治离走而是己不辍也。岂不蔽于一曲而失正求也哉！心不使焉，则白黑在前而目不见，雷鼓在侧而耳不闻，况于使者乎！德道之人，乱国之君非之上。乱家之人非之下，岂不哀哉！(《荀子·解蔽》)

同时，也因为强调“知”的作用，所以在荀子的学说里，其提出“吾尝终日而思矣，不如须臾之所学也”(《荀子·劝学》)，在思与学的取舍上重学而轻思，不是执着于先验论的道德自我反省，而是强调后天知识日益积累和增进的“学不可以已”，成为荀学认识学说的真正归依。故《荀子》以《劝学》开篇而开门见山地写曰：

君子曰：学不可以已。青，取之于蓝，而青于蓝；冰，水为之，而寒于水。木直中绳，輮以为轮，其曲中规，虽有槁暴，不复挺者，輮使之然也。故木受绳则直，金就砺则利，君子博学而日参省乎己，则知明而行无过矣。……

积土成山，风雨兴焉；积水成渊，蛟龙生焉；积善成德，而神明自得，圣心备焉。故不积跬步，无以至千里；不积小流，无以成江海。骐骥一跃，不能十足；驽车十驾，功在不舍。锲而舍之，朽木不折；锲而不舍，金石可镂。（《荀子·劝学》）

荀子强调知识的学习，那么对于他来说，这种知识本身又是源自何处，它又如何为我们所获取呢？

首先，正如其天人二分学说已经暗示的那样，荀子坚持人的知识只能源自我们的外部世界，故其指出："可以知，物之理也"（《荀子·解蔽》），同时还指出"道者，古今之正权也。离道而内自择，则不知祸福之所托"（《荀子·正名》）。在他看来，正如"不登高山，不知天之高也；不临深谿，不知地之厚也"那样，认识的真理（"道"）终究并非是"内自择"的，而是从属于外在的"非我"的。

其次，荀子认为，尽管认识的"可以知"是非内自择地从属于外部世界，但是我们却可以通过耳、目、鼻、口、形体这些感觉器官（"天官"）对其"各有接"地加以感知和反映，这就导致了荀子著名的"天官意物"学说的产生：

然则何缘而以同异？曰：缘天官。凡同类同情者，其天官之意物同；故比方之疑似而通。是所以共其约名以相期也。形、体、色、理，以目异。声、音、清、浊、调、竽、奇声，以耳异。甘、苦、咸、淡、辛、酸、奇味，以口异。香、臭、芬、郁、腥、臊、洒、酸、奇臭，以鼻异。疾、养、凔（cāng）、热、滑、铍、轻、重，以形体异。(《荀子·正名》)

在《荀子·荣辱》篇里，我们亦看到同样的论述：

目辨白黑美恶，耳辨音声清浊，口辨酸咸甘苦，鼻辨芬芳腥臊，骨体肤理辨寒暑疾养，——是又人之所常生而有也，是无待而然者也，是禹桀之所同也。

这不仅是对中国古代墨家的“五路”说这一感觉经验论路线的坚持和重申，亦是对儒家“耳目之官蔽于物”这一先验论思想的反拨。对于荀子来说，感觉已不再是对我之心的一种遮蔽，相反，它是我通向知识的不可让渡的天予之官，是我心灵之窗和真正的澄明之所。这就为我们逻辑地引出了荀子的“心有征知”的学说：

心有征知。征知，则缘耳而知声可也，缘目而知形可也。然而征知必将待天官之当簿其类然后可也。五官簿之而不知，心征之而无说，则人莫不然谓之不知。(《荀子·正名》)

梁启雄解“征知”曰：“‘征，应也’。征知，谓外物的映象忽起，心应接了感性的反映而知。”因此，在荀子的学说里，心已不再为中国古代传统的作为目的、作为本体的“天地生物之心”，而一变作为手段、作为用的意义上的知识应接之器。这也为我们说明了荀子之所以提出强调心的“虚”、强调心的“一”、强调心的“静”的“虚壹而静”学说的真正宗旨和意义：

故治之要在于知道。人何以知道？曰：心。心何以知？曰：虚壹而静：心未尝不臧也，然而有所谓虚；心未尝不满（两）也，然而有所谓一；心未尝不动也，然而有所谓静。人生而有知，知而有志，志也者，臧也；然而有所谓虚；不以所已臧害所将受谓之虚。心生而有知，知而有异，异也者，同时兼知之；同时兼知之，两也；然而有所谓一；不以夫一害此一谓之壹。心卧则梦，渝则自行，使之则谋；故心未尝不动也，然而有所谓静；不以梦剧乱知谓之静。未得道而求道者，谓之虚壹而静。作之：则将须道者之虚，则入；将事道者之壹，则尽；将思道者静，则察。知道，——察、知道，行、体道者也。虚壹而静，谓之大清明（《荀子·解蔽》）。

因此，荀子所谓的“虚壹而静”与宋尹学派鼓吹“虚”“壹”“静”的“心术”说似为一途，但实趣旨迥异。后者是神秘的“悟”，而前者是清醒的“知”，是指我们在认识活动中如何排除先入之见的干扰，专一、冷静地感知事物。它不仅是我们在认识活动中的一种必不可少的心理准备，亦是一种极其重要的认识论功夫。

同时，荀子还认为，除了具有这种对我们的感觉材料的“征知”的作用外，“心居中虚，以治五官，夫是之谓天君”（《荀子·天论》），心还作为“天君”具有对我们各种“不相能”的感觉材料加以统摄治理的能动的作用。所谓“心者，形之君也，而神明之主也，出令而无所受令（《荀子·解蔽》）、所谓“情然而心为之择谓之虑”（《荀子·解蔽》）、所谓“兼陈万物而中县衡”（同上）等都是对心的这一作用的说明。从而，在心对感觉材料的综合、分析、选择、权衡的活动过程中，我们的认识就逐渐由直觉的感性过渡到认识的知性，最终上升为“名”“辞”“辨说”等知识形式。

这就形成了有别于儒家的道德先验论的法家的感觉经验论学说。我们看到，正是依据于这一学说，使法家在认识路线上具有迥非儒家所可比拟的极为鲜明的实证主义特色。这种实证主义不仅体现在荀子在名实问题上反对“以名乱实”，坚持“制名以指实”（《荀子·正名》）的唯名论倾向上，而且还体现在其反对玄想的“坐而论道”而注重“辨合”“符验”的思想上：

善言古者必有节于今；善言天者必有征于人；凡论者，贵其有辨合，有符验。故坐而言之，起而可设，张而可施行。(《荀子·性恶》)

这种实证主义思想在荀子的门生、法家思想集大成者的韩非那里被表达的尤为明晓犀利：

先物行先理动之谓前识。前识者，无缘而妄意度也。何以论之？詹何坐，弟子侍，有牛鸣于门外，弟子曰：“是黑牛也，而白在其题。”詹何曰：“然是黑牛也，而白在其角。”使人视之，果黑牛而以布裹其角。以詹子之术，婴众人之心，华焉殆矣！故曰：“道之华也。”尝试释詹子之察，而使五尺之愚童子视之，亦知其黑牛而以布裹其角也。故以詹子之察，苦心伤神，而后与五尺之愚童子同功，是以曰：“愚之首也。”故曰：

“前识者道之华也，而愚之首也。”（《韩非子·解老》）

基于对这种“无缘妄意度”的“前识”的批判，韩非提出了所谓“偶参伍之验，以责陈言之实”的“参验”的思想：

参伍之道，行参以谋多，揆伍以责失……言会众端，必揆之以地，谋之以天，验之以物，参之以人，四徵者符，乃可以观矣。（《韩非子·八经》）

无参验而必之者，愚也；弗能必而据之者，诬也。故明据先王，必定尧舜者，非愚则诬也。愚诬之学，杂反之行，明主弗受也。（《韩非子·显学》）

这就为我们推出了韩子的“理”的概念。韩子《解老》云：“所谓‘处其实不处其华’者，必缘理，不径绝也”。“径绝”，即“无缘而妄意度”的主观决断。因此，韩子认为，所谓理，就是那种非妄断而可以被实证的绝对真实的东西。故在韩子的学说里，理被其推崇备至以至于其与道齐一：

道者，万物之所然也，万理之所稽也。理者，成物之文也；道者，万物之所以成也。故曰：“道，理之者也。”物有理，不可以相薄，物有理不可以相簿，故理之为物之制。异理而道尽。万物各异理，万物各异理而道尽。（《韩非子·解老》）

这是先秦之际中国古人的“理性的自觉”，它是人类先别蒙昧步入文明所不可避免的一种历史产物。但是这种以理释道、以理易道同时却隐含潜伏着一种深刻的危险。它表明，道已经开始由“生物不测”的自然而然演变为“所以然”的必然而然，已经开始由内在于人的、与人亲密无间的“率性之道”演变为日益异己于人、日益与人疏远乃至于可以驾驭人的一种准绳和规范。

因此，以经验、实证为其宗旨的法家哲学，由于其天人二分这一根本所限，实际上最终是通向不可经验、不可实证的“外在的超验”的。

三、“察乎性伪之分”

我们现在由法家的天人关系学说转向其有关人自身的学说。实际上，法家的人的学说不过是其“明于天人之分”思想在人的领域里的具体体现和运用，这就是其所谓的“察乎性伪之分”这一人学思想的揭示和提出。

正如我们已经提出的那样，荀子认为“可学而能，可事而成之在人者，谓之伪”（《荀子·性恶》)，即认为人之所以为人就在于人作为一种意识的存在，具有一种积极能动的“伪”（“为”）的特征。但是，这种“伪”仅仅是就人有别于天的方面而言的。实际上，荀子不仅承认人作为一种意识的存在，而且亦承认人也作为一种自然的存在，故其不仅具有有别于天的特征，而且亦具有从属于天的与天同一的属性。如果说前者是所谓的“伪”的话，那么后者就是所谓的“性”。在荀子看来，这种所谓的“人性”与那种“不为”“不求”“不虑”的自然之性是完全相同的。他对其作了这样的描述：

生之所以然谓之性。(《荀子·性恶》)

性之和所生，精合感应，不事而自然谓之性。（《荀子·正名》）

凡性者，天之就也，不可学，不可事。……不可学、不可事而在人者谓之性.（《荀子·正名》）

因此，“性”全然不同于“伪”。它是“生之所以然”的，是“不事而自然”的。于是，有别于儒家道德人性论的“性善”论的法家自然人性论的“性恶”论的推出，就成为荀子人性学说的必然归宿。荀子写道：

凡人有所以同：饥而欲食，寒而欲煖，劳而欲息，好利而恶害，——是人之所生而有也，是无待而然者也，是禹桀之所同也。（《荀子·荣辱》）

若夫目好色，耳好声，口好味，心好利，骨体肤理好愉佚，是皆生于人之情性者也，感而自然，不待事而后生者也。（《荀子·性恶》）

显然，荀子在这里的所谓的“性”不外乎就是受自然界的因果、利害关系所支配所驱使的好恶之情欲。故在荀子的学说里，“性”与“情”往往相提并论，异名同指。例如：

今人之性，饥而欲饱，寒而欲煖，劳而欲休，此人之情性也。（《荀子·性恶》）

尧问于舜曰：人情如何？舜对曰：人情甚不美，又何问焉！妻子具而孝衰于亲，嗜欲得而信衰于友，爵禄盈而忠衰于君。人之情乎！人之情乎！甚不美，又何问焉。（《荀子·性恶》）

同时，尽管荀子认为“感而自然”“好利欲得”是人与生俱来的一种本能，尽管荀子认为这种“人性”是一种与善格格不入的“甚不美”的东西，但是同时他又认为，正如人可以“制天命而用之”，使合规律的天成为合目的的东西一样，人也可以能动发挥自己“伪”的作用，把人的“天性”改造成为一种积极向善的东西。这就是他人性论的又一命题，即所谓“化性起伪”的提出：

问者曰：“人之性恶，则礼义恶生?”应之曰：“凡礼义者，是生于圣人之伪，非故生于人之性也。故陶人埏埴而为器；然则器生于陶人之伪，非故生于人之性也。故工人斫木而成器；然则器生于工人之伪，非故生于人之性也。圣人积思虑，习伪故，以生礼义而起法度；然则礼义法度者，是生于圣人之伪，非故生于人之性也。……故圣人化性起伪，伪起而生礼义，礼义生而制法度；然则礼义法度者，是圣人之所生也。故圣人之所以同于众其不异于众者，性也；所异而过众者，伪也。”(《荀子·性恶》)

在荀子看来，这种“化性起伪”其实质就是对自然的人加以“文化”，使“本始材朴”与“文理隆盛”加以结合的过程。因而他指出：

故曰：性者，本始材朴也。伪者，文理隆盛也。无性则伪之无所加；无伪则性不能自美；性伪合，然后成圣人之名，一天下之功于是就也。(《荀子·礼论》)

这就极大地突出了后天的环境教育对人性的积极作用：

“蓬生麻中，不扶而直；白沙在涅与之俱黑。兰槐之根是为芷，其渐之滫，其质非不美也，所渐者然也”（《荀子·劝学》），“干越夷貉之子，生而同声，长而异俗，教使之然也”（《荀子·劝学》）。在荀子的学说中，这种“文化”、这种“教”也即他所谓的一种“积”的活动：

注错习俗，所以化性也。并一而不二，所以成积也。习俗移志，安久移质，并一而不二，则通于神明，参于天地矣。故积土而为山，积水而为海，旦暮积谓之岁，……人积耕耨而为农夫，积斫削而为工匠，积反货而为商贾，积礼义而为君子。工匠之子莫不继事，而都国之民安习其服。居楚而楚，居越而越，居夏而夏，是非天性也，积靡使然也。故人知谨注错，慎习俗，大积靡，则为君子矣；纵性情而不足问学，则为小人矣。(《荀子·儒效》)

荀子坚信，只要我们锲而不舍地“积善而不息”“积善而全尽”，那么不仅“生之小人”可以成为“君子”，而且“涂之人”亦可以当刮目相看地为“禹”了：

凡禹之所以为禹者，以其为仁义法正也，然则仁义法正有可知可能之理，然而涂之人也，皆有可以知仁义法正之质，皆有可以能仁义法正之具；然则其可以为禹明矣。……今涂之人者，皆内可以知父子之义，外可以知君臣之正，然则其可以知之质，可以能之具，其在涂之人明矣。今使涂之人者，以其可以知之质，可以能之具，本夫仁义之可知之理，可能之具，然则其可以为禹明矣。今使涂之入伏术为学，专心一志，思索执

察，加日县久，积善而不息，则通于神明，参于天地矣。故圣人者，人之所积而致也。(《荀子·性恶》)

这就是荀子的“人之性恶，其善者伪也”（《荀子·性恶》）的人学学说。显然，它与儒家的人学学说泾渭分明地形成尖锐的对比。儒家认为性从心从生、亦人亦天，而荀子则“蔽于天而不知人”地使性与自然完全为一；儒家认为人“万物皆备于我”地是万物的主体，而荀子则“跟着感觉走”地使人沦为“物欲”的奴隶；儒家认为善是“我固有之，非由外烁”的人之“端绪”，而荀子则把善看作是“生于圣人之伪”的外在附加东西；儒家认为教是明心的“去蔽”，而荀子则主张教为习染的“日积”。因此，尽管荀子的“涂之人可以为禹”似与儒家的“人皆可以为尧舜”可以同归，然而由于二者对“人”、对“善”的理解的巨大误差，其对“圣”的理解也注定是趣旨迥异的。

我们还看到，除揭出了“性恶伪善”这一人学主旨外，荀子在《性恶》篇里还不遗余力地对该学说所基于的理论根据予以了详尽的论证。若加以分析概括，其理论根据不外有以下几层：

其一，物理学的证明。荀子认为，正如自然界里的木有曲性，金有钝性一样。人作为“天之生物”亦有其不可褫夺的自然物理属性，即“饥而欲饱，寒而欲煖，劳而欲休”这一恶的属性。故也正如曲木有待于“烝矫”才能直，钝金有待于“砻厉”才能利一样，人的性也只能求助于“师法”和“礼义”的“治”和“正”。这样，荀子就从物之性推而广之到人之性，从而得出了“人之性恶，其善者伪也”这一人学结论。他写道：

故枸木必将待檃（yǐn）栝烝矫然后直，钝金必将待砻厉然后利。今人之性恶，必然待师法然后正，得礼义然后治。

枸木必然待檃栝烝矫然后直，以其性不直也。令人之性恶，必然待圣王之治，礼义之化，然后皆出于治，合于善也。用此观之，然则人之性恶明矣，其善者伪也。(《荀子·性恶》)

其二，心理学的证明。荀子认为，“苟无之中者求于外”这一“心理补偿”原理是人类心理的普遍规律。因此，我之所以外求而“欲为善”，正是由于我之内心“性本恶”；人之所以对礼义“彊学而求有之”，也正表明了“固无礼义”这一人的性质。故荀子指出：

凡人之欲为善者，为性恶也。夫薄愿厚，恶愿美，狭愿广，贫愿贵，苟无之中者必求于外。故富而不愿财，贵而不愿执，苟有之中者必不及于外。用此观之，人之欲为善者，为性恶也。今人之性，固无礼义，故彊学而求有之也；性不知礼义，故思考而求知之也。然则生而已，则人无礼义，不知礼义。人无礼义则乱，不知礼义则悖。然则生而已，则悖乱在己。用此观之，人之性恶明矣，其善者伪也。（《荀子·性恶》）

从人善的需要，推出人恶的本性，这在理论上似属悖谬不通。故后人对此提出反诘：“荀子云：人之欲为善者，为性恶也。不知如果性恶，安有欲为善之心乎？即此有欲为之心，已足验人心之善矣”（《宋元学案》卷一）。但是实际上，荀子这一观点在逻辑上与其学说非但不抵牾而恰恰相一致，也就是说，感觉经验论一旦被推向极致，其结果不不仅把非我的外间的事物看作是人感性欲求的对象，而且亦必然要“穷奢极欲”地把我之善也一并看作是人的一种心理“补足物”了。

其三，社会学的证明。荀子认为，如果假定“性善”论能够成立。那么，社会就不会有“偏险悖乱”，就无须乎“正理平治”，也就无须有“圣王”和“礼义”的存在。但是这显然与现实情况不符。因此，“性善”是完全不能成立的，而“性恶”则是被社会现实已经实证了的真理。因而荀子写道：

孟子曰：“人之性善。”曰：“是不然：凡古今天下所谓善者，正理平治也；所谓恶者，偏险悖乱也；是善恶之分也已。今诚以人之性固正理平治邪？则恶用圣王，恶用礼义矣哉！虽有圣王礼义，将曷加于正理平治也哉！今不然：人之性恶；故古者圣人以人之性恶，以为偏险而不正，悖乱而不治，故为之立君上之执以临之，明礼义以化之，起法正以治之，重刑罚以禁止，使天下皆出于治，合于善也；是圣王之治而礼义之化也。今当试去君上之执，无礼之义化，去法正之治，无刑罚之禁，倚而观天下民人之相与也；若是，则夫彊者害弱而夺之，众者暴寡而哗之，天下之悖乱而相亡不待顷矣。用此观之，然则人之性恶明矣，其善者伪也。

故善言古者必有节于今，善言天者必有徵于人。……今孟子曰：“入之性善。”无辨合符验，坐而言之，起而不可设张而不可施行；岂不过甚矣哉！故性善则去圣王。息礼义矣；性恶则与圣王，贵礼义矣。故檃栝之生，为枸木也；绳墨之起，为不直也；立君上，明礼义，为性恶也。用此观之，然则人之性恶明矣，其善者伪也。(《荀子·性恶》)

值得注意的是，荀子这里的所谓的“礼义”已显然不同于古代儒家所谓的“礼义”，已不再是情理兼统的“有意味的形式”，不再是充满东方温情的“有耻且格”的“自律”，而正如“檃栝”之于枸木，“绳墨”之于不直一样，不啻成为矫枉人性的纯粹工具性的“法正”，成为赤裸裸的“君上之执”。因此，荀子在这里不仅为“性恶”说赢得了自己的证明，而且亦为后世以法易礼和严峻的“法治”国家的建立和存在赢得了自己的理论论证。从这种意义上来说，正如后人谭嗣同曾深刻指出的那样，荀学实际上开出了有别于“自治”的中国社会“专制”之传统。

这就把我们引向了法家的“治”的学说。

第二章
法家的"治"的理论

一、"利取"的原则

一切人的社会行为都是基于一定的价值取向之上的，而一定的价值取向其实又是基于一定的人学思想之上的。我们看到，基于对人性的不同理解，在社会价值取向问题上，儒法之观点有如天悬地隔，二者之间不啻判若霄壤。

众所周知，从"性善"出发，中国古代儒家是以先验的、自足的"义"为其价值取向的。例如孔子，其提出"君子喻于义，小人喻于利"（《论语·里仁》）、"君子之于天下也，无适也，无莫也，义之与比"（《论语·里仁》）。再如孟子，其反对告子的"义外说"，把义视为人所固有的"端绪"，提出"王何必曰利？亦有仁义而已"（《孟子·梁惠王章句上》）。因此，义已经成为儒家的人道判准，成为儒家价值选择的根本所取和归依。

于此不同，在价值取向上法家的思想则呈现为一条完全相反的走向。也就是说，既然法家认为“恶”是人的本性，那么，显然不是先验的、自足的“义”，而是经验的、外求的“利”就成为法家价值论最终的依据。我们看到，如果说荀子虽鼓吹“性恶”但其又提出所谓人为的“为善”而割不断与儒家形式上的联系的话，那么荀子的弟子韩子则沿着性恶说方向愈走愈远，从而一任自然地形成了法家赤裸裸的、极端的“唯利主义”的思想路线。

韩子认为，一般人的关系都是建立在利害的基础之上的。唯利是图是人世间的唯一准则。请看他的著名的论证：

夫卖（太田方：“卖”当作“买”）佣而播耕者，主人费家而美食，调布而求易钱者，非爱佣客也，曰：如是，耕者且深，耨者熟耘也。佣客致力而疾耕耘者，尽巧而正畦陌畦畤者，非爱主人也，曰：如是，羹且美，钱布且易云也。此其养功力，有父子之泽矣，而心调于用者，皆挟自为心也。故人行事施予，以利之为心，则越人易和；以害之为心，则父子离且怨。(《韩非子·外储说左上》)

故王良爱马，越王勾践爱人，为战与驰。医善吮人之伤，含人之血，非骨肉之亲也，利所加也。故舆人成舆则欲人之富贵，匠人成棺则欲人之夭死也，非舆人仁而匠人贼也，人不贵则舆不售，人不死则棺不买，情非憎人也，利在入之死也。(《韩非子·备内》)

这种“皆挟自为心”，这种“以利之为心”，在夫与妻、父母与子女之间都概莫能外。他不动声色地写道：

卫人有夫妻祷者而祝曰：“使我无故，得百束布”。其夫曰：“何少也?”对曰：“益是，子将以买妾。”(《韩非子·内储说下六微》)

人为婴儿也，父母养之简，子长而怨，子盛壮成人，其供养薄，父母怒而诮之。子父至亲也，而或谯或怨者，皆挟相为而不周于为己也。(《韩非子·外储说左上》)

且父母之于子也，产男则相贺，产女则杀之。此俱出于父母之怀衽，然男子受贺，女子杀之者，虑其后便，计之长利也。故父母之于子也，犹用计算之心以相待也，而况无父母之泽乎！(《韩非子·六反》)

因此，韩子认为，“好利恶害，夫人之所有也”(《韩非子·难二》)，“夫安利者就之，危害者去之，此人之情也”(《韩非子·孤愤》)。在他看来，这种“人之常情”亦体现在君臣关系上。“主卖官爵，臣卖智力”，君主与臣下之间更是以利相接、以利计算：

且臣尽死力以与君市，君垂爵禄以与臣市。君臣之际，非父子之亲也，计数之所出也。(《韩非子·难一》)

主利在有能而任官，臣利在无能而得事；主利在有劳而爵禄，臣利在无功而富贵；主利在豪杰使能，臣利在朋党用私。(《韩非子·孤愤》)

这俨然是“上下交征利”了。韩子笔锋所到之处，毫无遮掩地打开洞壁，将社会上上下下各层人自私自利的阴暗心理揭露的一览无余。孟子认为：“为人臣者怀利以事其君，为人子者怀利以事其父，为人弟者怀利以事其兄，是君臣、父子、兄弟终去仁义，怀利以相接，然而不亡者，未之有也”（《孟子·告子下》），故主张“君臣、父子、兄弟去利，怀仁义相接”（同上）。然而对于韩子来说，这种看法不过是一种十足的妇人之见。与之相反，他认为对利益的追逐恰恰是人们勇气、力量和事业成功的动力源泉。例如他写道：

鳣（shàn）似蛇，蚕似蠋，人见蛇则惊骇，见蠋则毛起。然而妇人拾蚕，渔者握鳣，利之所在，皆忘其所恶，皆为贲诸。(《韩非子·内诸说上七术》)

越王问于大夫文种曰：“吾欲代吴，可乎?”对曰：“可矣。吾赏厚而信，罚严而必。君欲知之，何不试焚宫室。”于是遂宫室，人莫救之。乃下令曰：“人之救火者死，比死敌之赏；救火而不死者，比胜敌之赏；不救火者，比降北之罪。”人之涂其体，被濡衣而走火者，左三千人，右三千人。此知必胜之势也。(《韩非子·内储说上七术》)

因此，韩子认为，我们是无须乎说什么“去利”的，相反，人们对利益的竞相追逐恰恰是“明主”的一种可资利用的东西。只要我们善于因势利导，我们就可以把下之私利变成“人主之大利”，把“人自计虑其利害之私”的悖乱，变成符合统治者自己的政治需要的一种“治道”。故韩子在《六反》篇中这样踌躇满志地写道：

今学者之说人主也，皆去求利之心，出相爱之道，是求人主之过于父母之亲也，此不熟于论恩诈而诬也，故明主不受也。圣人之治也，申于法禁，法禁明著则宫法；必于赏罚，赏罚不阿则民用。官官治则国富，国富则兵强，而霸王之业成矣。霸王者，人主之大利也。人主挟大利以听治，故其任官者当能，其赏罚无私。使士民明焉，尽力致死，则功伐可立而爵禄可致，爵禄致而富贵之业成矣。富贵者，人臣之大利也。人臣挟大利以从事，故其行危至死，其力尽而不望。此谓君不仁，臣不忠，则不可以霸王矣。（据梁启雄注，此处“不可”之“不”字衍）

这层意思在《韩非子》的《奸劫弑臣》篇里表达的尤为明彻。在那里韩子写道：

是以左右近习之臣，知伪诈之不可以得安也，必曰：“我不去奸私之行，尽力竭智以事主，而乃以相与比周，妄毁誉以求安，是犹负千钧之重，陷于不测水渊而求生也，必不几矣。”百官之吏，亦知奸利之不可以得安也，必曰：“我不以清廉方正奉法，乃以贪污之心枉法以取私利，是犹上高陵之颠，堕峻谿之下而求生，必不几矣。”安危之道若此其明也，左右安能以虚言惑主，而百官安敢以贪渔下？是以臣得陈其忠而不弊，下得守其职而不怨。此管仲之所以治齐，而商君之所以强秦也。从是观之，则圣人之治国也，固有使人不得不爱我之道，而不恃人之以爱为我也。恃人之以爱为我者危矣，恃吾不可不为者安矣。夫君臣非有骨肉之亲，正直之道可以得利，则臣尽力以事主；正直之道不可以得安，则臣行私以干上。明主知之，故设利害之道以示天下而已矣。夫是以人主虽不口教百官，不目索奸衺，而国已治矣。

在这里，韩子的意思无非是指只要明主以示天下利害之道，则天下人就能本其自利之心去择道、就道，于是我们就可以不为而能、不事而成地达到天下之大治。其实，这亦是一种“以其人之道还治其人之身”，君主“无为”而社会“自治”的过程。明乎此，我们就不难理解为什么作为激进的功利主义者的韩子对“自然无为”的老子的“道”竟然膜拜顶礼。原来，韩子心目中所谓的“道”不过是“利益原则”这一“看不见的手”的别称。

无独有偶，在西方近代功利主义思想家那里我们亦看到同样的议论。孟德维尔所谓的“蜜蜂的寓言”、边沁所谓的“文明的利己主义”及爱尔维修所谓的“合理的利己主义”，不正是韩子这种以个人的“自利”实现社会的“公义”思想的一种反映吗？而近现代的西方的整个经济生活的运行不也正验证了一种自在自为的“价值规律”了吗？但是须要指出的是，如果说西方的功利主义由于西方顽强的宗教传统的制约，其成果实际仅体现为一种西方近代社会价值论的经济学说的话，那么，韩子的功利主义则从经济推及到政治，最终形成了为西方功利主义者所望尘莫及的中国古代利害论的政治理论。

在这种利害论的政治理论里，韩子无情地揭露了人们的政治行为背后的利益动机，人与人的政治关系被还原为单一的“市”的关系，淹没在锱铢必较的冰冷的算计里。在韩子笔下，不仅庶民是厚赏之下的勇夫，臣子是售其智力以买爵禄的商客，而且君主所宠爱的后妃夫人亦由于其“讬于燕处之虞，乘醉饱之时。而求其所欲”被列入“八奸”之列成为“备内”的对象。因此，韩子心目中的社会，已不是“四海之内皆兄弟”的我的家邦，而成为“下匿其私，用试其上。上操度量，以割其下”而“上下一日百战”（《韩非子·扬权》）的个人私利的角逐之场。

在这种利害论的政治理论里，利益能否被获取被视为是人的社会行为的唯一鹄的，人的任何言行都必须用“功用”来检验来决定其取舍。韩子写道：

夫言行者，以功用为之的彀者也。夫砥砺杀矢而以妄发，其端未尝不中秋毫也；然而不可谓善射者，无常仪的也。设五寸之的，引十步之远，非羿、逢蒙不能必中者，有常也。故有常则羿、逢蒙以五寸为巧，无常则以妄发之中秋毫为拙。今听言观行，不以功用为之的彀，言虽至察，行虽至坚，则妄发之说也。(《韩非子·问辩》)

这样，像对种种传统的道德的鼓吹，例如儒家所谓的“仁义”学说，由于其先验的非功利的性质当然被视为“妄发之说”而属于取消和摒弃之列了。人们看到，在韩子的学说里，仁义作为“滥于文丽而不顾其功”的东西，被目为“以尘为饭，以涂为羹，以木为胾的儿戏”而极尽其嬉笑怒骂之能事：

夫婴儿相与戏也，以尘为饭，以涂为羹，以木为羹，然至日晚必归饟者，尘饭涂羹可以戏而不可食也。夫称上古之传颂，辩而不悫，道先王仁义而不能正国者，此亦可以戏而不可

以为治也。夫慕仁义而弱乱者。三晋也；不慕而治强者，秦也，然而未帝者，治未毕也。(《韩非子·外储说左上》)

在道德的荒漠上只能建立一个厚颜无耻的国度。因此在韩子的学说里，政治和儒家所强调的耻辱之心是无缘的，相反，它是寡廉鲜耻者的事业，人唯有“不病”其耻，才能真正操戈入室地步入政治的堂殿：

勾践入宦于吴，身执干戈，为吴王洗马，故能杀夫差于姑苏。文王见詈于王门，颜色不变，而武王擒纣于牧野。故曰：“守柔曰强。”越王之霸也不病宦，武王之王也不病詈。故曰：“圣人之不病也，以其不病，是以无病。(《韩非子·喻老》)

同时，既然道德仁义被视为是无用的“妄发之说”，那么，道德仁义鼓吹者的儒家之流也就当然属于“奸伪无益之民”了（《韩非子·六反》)。故韩子把儒者称为寄生的“蠹虫”、无用的“坚瓠”，主张“禁其行，破其群，以散其党”(《韩非子·诡使》）地对儒家予以彻底的取缔。这就无疑为后来的秦始皇的“焚书坑儒”埋下了伏笔。

实际上，这不仅意味着儒家思想的即将中断，而且意味着“政德合一”“政教合一”的中国古老的礼治传统的即将中断。这样，对于韩子来说，抬出“后王”之治道而反对“先王”之治道就成为其治的理论之必然。

二、“法后王”学说

如果说“利取”涉及法家的社会价值取向的话，那么，“法后王”则涉及法家的社会政治理想。

众所周知，古代儒家“祖述尧舜，宪章文武”，是以“先王”之业为其终极的社会政治理想的。孔子所谓“述而不作”(《论语·述而》)、所谓“吾从周”(《论语·八佾》)、所谓“梦见周公”(《论语·述而》)、所谓“克己复礼”(《论语·颜渊》)，孟子所谓“仲尼之徒无道桓文之事者”(《孟子·梁惠王章句上》)，所谓“五霸者，三王之罪人也；今之诸侯，五霸之罪人也；今之大夫，今之诸侯之罪人也”(《孟子·告子章句下》)等论述都表明了这一点。因此，儒家所谓的“王道”即“先王之道”“尊王”与“好古”实际上是不可区分、互为里表的。

与此相反，法家则一反儒家的尊崇“先王”的传统，以师法“后王”为其政治襟抱。而溯其渊源，法家的“法后王”思想实始自荀子。尽管荀子在“法先王”与“法后王”之间似乎左右摇摆、举棋不定，尽管在荀子的学说里其不乏对“先王”的吹捧，例如他提出“古今一度也，类不悖，虽久同理”(《荀子·非相》)，提出“儒者法先王，隆礼义，谨乎臣子而致贵其上者也”(《荀子·儒效》)，“凡言不合先王，不顺礼义，谓之奸言”(《荀子·非相》)，但是，翻开荀子的著作，其对“后王”的敬意也是言之凿凿可以为证的。请看：

故千人万人之情，一人之情是也。天地始者，今日是也。百王之道，后王是也。君子审后王之道，而论于百王之前，若端拜而议。(《荀子·不苟》)

圣王有百，吾孰法焉？故曰：文久而息，节族久而绝，守法数之有司极礼而褫。故曰：欲观圣王之迹。则于其粲然者矣，后王是也。彼后王者，天下之君也；舍后王而道上古，譬之犹舍己之君而事人之君也。故曰：欲观千岁，则数今日；欲知亿万，则审一二；欲知上世，则审周道；欲知周道，则审其人，——所贵君子。故曰：以近知远，以一知万，以微知明，此之谓也。(《荀子·非相》)

显然，荀子上述议论不过是其实证主义思想在社会历史观上的体现和运用。与此同时，荀子还尖锐地抨击了那些言必称先王的儒者，称其为“略法先王而不知其统”(《荀子·非十二子》)、“略法先王而足乱世，术缪学杂”(《荀子·儒效》)、“呼先王以欺愚者而求衣食”(《荀子·儒效》)，从而在政治上明确提出“法后王，一制度”(《荀子·儒效》)这一法家纲领。

这无疑开中国古代厚古薄今思想之先声。我们看到，正是基于对荀子这一思想的继承，韩子百尺竿头更进一步地提出了其旗帜鲜明的社会进化论：

上古之世，人民少而禽兽众，人民不胜禽兽虫蛇；有圣人作，构木为巢以避群害，而民悦之，使王天下，号之曰有巢氏。民食果蓏蜂蛤，腥臊恶臭而伤腹胃，民多疾病；有圣人作，钻燧取火以化腥臊，而民说之，使王天下，号曰燧人氏。中古之世，天下大水，而鲧、禹决渎。近古之世，桀纣暴乱，而汤武征伐。今有构木钻燧于夏后氏之世者，必为鲧禹笑矣；有决渎于殷周之世者，必为汤武笑矣。然则今有美尧、舜、汤、武、禹之道于当今之世者，必为新圣笑矣。（《韩非子·五蠹》）

从这一上古→中古→近古不断进化的历史事实出发，韩子作出如下结论：

是以圣人不期修古，不法常可，论世之事，因为之备。宋人有耕者，田中有株，兔走触株，折颈而死，因释其耒而守株，冀复得兔，兔不可复得，而身为宋国笑。今欲以先王之政治当世之民，皆守株之类也。（《韩非子·五蠹》）

在韩子看来，当今的儒家之流就是属于这迂腐的“守株之类”。他们“不言今之所以为治，而语已治之功；不审官法之事，不察奸邪之情，而皆道上古之传誉、先王之成功”（《韩非子·显学》）。韩子认为，这种为儒墨倍加推崇的玄乎又玄的“先王之道”实际上却是无法得以验证的：

孔子墨子俱道尧舜，而取舍不同，皆自谓真尧舜，尧舜不复生，将谁定儒墨之诚乎？殷、周七百余岁，虞、夏二千余岁，而不能定儒墨之真，今乃欲审尧舜之道于三千岁之前，意者其不可必乎！无参验而必之者，愚也；弗能必而据之者，诬也。故明据先王，必定尧舜者，非愚则诬也。愚诬之学，杂反之行，明主弗受也。（《韩非子·显学》）

因此韩子认为，我们应该从这种“非愚则诬”的“先王之道”回到自己所处的现实社会中。因为“论世之事，因为之备”“世异则事异”“事异则备变”（《韩非子·五蠹》），社会的治道并非一成不变的，而是一种因时、因事制宜的东西。故“伊尹毋变殷，太公毋变周，则汤武不王矣。管仲毋易齐，郭偃毋更晋，则桓文不霸矣”（《韩非子·南面》）。不明白这一点，而一味地“不适国事而谋先王”，就会像“买履取度”的郑人那样愚昧不堪：

郑人有欲买履者，先自度其足而置之其坐，至之市而忘操之。已得履，乃曰：“吾忘持度，反归取。”乃反，市罢，遂不得履。人曰：“何不试之以足？”曰：“宁信度，无自信也。”（《韩非子·外储说左上》）

那么，对于韩子来说，古之“世事”与今之“世事”二者之间又有什么不同呢？关于这一问题，韩子指出：

古者丈夫不耕，草木之实足食也；妇人不织，禽兽之皮足衣也。不事力而养足，人民少而财有余，故民不争。是以厚赏不行，重罚不用，而民自治。今人有五子不为多，子又有五子，大父未死而有二十五孙。是以人民众而货财寡，事力劳而供养薄，故民争；虽倍赏累罚而不免于乱。（《韩非子·五蠹》）

也就是说，古代是“不事力而养足，人民少而财有余，故民不争”，而今天是“人民众而货财寡，事力劳而供养薄，故民争”。显然，韩子的这种“争”与“不争”的历史分析实际上仍是以荀子的“性恶说”为其蓝本的，是对法家的“仓廪实则知礼节，衣食足则知荣辱”这一思想的重申。而这种彻底的“经济决定论”也说明了韩子为什么对被儒家称为美谈的古代“禅让说”作出如下纯粹“商业化”的解释和说明：

尧之王天下也，茅茨不翦，采椽不斫；粝粢之食，藜藿之羹；冬日麑裘，夏日葛衣：虽监门之服养，不亏于此矣。禹之王天下也：身执耒臿以为民先，股无胈，胫不生毛，虽臣虏之劳也，不苦于此矣。以是言之，夫古之让天子者，是去监门之养而离臣虏之劳也，故传天下而不足多也。今之县令，一日身死，子孙累世絜驾，故人重之。是以人之于让也，轻辞古之天子，难去今之县令者，薄厚之实异也。夫山居而谷汲者，膢（lǘ）腊而相遗以水，泽居苦水者，买庸而决渎。故饥岁之春，幼弟不饟；穰岁之秋，疏客必食：非疏骨肉，爱过客也，多少之实异也。是似古之易财，非仁也，财多也；今之争夺，非鄙也，财寡也。轻辞天子，非高也，势薄也；重争土橐，非下也，权重也。(《韩非子·五蠹》)

对于韩子来说，这种对利益的“轻辞”和“重争”的“事”的区别，实际上也就决定了古今其“备”的不同，换言之，即“德治”和“力治”的不同。在《五蠹》篇中韩子征古引今而旨在说明，“德治”的原则仅适应于古代，而如果今天仍把其视为不易之论而“欲以宽缓之政治急世之民”，那么无疑就犯了“不知（智）”的毛病了：

古者文王处丰、镐之间，地方百里，行仁义而怀西戎，遂王天下。徐偃王处汉东，地方五百里，行仁义，割地而朝者三十有六国，荆文王恐其害己也，举兵伐徐，遂灭之。故文王行仁义而王天下，偃王行仁义而丧其国，是仁义用于古而不用于今也。故曰：世异则事异。当舜之时，有苗不服，禹将伐之，舜曰：“不可，上德不厚而行武，非道也。”乃修教三年，执干戚舞，有苗乃服。共工之战，铁铦短者及乎敌，铠甲不坚者伤乎体，是干戚用于古不用于今也。故曰：事异则备变。上古竞于道德，中世逐于智谋，当今争于气力。齐将攻鲁，鲁使子贡说之，齐人曰：“子言非不辩也，吾所欲者土地也，非斯言所谓也”。遂举兵伐鲁，去门十里以为界。故偃王仁义而徐亡，子贡辩智而鲁削。以是言之，夫仁义辩智，非所以持国也。去偃王之仁，息子贡之智，循徐鲁之力，使敌万乘，则齐荆之欲不得行于二国矣。夫古今异俗，新故异备，如欲以宽缓之政治急世之民，犹无辔策而御駻马，此不知之患也。

在此基础上，韩子进一步严厉地批判了儒家的“仁政”学说，提出治理当今之世所应遵循的政治方略。他接着写道：

今儒墨皆称“先王兼爱天下”，则视民如父母。何以明其然也？曰：“司寇行刑，君为之不举乐；闻死刑之报，君为流涕。”此所举先王也。夫以君臣为如父子则必治，推是言之，是无乱父子也。人之情性莫先于父母，父母皆见爱而未必治也，君虽厚爱，奚遽不乱！今先王之爱民，不过父母之爱子，子未必不乱也，则民奚遽治哉！且夫以法行刑而君为之流涕，此以效仁，非以为治也。夫垂泣不欲刑者，仁也；然而不可不刑者，法也。先王胜其法不听其泣，则仁之不可以为治亦明矣。

且民者固服于势，寡能怀于义。仲尼，天下圣人也，修行明道以游海内，海内说其仁，美其义而为服役者七十人，盖贵仁者寡，能义者难也。故以天下之大，而为服役者七十人，而仁义者一人。鲁哀公，下主也，南面君国，境内之民莫敢不臣。民者固服于势，势诚易以服人，故仲尼反为臣而哀公顾为君。仲尼非怀其义，服其势也。故以义则仲尼不服于哀公，乘势则哀公臣仲尼。今学者之说人主也：不乘必胜之势，而务行仁义，则可以王；是求人主之必及仲尼，而以世之凡民皆如列徒，此必不得之数也。(《韩非子·五蠹》)

在这里，韩子所强调的“势”也即上面提到的所谓的“力”。总之，不是心理学的“仁”而是物理学的“力”成为韩子“王”的真正内容和实质。韩子说：“力多则人朝，力寡则朝于人，故明君务力”（《韩非子·显学》)。故尽管韩子和儒家一样地大谈“王”的理想，但是他所谓的“王”的内涵已迥非先前的儒者所可以想象了。如果说儒家的理想的“王”是先王的那种体恤天下的“保民而王”的“王”的话，那么，韩子的理想的“王”则是后王的那种“力可以王”，那种建立在强权武力基础上的“民莫敢不臣”的“臣民”“牧民”之“王”了。虽然他也提出了“利民萌，便众庶”之类东西，然而他对民众富庶的关切不过是借花献佛地作为王的实力即“王资”而已。因此严格地说，这种“王”已不是那种在字义上可以与充满亲情的“祖”互换的中国传统意义上的“王”了，而是完全与“霸”等矣。

难怪这种学说不是在饱受礼教濡染的古老的中原国家而是在被人视为“虎狼之国”的年轻的西夷之秦找到了其最合适

的土壤和归宿，而秦始皇读《五蠹》竟灵犀相通地发出“寡人得见此人与之游，死不恨矣”这一由衷的惋叹。实际上，秦王朝的“霸业”正是韩子学说的惟妙惟肖的现实化的体现，而崇尚“力征”、“兼并”的一代枭雄秦始皇也正是法家心目中梦寐以求的力量无穷的“后王”。

三、“法治”理论

我们现在讨论法家的“法治”理论。众所周知，法家的法治理论烂熟于韩子，而韩子法治理论实又是熔商鞅的“法”、申不害的“术”、慎到的“势”于一炉的法、术、势三位一体系统化的集总。下面，我们试就这三方面的内容一一予以论述。

（一）“法”

韩子的法的思想近宗商鞅，但亦可在理沦上追溯到荀子。

正如我们已经指出的那样，对于中国古代礼治学说的真正确立来说，荀子的理论建树是值得大书一笔的。荀子从人能“群”但同时又有“分”这一人类学的基本事实出发，对礼的存在根据予以了坚实的社会学的论证。在其学说里，礼作为“群居和一之道”而被视为“治辨之极”“强固之本”“威行之道”“功名之总”乃至“人道之极”，“莫径由礼”实际成为荀子的社会治的理论的最终结论。但是，另一方面，若仔细加以体味，荀子的礼的思想与以孔孟为代表的古代儒家正统的礼的思想却又不啻貌合神离、毫厘千里。其区别主要表现为：儒家把礼视为先天的性的“端绪”，而荀子则把礼视为后天的“化性起伪”的人之“伪”；儒家强调礼的实质是“恻隐之心”的“仁”而使其从属于内在的心理，而荀子则强调礼的实质是“不以规矩不能成方圆”的外在之“纲纪”。因此，荀子学说尽管以“隆礼”自居，但是他的所谓的“礼”已不是严格意义上的儒家的礼了，而是与那种晚出的为法家所强调的“法”相去无几了。这种“礼表法里”也说明了荀子为什么把礼称为“法之大分”而在其学说中经常礼、法并称，也说明了为什么荀子在治国方针上已从传统儒家的一元的“泛礼治主义”退而走向礼与法“分而治之”的二元论：

礼者，贵贱有等，长幼有差，贫富轻重皆有称者也。故天子袾裷（zhū yuān）衣冕，诸侯玄裷衣冕，大夫裨冕，士皮弁服。德必称位，位必称禄，禄必称用，由士以上则必以礼乐节之，众庶百姓则必以法数制之。量地而立国，计利而畜民，度人力而授事；使民必胜事，事必出利，利足以生民，皆使衣食百用出入相揜，必时藏余，谓之称数。(《荀子·富国》)

也就是说，用礼乐来调节士以上的人的“位”“禄”“用”而使其适当，同时又用法律来制订众庶、百姓的“事”和“利”而使其衣食用收支相等。显然，礼治之于荀子已不再是普遍的万能的，仅仅适用于士以上的阶层，而“治民”则非法莫属了。我们看到，如果说荀子在这里还为礼治保留一席之地的话，那么，殆至韩子，礼则彻底被视为无用的东西，而要在治的领域彻底“一制度”地唯法听命、唯法是从了。

关于法，韩子写道：

法者，编著之图籍，设之于官府，而布之于百姓者也。(《韩非子·难三》)

在这里，韩子指出法不同于那种实际上源于民俗的、非成文的“无法之法”的礼，而是一种出自统治者意志的、由统治者所制订和明确颁布的文件形式。另外他还指出：

法者，宪令著于官府，刑罚必于民心，赏存乎慎法，而罚加乎奸令者也。(《韩非子·定法》)

这些话表明，法是以赏罚“所操以治事”的，故韩子认为法治的核心实质上就是严格执行赏罚制度。因此，他主张“赏厚而信，刑而必”，其学说中的所谓“法不阿贵”（《韩非子·有度》)、所谓“刑过不避大臣，赏善不遗匹夫”（《韩非子·有度》)、所谓“使吾法之无赦，犹入涧之必死也，则人莫敢犯也”（《韩非子·内储说上七术》）都无不是这一思想的申明。

显然，韩子这种赏信罚必的思想不过是对商鞅的法治思想的袭取和继承。然而二者不同的是，如果说商鞅的“法”仅仅还停留在一种狭义的政治学的范畴和概念的话，那么韩子则通过“解老”，使“是非之纪”等同于“万物之始”，使“明主之道”看齐于“自然之道”，从而赋予法以“普遍理性”的属性而与宇宙本体的“道”为一。故韩子以老子之徒自居而洋洋洒洒地写道：

古之全大体者：望天地，观江海，因山谷，日月所照，四时所行，云布风动；不以智累心，不以私累己；寄治乱于法术，托是非于赏罚，属轻重于权衡；不逆天理，不伤情性；不吹毛而求小疵，不洗垢而察难知；不引绳之外，不推绳之内；不急法之外，不缓法之内；守成理，因自然；祸福生于道法，而不出乎爱恶……（《韩非子·大体》）

法在这里已不再是囿于一隅的所谓君主之“治术”，而成为“守成理，因自然”的“道法”之“大体”。这不仅标志着一种“实在法”向“自然法”的过渡及中国古代法的思想趋于成熟，而且还表明法已经取得了与传统的“天之经，地之义”的礼可以分庭抗礼乃至取而代之的地位。故在韩子的学说里，其对法的“立”与对礼的“破”是密切相联系的，而其对传统礼治思想的批判态度之决绝、思想之彻底、锋芒之犀利，则使一切法家前辈望尘所莫及。

若加以概括，韩子的这种破与立体现在以下几个方面：

其一，关于“自律”与“他律”。儒家认为，礼作为一种“内治”形式，实际上是与自我完善、自我约束的道德“应该”有关的。与那种完全求助于外在强制性规范的刑政的法相比，它有着自身无可比拟的优点。故孔子对勘礼法后写道：“道之以政，齐之以刑，民免而无耻；道之以德，齐之以礼，有耻且格”（《论语·为政》）。但是对于韩子来说，人性本恶而非善，故要使人弃恶从善，那么外在的规范的使用则完全不可避免。关于这种外在规范的作用，他这样写道：

释法术而任心治，尧不能正一国。去规矩而妄意度，奚仲不能成一轮。废尺寸而差短长，王尔不能半中。使中主守法术，拙匠守规矩尺寸，则万不失矣。君人者，能去贤巧之所不能，守中拙之所万不失，则人力尽而功名立。(《韩非子·用人》)

从“去规矩而妄意度，奚仲不能成一轮”推出没有自圆之轮，从“废尺寸而差短长，王尔不能半中”推出没有自合之材，进而从“释法术而任心治，尧不能正一国”推出没有“自善之民”。这样，儒家所谓的道德自我完善、自我约束的学说显然就成了欺世之谈，而“不随适然之善，而行必然之道”就成了韩子政治学说的理所当然的结论：

夫圣人之治国，不恃人之为吾善也，而用其不得为非也。恃人之为吾善，境内不什数；用人不得为非，一国可使齐。为治者用众而舍寡，故不务德而务法。夫必恃自直之箭，百世无矢；恃自圆之木，千世无轮矣。自直之箭，自圆之木，百世无有一，然而世皆乘车射禽者何也？隐栝之道用也。虽有不恃隐栝而有自直之箭，良工弗贵也。何则？乘车非一人，射者非一发也。不恃赏罚而恃自善之民，明主弗贵也。何则？国法不可失，而所治非一人也。故有术之君，不随适然之善，而行必然之道。(《韩非子·显学》)

其二，关于“情”与“力”。儒家的礼治是以“情感原则”为核心的。不仅礼本身是一种“称情而立文”的形式，而且礼治的实质是基于“亲亲”和“报本返始”的一种亲情政治。故儒家曰“克己复礼为仁”，又曰“仁者爱人”。在儒家看来，所谓政治不过是君主的仁爱之心向社会的移情和推扩。然而韩子认为：“祸福生乎道法，而不出乎爱恶”（《韩非子·大体》），“爱多者法不立，威寡者则下侵上”（《韩非子·内储说上七术》）。在其看来，爱是无用的别称，爱是政治的坟墓，故不是温柔敦厚的情爱，而是冷峻无情的法力、刑威才是实现治的唯一可靠的途径。韩子以教子为例写道：

今有不才之子，父母怒之弗为改，乡人谯之弗为动，师长教之弗为变，夫以父母之爱，乡人之行，师长之智，三美加焉而终不动，其胫毛不改；州部之吏，操官兵，推公法而求索奸人，然后恐惧，变其节，易其行矣。故父母之爱不足以教子，必待州部之严刑者，民固骄于爱，听于威矣。（《韩非子·五蠹》）

慈母之于弱子也，爱不可为前，然而弱子有僻行使之随师，有恶病使之事医。不随师则陷于刑，不事医则疑于死，慈母虽爱，无益于振刑救死，则存子者非爱也。（《韩非子·八说》）

治家是如此，治国更是如此。在君主持国方面，韩子把“主威”列入君主之“八法”，而对爱的鼓吹和滥用则被视为是亡国误民的“劝饭之说”：

母不能以爱存家，君安能以爱持国？明主者通于富强，则可以得欲矣。故谨于听治，富强之法也。明其法禁，察其谋计：法明则内无变乱之患，计得则外无死虏之祸。故存国者，非仁义也。仁者，慈惠而轻财者也；暴者，心毅而易诛者也。

慈惠则不忍，轻财则好与；心毅则憎心见于下，易诛则妄杀加于人。不忍则罚多宥赦，好与则赏多无功；憎心见则下怨其上，妄诛则民将背叛。故仁人在位，下肆而轻犯禁法，偷幸而望于上；暴人在位，则法令妄而臣主乖，民怨而乱心生。故曰：仁暴者，皆亡国者也。不能具美食而劝饿人饭，不为能活饿者也；不能辟草生粟而劝贷施赏赐，不为能富民者也。今学者之言也，不务本作而好末事，知道虚圣以说民，此劝饭之说。劝饭之说，明主不受也。（《韩非子·八说》）

因此，韩子主张“用法之相忍，而弃仁人之相怜”（《韩非子·六反》），提出“民以法禁，不以廉止，父母积爱而令穷，吏用威严而民听从”“法之为道，前苦而长利；仁之为道，偷乐而后穷”（同上）。在韩子的学说里，老子的“大仁不仁”不啻已成为其实现社会之治的不二法门。

其三，关于“文”与“用”。如先前所述，礼作为一种“有意味的形式”，实际上是与“文”不可分割的，故“尚文反朴”已成为儒家礼的学说的一大特色。《易》曰：“观乎人文，以化成天下”，孔子称：“行有余力，则以学文”（《论语·学而》）。因此，对于儒家来说，“文”毋宁已成为人的社会存在的本质规定，而其所谓的“礼治”不外乎就是以礼乐诗书为教的“文化”。我们看到，与此相反，韩子从实证主义和实用主义立扬出发，不仅把“情”视为与法格格不入的东西，而且亦把“文”视为实现法治的绊羁。故反对“滥于文丽而不顾其功”已成为其学说的一大主题。请看：

昔秦伯嫁其女于晋公子，令晋为之饰装，从文衣之媵七十人，至晋，晋人爱其妾而贱公女。此可谓善嫁妾而未可谓善嫁女也。楚人有卖其珠于郑者，为木兰之柜，薰以桂椒，缀以珠玉，饰以玫瑰，辑以羽翠，郑人买其椟而还其珠。此可谓善卖椟矣，未可谓善鬻珠也。(《韩非子·外储说左上》)

秦伯嫁女反而嫁妾，郑人鬻珠反而卖椟，这种事与愿违，不正表明“尚文”之于人是一种有害无益的东西吗？把这种反对尚文的思想引申到政治领域，就形成韩子对礼仪形式的激进的否定：

礼为情貌者也，文为质饰者也。夫君子取情而去貌，好质而恶饰。夫恃貌而论情者，其情恶也；须饰而论质者，其质衰也。何以论之？和氏之璧不饰以五彩，隋侯之珠不饰以银黄，其质至美，物不足以饰之。夫物之待饰而后行者，其质不美也。是以父子之间，其礼朴而不明。故曰：“礼薄也。”凡物不并盛，阴阳是也；理相夺予，威德是也；实厚者貌薄，父子之礼是也。由是观之，礼繁者实心衰也。然则为礼者，事通人之朴心者也。众人之为礼也，人应则轻欢，不应则责怨。今为礼者事通人之朴心，而资之以相责之分，能毋争乎？故曰：“夫礼者，忠信之薄也，而乱之首乎！”(《韩非子·解老》)

因此，礼被韩子不仅视为是“情恶”“质衰”的体现，而且乃至被视为“乱之首”。故要拨乱反正，就必须“息文学而明法度”(《韩非子·八说》)，即从儒家的礼乐诗书的软化回到法家的赏劝罚禁的严刑峻法。因为对于韩子来说，政治从来就非儒家所幻想的艺术的象牙塔而是为力和利所左右的国度，故法的铁律就是最有效的教育，而君主的酷吏则是最称职的老师。①

这无疑宣告了中国古代人文主义政治传统的寿终正寝，同时预示着“实用主义”已开始在中国政治舞台上捷足先登了。

（二）“术”

“术”是韩子法治理论的一个重要组成部分。“术”即“治术”，也即政治之方法、手段、策略。就此而言，它与法同旨，故韩子的著作中经常法术并称。但另一方面，法之为法、术之为术同时亦表明二者有其各自不同的规定。韩子曰：“法者，编著之图籍，设之于官府，而布之于百姓者也。术者，藏之于胸中以偶众端，而潜御群臣者也”（《韩非子·难三》）。这些话表明，术与法的区别在于：其一就形式而言，“法莫如显”，法是公开的，有明文公布的东西；而“术不欲见”，术是秘密的，藏之于胸中的东西。故《韩非子》有“内储”“外储”之说，太田方曰：“储，偫（zhì）也。”《前汉·扬雄》注：“有储蓄以待所用也。”因而韩子所谓的术不外乎就是人主之“储法”。其二就对象而言，法主要是官府之于百姓的一种东西，为“臣之所师”；术则为君主之于群臣的一种东西，而为“人主之所执”。易言之，术即驭臣之术，是君主考核、赏罚、任免各级官吏的手段和尺度。

对于韩子来说，术作为“帝王之具”而与政治生死攸关，

---

① 韩非子《五蠹》：“故明主之国无书简之文，以法为教；无先王之语，以吏为师。”

其存在与否关系着政权的存亡、国家的治乱。韩子说:“人主者,守法责成以立功者也。闻有吏虽乱而有独善之民,不闻有乱民而有独治之吏,故明主治吏不治民”(《韩非子·外储说右下》)。而深究之,之所以“明主治吏不治民”,就在于吏作为君与民的中介,君主之治民其实是通过吏来执行和完成的,故“治吏”即为“治民”。因此在韩子的学说里,不仅“治民”之“法”,而且“治吏”之“术”都是君主不可偏废的东西。所以韩子在回答申不害的术,公孙鞅的法“孰急于国”这一问题时写曰:

是不可程也。人不食十日则死,大寒之隆,不衣亦死。则是不可一无也,皆养生之具也。今申不害言术,而公孙鞅为法。术者,因任而授官,循名而责实,操杀生之柄,课群臣之能者也,此人主之所执也。法者,宪令著于官府,刑罚必于民心,赏存乎慎法,而罚加乎奸令者也,此臣之所师也。君无术则弊于上,臣无法则乱于下,此不可一无,皆帝王之具也。(《韩非子·定法》)

在韩子看来,术所以被视为不可缺少的帝王之具,不仅是由于术所独具的重要的政治功能所决定的,而且亦可以由现实政治的成败利钝所引出的教训为证的:

公孙鞅之治秦也,设告相坐而责其实,连什伍而同其罪,赏厚而信,刑重而必。是以其民用力劳而不休,逐敌危而不却,故其国富而兵强;然而无术以知奸,则以其富强也资人臣而已矣。及孝公、商君死,惠王即位,秦法未败也,而张仪以秦殉韩魏。惠王死，武王即位，甘茂以秦殉周。武王死，昭襄王即位，穰侯越韩魏而东攻齐，五年而秦不益一尺之地，乃成其陶邑之封。自是以来，诸用秦者，皆应、穰之类也。故赋胜则大臣尊，益地则私封立，主无术以知奸也。商君虽十饰其法，人臣反用其资，故乘强秦之资数十年而不至于帝王者，法不勤饰于官，主无术于上之患也。(《韩非子·定法》)

因此，韩子从秦的“战胜则大臣尊，益地则私封立”这一“为他人作嫁衣裳”的历史教训中得出，正如我们不可“徒术而无法”一样，我们亦不可“徒法而无术”。那么，韩子所强调的术本身又有哪些内容呢？翻开韩子的著子，我们看到，其关于术的内容的论述是极为丰富和名目繁多的。例如在《韩非子·内储说上七术》篇中就列有“七术”：“一曰众端参观，二曰必罚明威，三曰信赏尽能，四曰一听责下，五曰疑诏诡使，六曰挟知而问，七曰倒言反事”。但是概而言之，韩子所谓的术其精神与法别无二致，实不外乎赏罚之“二柄”：

明主之所导制其臣者，二柄而已矣。二柄者，刑、德也。何谓荆、德？曰：杀戮之谓刑，庆赏之谓德。为人臣者，畏诛罚而利庆赏，故人主自用其刑、德，则群臣畏其威而归其利矣。故世之奸臣则不然：所恶则能得之其主而罪之，所爱则能得之其主而赏之。今人主非使赏罚之威利出于己也听其臣而行其赏罚，则一国之人皆畏其臣而易其君，归其臣而去其君矣。此人主失刑德之患也。夫虎之所以能服狗者，爪牙也，使虎释其爪牙而使狗用之，则虎反服于狗矣。人主者，以刑德制臣者也，今君人者释其刑德而使臣用之，则君反制于臣矣。……故

劫杀壅蔽之主，非失刑德而使臣用之，而不危亡者，则未尝有也。(《韩非子·二柄》)

既然诛罚和庆赏被视为“明主之所导制其臣”之柄，那么，韩子认为，君主之术所要作的实际上不外乎就是所谓的“审合刑名”。故韩子写道：

人主将欲禁奸，则审合刑名；刑名者，言与事也。为人臣者陈而言，君以其言授之事。专以其事责其功。功当其事，事当其言则赏；功不当其事，事不当其言则罚。故群臣其言大而功小者则罚，非罚小功也，罚功不当名也。群臣其言小而功大者亦罚，非不说于大功也，以为不当名也，害甚于有大功，故罚。昔者韩昭侯醉而寝，典冠者见君之寒也，故加衣于君之上。觉寝而说，问左右曰：“谁加衣者？”左右对曰：“典冠”。君因兼罪典衣与典冠。其罪典衣，以为失其事也；其罪典冠，以为越其职也。非不恶寒也，以为侵官之害甚于寒。故明主之畜臣，臣不得越官而有功，不得陈言而不当。越官则死，不当则罪。守业其官，所言者贞也，则群臣不得朋党相为矣。(《韩非子·二柄》)

显然，韩子这里的所谓“刑名之术”不过是君主审核臣下是否“功当其事，事当其言”而据以赏罚之术。这里的“名”除臣下之言论外，还包括臣下之名位、职守。因此，“审合刑名”不仅要求臣下不能“陈言而不当”，而且要求臣下不能“越官而有功”“不当则罪”“越官则死”。这样，就不仅保证了臣下言行不二而不能以言惑君，而且亦保证了臣下恪尽职守而不能朋党比周了。

这是一种经验主义和实证主义的治术，实际上它不过是韩子的重“参验”的哲学思想在政治路线上的体现。它要求我们对臣下的考核不是以儒家所强调的道德伦理观念为尺度，而是“循名而责实”以实际行为和功过为基础。故韩子提出：循名实而定是非，因参验而审言辞”（《韩非子・奸劫弑臣》），“不听其言也则无术者不知，不任其身也则不肖者不知；听其言而求其当，任其身而责其功，则无术不肖者穷矣”（《韩非子・六反》），“观容服、听辞言，仲尼不能必士；试之有职，课其功能，则庸人不疑于愚智”（《韩非子・显学》）。因而在其术的学说里，韩子不仅把“观听不参则诚不闻”的“众端参观”列为“七术”之首，而且还提出“一一而听之”之术以反对“滥竽充数”：

齐宣王使人吹竽，必三百人。南郭处士请为王吹竽，宣王说之，廪食以数百人。宣王死，湣王立，好一一听之，处士逃。

一曰：韩昭侯曰：“吹竽者众，吾无以知其善者。”田严对曰：“一一而听之。”（《韩非子・内储说上七术》）

显而易见，这种“众端参观”、这种“一一而听之”的治术毋宁可以看作是对儒家“信”的思想反拨和纠正。众所周知，儒家从“仁”出发，不仅强调我与他人之间的理解和同情，而且强调人与人之间的无欺和信任。故“信”实际已成为儒家政治学说的重要支柱和基石。例如孔子提出“主忠信”（《论语・学而》），“信则人任焉”（《论语・阳货》），“上好信，则民莫敢不用情”（《论语·子路》）。但是对于韩子来说，在尔虞我诈的政治功利场上是没有“信”的栖身之处的，因而君主之治术与“信”的原则是完全格格不入的。他提出“恃势而不恃信，故东郭牙仪管仲。恃术不恃信，故浑轩非文公”《韩非子·外储说左下》、“失之数而求之信，则疑矣”（《韩非子·难三》），提出“人主之患，在于信人，信人则制于人，”以至于把信人视为世之所以有“劫君弑主”之渊薮：

人主之患，在于信人，信人则制于人。人臣之于其君，非有骨肉之亲也，缚于势而不得不事也。故为人臣者，窥觇其君心也，无须臾之休，而入主怠傲处其上，此世之所以有劫君弑主也。为人主而大信其子，则奸臣得乘于子以成其私，故李兑傅赵王而饿主父。为人主而大信其妻，则奸臣得乘于妻以成其私，故优施傅丽姬杀申生而立奚齐。夫以妻之近与子之亲，而犹不可信，则其余无可信者矣。……是故明主不举不参之事，不食非常之食；远听而近视，以审内外之失；省同异之言，以知朋党之分；偶参伍之验，以责陈言之实；执后以应前，按法以治众，众端以参观。（《韩非子·备内》）

因此，韩子主张我们应该从儒家的“信”走向法家的“验”，即走向“审合刑名”和“因术而不慕信”。人们看到，在韩子的学说里这一思想不仅体现在君主对臣下的考核方面，而且还进一步地体现在君主对臣下的任免上。也就是说，韩子不仅要求君主“循名而责实”以杜奸，而且要求其“因任而授官”以进贤。故韩子提出：“明主使法择人，不自举也”（《韩非子·有度》），“明主之吏，宰相必起于州部，猛将必发于卒伍”（《韩非子·显学》），而他的闪烁着近代政治思想光辉的“内举不避亲，外举不避仇”，更是被士人广为称颂：

圣王明君则不然：内举不避亲，外举不避仇；是在焉，从而举之，非在焉，从而罚之。是以贤良遂进而奸邪并退，故一举而能服诸侯。其在记曰：“尧有丹朱，而舜有商均，启有五观，商有太甲，武有管、蔡。”五王之所诛者，皆父兄子弟之亲也，而所杀亡其身，残破其家者，何也？以其害国伤民，畋法圮类也。观其所举，或在山林薮泽岩穴之间，或在囹圄緤绁缠索之中，或在割烹刍牧饭牛之事。然明主不羞其卑贱也，以其能，为可以明法，便国利民，从而举之，身安名尊。（《韩非子·说疑》）

这样，通过这种“见功而与赏，因能而授官”的“刑名之术”，韩子认为我们就可以显幽重明、退奸进良地实现君主对臣下之善治了，即所谓“上操度量，以割其下”，即所谓“君臣不同道，下以名祷，君操其名，臣效其形，形名参同，上下和调也”（《韩非子·扬权》）。

在韩子看来，这亦是一种“明君不自举臣，臣相进也；不自贤，功自徇也”（《韩非子·难三》），即“虚静以待令；令名自命也，令事自定也”（《韩非子·主道》）的君主“无为而治”的过程。故韩子不无志满意得地写道：

故曰：君无见其所欲，君见其所欲。臣自将雕琢；君无见其意，君见其意，臣将自表异。故曰：去好去恶，臣乃见素；去旧去智，臣乃自备。智而不以虑，使万物知其处；有行而不以贤，观臣下之所因；有勇而不以怒。使群臣尽其武。是故去智而有明，去贤而有功，去勇而有强。群臣守职，百官有常；因能而使之，是谓“习常”。故曰：寂乎其无位而处，漻乎莫得其所。明君无为于上，群臣竦惧乎下。明君之道：使智者尽其虑而君因以断事，故君不穷于智；贤者敕其材，君因而任之，故君不穷于能。有功则君有其贤，有过则臣任其罪，故君不穷于名。是故不贤为贤者师，不智而为智者正；臣有其劳，君有其成功。此之谓贤主之经也。(《韩非子·主道》)

这里的“去好去恶”“去旧去智”不正是对超然物外的“天地之道”的写照吗？这里的“有功则君有其贤，有过则臣任其罪”，这里的“臣有其劳，君有其成功”不正是对坐收渔利的“狡诈的理性”的注解吗？因此，和他的法一样，韩子所鼓吹的充满经验实证精神的君主的“刑名之术”实际上最终是和超验的、绝对的宇宙的终极实体合二为一的。而中国古代社会之所以君权至高无上而历久不衰，不也正是可以从这里找到其一种说明吗？

(三)“势”

除对“法”与“术”的强调外，对“势”的倚重亦是韩子法治理论中的一极其重要的思想。

韩子所谓的“势”，即“权势”之“势”。故韩子著作不仅区分了“自然之势”与“人设之势”：“夫势者，名一而变无数者也。势必于自然，则无为言于势矣；吾所为言势者。言人之所设也”(《韩非子·难势》)，而且实际把这种“人设之势”归诸政治之“权重位尊”。易言之，在韩子的学说里，势即居高临下的君主的权力和地位。

众所周知，正如韩子的法的思想出自商鞅，术的思想源于申不害一样，其势的思想亦非自己独创，而是对另一位法家代表人物即慎到思想的师承和揭扬。在其著作中韩子引慎到论势的话曰：

飞龙乘云，腾蛇游雾，云罢雾霁，而龙蛇与螾蚁同矣，则失其所乘也。贤人而诎于不肖者，则权轻位卑也；不肖而能胜于贤者，则权重位尊也。尧为匹夫，不能治三人；而桀为天子，能乱天下：吾以此知势位之足恃，而贤智之不足慕也。夫弩弱而矢高者，激于风也；身不肖而令行者，得助于众也。尧教于隶属而民不听；至于南面而王天下，令则行，禁则止。由此观之，贤智未足以服众，而势位足以缶贤者也。(《韩非子·难势》)

在这里，慎到以自然之龙蛇之服势，引而伸之得出政治上人物之服势。我们看到，如果说慎到这里对势的理解还停留在一种外在的联想和类比的话，那么在韩子的学说里，其以“性恶论”为依据，从趋利避害的“人情世故”出发，对势的分析和理解则不无冷静清醒地深入到一般人的社会心理内部。在其著作中，韩子曾发人深省地为我们引用了这样一则历史故事：

秦襄王病，百姓为之祷；病愈，杀牛塞祷。郎中阎遏、公孙衍出见之，曰：“非社腊之时也，奚自杀牛而祠社?”怪而问之。百姓曰：“人主病，为之祷；今病愈，杀牛塞祷。”阎遏、公孙衍说，见王拜贺曰：“过尧舜矣。”王惊曰：“何谓也?”对曰:“尧舜,其民未至为之祷也,今王病而民以牛祷,故臣窃以王为过尧舜也。”王因使人问之,何里为之,訾其里正与伍老屯二甲。阎遏、公孙衍媿不敢言。居数月,王饮酒酣乐,阎遏、公孙衍谓王曰:“前时臣窃以王为过尧舜,非直敢谀也。尧舜病,且其民未至为之祷也。今王病而民以牛祷,病愈杀牛塞祷,今乃訾里正与伍老屯二甲,臣窃怪之。”王曰:“子何故不知于此?彼民之所以力我用者,非以吾爱之为我用者也,以吾势之为我用者也。吾释势与民相收,若是,吾适不爱而民因不为我用也。故遂绝爱道也。”(《韩非子·外储说右下》)

在韩子看来,“彼民之所以为我用者”,究其实质,是“非以吾爱之为我用者”,而是“以吾势之为我用者”。换言之,非出于对王敬爱之心,而是生于依附于势这一自计心的结果。进而言之,民之所以依附于势,归根结底,就在于势其实系于利,利是势的内容和本质,而势决定利的存在和取舍,故人“趋利避害”,也就必然“趋炎附势”。因此韩子带有总结性地写道:

凡治天下,必因人情。人情者有好恶,故赏罚可用,赏罚可用则禁令可立,而治道具矣。君执柄以处势,故令行禁止。柄者,杀生之制也;势者,胜众之资也。(《韩非子·八经》)

这样,通过上述分析,势就在韩子的政治学说里取得了与法同样举足轻重的地位,二者犹如车之双轮、鸟之双翼,互为补充地共同服务于君主之治。如果说法是作为方法的君主之“制”的话,那么势则为作为实力的君主之“资”,无“制”则“资”就无术所依,无“资”则“制”就无力推行。故在韩子的学说里，其不仅把法比作“君之车”，而且把势比作“君之马”；不仅强调“抱法”，而且强调“处势”。因此我们看到，韩子为我们所描绘的法治机器最终是以“势”为其原动力的，其提出“凡明主之治也，任其势”（《韩非子·难三》），而认为一旦君主释其势，就会“虎失其爪牙”而为人所制：

人主之所以身危国亡者，大臣太贵，左右太威也。所谓贵者，无法而擅行，操国柄而便私者也。所谓威者，擅权势而轻重者也。此二者，不可不察也。夫马之所以能任重引车致远道者，以筋力也。万乘之主，千乘之君，所以制天下而征诸侯者，以其威势也。威势者，人主之筋力也。今大臣得威，左右擅势，是人主失力；人主失力而能有国者，千无一人。虎豹之所以能胜人执百兽者，以其爪牙也；当使虎豹失其爪牙，则人必制之矣。今势重者，人主之爪牙也，君人而失其爪牙，虎豹之类也。宋君失其爪牙于子罕，简公失其爪牙于田常，而不蚤夺之，故身死国亡。今无术之主皆明知宋、简之过也，而不悟其失，不察其事类者也。（《韩非子·人主》）

显然，这种尊推权势的“霸道”不能不与儒家所崇尚圣贤的“王道”形成尖锐的冲突和对立。故在韩子的学说时，其对“势治”的强调是与对坚持圣贤为政的“人治”传统的批判密切联系在一起的。韩子认为，若为政必尚圣贤，则圣贤千载而一遇，故治少而乱多。反之，若居位乘势，则为君者不必圣贤，中人之资即可成治。因此他在反驳“必待贤乃治”这一“难势”之客论时写道：

世之治者不绝于中，吾所以为言势者，中也。中者，上不及尧舜，而下亦不为桀纣，抱法处势则治，背法去势则乱。今废势背法而待尧舜，尧舜至乃治，是千世乱而一治也；抱法处势而待桀纣，桀纣至乃乱，是千世治而一乱也。且夫治千而乱一，与治一而乱千也，是犹乘骥駬而分驰也，相去亦远矣。夫弃隐栝之法，去度量之数。使奚仲为车不能成一轮；无庆赏之劝，刑罚之成，释势委法。尧舜户说而人辩之，不能治三家。夫势之足用亦明矣，而曰“必待贤”，则亦不然矣。且夫百日不食以待粱肉，饿者不活；今待尧舜之贤乃治当世之民，是犹待粱肉而救饿之说也。夫曰“良马固车，臧获御之则为人笑，王良御之则日取乎千里”，吾不以为然。夫待越人之善海游者以救中国之溺人，越人善游矣，而溺者不济矣。夫待古之王良以御今之马，亦犹越人救溺之说也，不可亦明矣。夫良马固车，五十里一置，使中手御之，追速致远，可以及也，而千里可日致也。何必待古之王良乎？……（《韩非子·难势》）

因此，在韩子看来，实现治的关键不在于“人才”的贤或不肖，而在于“势位”的尊卑与否，在《功名》篇中他进一步强调指出：

夫有材而无势，虽贤不能制不肖。故立尺材于高山之上，下临千仞之谿，材非长也，位高也。桀为天子，能制天下，非贤也，势重也。尧为匹夫，不能正三家，非不肖也，位卑也。千钧得船则浮，锱铢失船则沈，非千钧轻而锱铢重也，有势之与无势也。故短之临高也以位，不肖之制贤也以势。

于是在韩子的学说里，“国之所以强者，政也；主之所以尊者，权也”（《韩非子·心度》），势毋宁已成为其治术的一切秘密所在，成为君主安身立命的根本。同时，也正是从这种权势决定一切的“势本”“权本”的思想出发，韩子从“隆权”进而走向“专权”，使其成为中国古代“专政学说”的最有力的鼓吹者和始作俑的奠基人。其解老子“重为轻根，静为躁君”曰：

制在己曰重，不离位曰静。重则能使轻，静则能使躁。故曰：“重为轻根，静为躁君”。故曰：“君子终日行不离辎重也。”邦者，人君之辎重也。主父生传其邦，此离其辎重也；故虽有代、云中之乐，超然已无赵矣。主父万乘之王，而身轻于天下。无势之谓轻，离位之谓躁，是以生幽而死。故曰：“轻则失臣，躁则失君。”（《韩非子·喻老》）

接下解老子“鱼不可脱于渊，邦之利器不可以示人”又曰：

势重者，人君之渊也。君人者势重于人臣之间，失则不可复得也。简公失之于田成，晋公失之于六卿，而邦亡身死。故曰：“鱼不可脱于深渊。”赏罚者，邦之利器也，在君则制臣，在臣则胜君。君见赏，臣则损之以为德；君见罚，臣则益之以为威。人君见赏而人臣用其势，人君见罚而人臣乘其威。故曰：“邦之利器不可以示人。”（《韩非子·喻老》）

本是“守柔”的学说却服务于“尚力”的理论，本是自然之道的鼓吹者却成为人间权力的守护神。如果老子生在斯世，也一定会为韩子这种移花接木的“解老”“喻老”而啼笑皆非的。因此，韩子力主在权力面前君主必须当仁不让，任何分一杯羹于他人的做法都会遗思无穷。故韩子提出“爱臣太亲，必危其身；人臣太贵，必易主位”“诸侯之博大，天子之害也；群臣之太富，君主之败也”（《韩非子·爱臣》），并且在《韩非子·内储说下六微》里把“权借”列为“六徽”之首，明确提出其“权势不可以借人”的理论：

权势不可以借人，上失其一，臣以为百。故臣得借则力多，力多则内外为用，内外为用则人主壅。其说在老聃之言失鱼也。是以人主久语而左右鬻怀刷，其患在胥僮之谏厉公，与州侯之一言而燕人浴矢也。

晋公“借权”于臣下而最终“邦亡身死”，燕人“借权”于妻子而最终赔了夫人又被“浴以矢（屎）”[①] 于是，韩子由此而得出，我们应该从君主与臣下左右的权力共享而走向集权力于君主一身，从“大臣太重”“左右太信”走向“保吾所以往而稽同之，谨执其柄而固握之”（《韩非子·主道》）这一君

---

① 见《韩非子·内储说下六微）详解：“晋厉公之时，六卿贵，胥僮、长鱼矫谏曰：‘大臣贵重，敌主争事，外市树党，下乱国法，上以劫主，而国不危者，未尝有也。’公曰：‘善。’乃诛三卿。胥僮、长鱼矫又谏曰：‘夫同罪之人，偏诛而不尽，是怀怨而借之间也。’公曰：‘吾一朝而夷三卿，子不忍尽也。’长鱼矫对曰：‘公不忍之，彼将忍公。’公不听。居三月，诸卿作难，遂杀厉公而分其地。”“燕人李季好远出，其妻私有通于士，季突至，士在内中，妻患之。其室妇曰：‘令公子裸而解发，直出门，吾属佯不见山。’于是公子从其计，疾走出门。季曰：‘是何人也？’家室皆曰：‘无有。’季曰：‘吾见鬼乎？’妇人曰：‘然。’‘为之奈何？’曰：‘取五牲之矢浴之。’季曰：‘诺。’乃浴以矢。”

主的独断专行。也即他所谓“大臣之禄虽大，不得藉威城市；党与虽众，不得臣士卒。故人臣处国无私朝，居军无私交，其府库不得私货于家”（《韩非子·爱臣》），也即他所谓“道无双，故曰一。是故明君贵独道之容”“事在四方，要在中央，圣人执要，四方来效”（《韩非子·扬权》）。

这无疑宣告了历时近千年的中国古代作为真“网络式”政治结构的分封制的行将终结，作为“宝塔式”政治结构的君主专制的即将开始。我们看到，这一政治结构实际上在扫平六国后的大一统的秦王朝里得到其最完好的体现。秦王嬴政不仅全面废封建行郡县而使上至宰相下至里正实听命于“朕”之一夫，而且以“帝”易“王”，其后裔递称“二世皇帝”“三世皇帝”以至“万万世世皇帝”而使其统治从宇到宙而万世一系。

因此，历史表明，正如周公的“制礼作乐”而开中国古代封建主义政治之先声一样，韩子的“抱法处势”理论的提出，实际上堪称中国专制主义政治真正的造始端倪。

四、法家的误区

和儒家的“礼治”“仁治”思想一样，法家的“法治”的思想的提出和确立无疑在中国古代社会治的思想史上具有极其重要的地位。

法家思想是中国古代礼治社会盛极而衰的产物。正如我们已经指出的那样，中国古代社会在经历了西周礼治的灿烂的黄金时代之后，随之而来的则是一个“礼崩乐坏”政治动乱的时代。这种礼的衰败不仅表现在以“亲亲、尊尊”为核心的中国古代封建制的急剧解体，而且还表现在由于“上层建筑”的滞后性而导致的旧有礼的形式与现实社会存在之间的日益尖锐的对立与冲突。孔子笔下的对“似是而非”的“德之贼”的“乡愿”的描绘，孟子笔下的对五霸假仁义的指斥，庄子笔下的对“窃钩者诛，窃国者为诸侯，诸侯之门而仁义存焉”的控诉，其实都是对这一社会现象的指陈和说明。而对于富于实证精神的法家来说，这种“以名乱实”则更被其视为社会之乱原而予以无情揭露。韩子曾不无痛心疾首地指出：

畏死远离，降北之民也，而世尊之，曰“贵生之士”。学道立方，离法之民也，而世尊之曰“文学之士”。游居厚养，牟食之民也，而世尊之曰“有能之士”。语曲牟知，伪诈之民也，而世尊之曰“辩智之士”。行剑攻杀，暴憿之民也，而世尊之曰“磏（qiān）勇之士”。活贼匿奸，当死之民也，而世尊之曰“任誉之士”。此六民者，世之所誉也。赴险殉诚，死节之民，而世少之曰“失计之民”也。寡闻从令，全法之民也，而世少之曰“朴陋之民”也。力作而食，生利之民也，而世少之曰“寡能之民”也。嘉厚纯粹，整毂之民也，而世少之曰“愚戆之民”也。重命畏事，尊上之民也，而世少之曰“怯慑之民”也。挫贼遏奸，明上之民也，而世少之曰“谄谗之民”也。此六民者，世之所毁也。奸伪无益之民六而世誉之如彼，耕战有益之民六而世毁之如此。此之谓六反。布衣循私利而誉之，世主听虚声而礼之，礼之所在，利必加焉。百姓循私害而訾之，世主壅于俗而贱之，贱之所在，害必加焉。故名赏在乎私恶当罪之民，而毁害在乎公善宜赏之士，索国之富强，不可得也。(《韩非子·六反》)

而在其《和氏》篇中，韩子对社会这种真假之错置，是非之颠倒的控诉更是到了声泪俱下的地步，其借“和氏献玉”的历史故事而写道：

楚人和氏得玉璞楚山中，奉而献之厉王；厉王使玉人相之，玉人曰：“石也。”王以和为诳而刖其左足。及厉王薨，武王即位，和又奉其璞而献之武王，武王使玉人相之，又曰：“石也。”王又以和为诳而刖其右足。武王薨，文王即位，和乃抱其璞而哭于楚山之下，三日三夜，泣尽而继之以血。王闻之，使人问其故，曰：“天下之刖者多矣，子奚哭之悲也？”和曰：“吾非悲刖也，悲夫宝玉而题之以石，贞士而名之以诳，此吾所以悲也。”王乃使玉人理其璞而得宝焉，遂命曰：“和氏之璧。”

从这种真假之错置，是非之颠倒的社会现象出发，我们就不难理解为什么在韩子的著作中其不仅不得不反对“重人之当涂”之“孤愤”，而且深悲今世言说之“艰难”：

臣非非难言也，所以难言者：言顺比滑泽，洋洋纚纚然，则见以为华而不实；敦厚恭祗，鲠固慎完，则见以为拙而不伦；多言繁称，连类比物，则见以为虚而无用；总微说约，径省而不饰，则见以为刿而不辩；激急亲近，探知人情，则见以为谮而不让；闳大广博，妙远不测，则见以为夸而无用；家计小谈，以具数言，则见以力陋；言而近世，辞不悖逆，则见以为贪生而谀上；言而远俗，诡躁人间，则见以为诞；捷敏辩给，繁于文采，则见以为史；殊释文学，以质性言，则见以为鄙；时称诗书，道法往古，则见以为诵。——此臣非之所以难言而重患也。(《韩非子·难言》)

表达是存在的一面镜子。韩子之所以多次申说“难言”和“说难”，正表明现实政治生活中的“名”与“实”之间的巨大的悖逆，也正表明为适应新的社会内容旧的政治形式之变革、新的政治形式之推出已成为时代历史之万牛莫挽的趋势。因此，如果说儒家由此而要求我们名实一致地由礼回到“仁”的人的话，那么，法家则由此而要求我们名实一致地断然弃礼而求助于“审合刑名”的法的制度。

这种“因时而制备”，也正是法家的历史上的进步之处。人类的历史发展表明，人自身是不可能永远绝对地生活在“率性自然”的国度的。随着人类的发展，人不仅要从“天人合一”走向“天人分离”而使自己面对一个异己的非我的世界，而且为了实现对非我世界的支配，人还必须创造各种工具（物质的、社会的）使自己“手段化”而服从手段规律对人自身的支配。因此，从怡然自得的“自然人”向“不以规矩不能成方圆”的冷酷无情的“法人”过渡和异化固然缺乏诗意，但是它却是人类一定历史发展阶段的必由之路。而法家思想正是这一历史背景下的产物。它要求我们从理想回到现实，从远古回到今天，审时度势地建立起法治国家机器。这无疑顺应了历史的潮流，无疑是一种积极的实证的历史观的体现。而春秋战国之际之所以中国历史的天平倒向法家的一边，之所以法治国家在政治的角逐场上接踵取得了胜利，而最终由秦挟千钧之势而一定江山，这并非出于上帝的偏爱，正是人类社会历史的一种必然。

但是同时也应看到，人类历史并非是像一些偏狭的决定论者所认为的那样是一种单向度的外化的运动，它其实是一种双向度的外化即内化的“圆圈”。也就是说，正如黑格尔所指出的那样，人为了发展自己而使自身的异化其实是一种人的“自己的异化”，即人的异化毋宁说是人的自我化的变式，人的让渡自己的外在化其实是与回到自己的内在化走着同一条道路。因此人固然把自己手段化而服从所谓“法”的支配，但是归根结底，这种手段化不过是人自身目的的外在表现形式，不被视为也不应被视为人自身主体意义的褫夺和丧失。这实际上亦是一种中国哲学所谓的“即用显体”的过程：一方面，无视“用”的运用“体”就无从展开自己，但另一方面，无视“体”的存在“用”就成为无源之水、无本之木而失去了其自身之根据。因此。正如“体”不能排斥“用”一样，“用”也不可与“体”须臾分离。

而正是在这一点上，人们看到了法家为自己设下的误区。法家的失误不在于其对法的承认和肯定，而在于它的蔽于“用”而不知“体”的极端化倾向，即其由对法的肯定最终走向唯法独尊的独断论，从而把法绝对化，视为囊括宇宙和人生一切层面的与“道”齐一的东西。于是在法家的学说里，本是“用”的法却一跃为“道法”，反客为主地取代人为体，而本是“体”的人却成为法制机器中无足轻重的小卒子，反主为客地沦为法的“用”。这种体用之颠倒，无疑是对中国古代“人本主义”政治传统的历史反动。

我们看到，也正是从这种“以法易人”的立场出发，使韩子从对儒家的仁之爱人的否定走向“专决于名而失人情”，使韩子从对儒家的礼之敬人的否定走向“势”之独尊。在其学说里，其不仅把君主对臣下的管理视为“畜乌”，而且鼓吹“民智之不可用”而对所谓“得民之心”嗤之以鼻不屑一顾：

今不治者必曰：“得民之心。”欲得民之心而可以为治，则是伊尹管仲无所用也，将听民而已矣。民智之不可用，犹婴儿之心也。夫婴儿不剔首则腹痛，不副痤则寖益。剔首副痤必一人抱之，慈母治之，然犹啼呼不止，婴儿不知犯其所小苦，致其所大利也。今上急耕田垦草以厚民产也，而以上为酷；修刑重罚以为禁邪也，而以上为严，徵赋钱粟以实仓库，且以救饥馑，备军旅也，而以上为贪；境内必知介而无私解，并力疾斗，所以禽虏也，而以上为暴。此四者所以治安也，而民不知悦也。夫求圣通之士者，为民知之不足师用。昔禹决江濬河，而民聚瓦石；子产开亩树桑，郑人谤訾。禹利天下，子产存郑，皆以受谤，夫民智之不足用亦明矣。故举士而求贤智，为政而期适民，皆乱之端，未可与为治也。(《韩非子·显学》)

这不正是一种地地道道地“群氓说”理论吗？这不正开中国后世历久不衰的“牧民说”之先声吗？实际上，这一学说不久就兑现为秦的政治，而对韩子学说心仪神往的秦始皇可谓对其运用的最为得心应手。秦始皇一反“天明畏，自我民明畏”“天聪明，自我民聪明”这一“为政而期适民”的祖宗遗训，在政治上施以酷政高压，连什伍设告坐防民如防盗，主水德尚刑杀使中国俨然为“警察国家”；在经济上暴敛横征，兴土木建阿房对民脂民膏挥之如土，征民力筑长城对民疾民怨置若罔闻。

人民是社会的最终基础，而民主是法制的真正依据。一个完全无视人民的表达、愿望、意志、自由及地位的政权，无论其法制如何完备，其权势如何炙手可热，都犹如危楼大厦建立在沙滩之上。因此，尽管秦王朝称霸中国，功业辉煌而不可一世，但是它实际上不过是金玉其外、败絮其内，其存在已危若累卵了。难怪陈胜、吴广振臂一呼而天下沸腾响应，难怪被秦始皇期以“万万世”而不衰的帝统之梦一夜之间就灰飞烟灭化为焦烬。故秦的失败并非有些人认为的那样是“对复辟势力打击不力”诸如此类的外在的技术性失误，而与之相反，完全是其自身的所固有的病入膏肓的不治之症所致。关于秦亡的原因，唐人杜牧在《阿房宫赋》里，曾以诗人特有的对历史的感受力而写道：

嗟乎！一人之心，千万人之心也。秦爱纷奢，人亦念其家；奈何取之尽锱铢，用之如泥沙？使负栋之柱，多于南亩之农夫；架梁之椽，多于机上之工女；钉头磷磷，多于在庾之粟粒；瓦缝参差，多于周身之帛缕；直栏横槛，多于九土之城郭；管弦呕哑，多于市人之言语。使天下之人，不敢言而敢怒；独夫之心，日益骄固。戍卒叫，函谷举；楚人一炬，可怜焦土。

呜呼！灭六国者，六国也，非秦也。族秦者，秦也；非天下也。嗟乎！使六国各爱其人，则足以拒秦。使秦复爱六国之人，则递三世，可至万世而为君，谁得而族灭也？秦人不暇自哀，而后人哀之；后人哀之而不鉴之，亦使后人而复哀后人也。

在这里，诗人不仅揭示了非能持以“爱人”之道这一秦亡的根本原因，而且还提出了以史为镜来决定今后的历史取向的问题。虽然诗人在此并没有点出，但是实际上，儒学在汉的复兴及由汉人开创的以“仁”为本、以“法”为用的历时千年的中国古代治制，不正是这种对秦族“哀而鉴之”的产物吗？

因此，事实表明，尽管儒家思想曾一度被人所冷落，尽管法家思想曾一度盛极一时，但是，真正更具本体性、更具包容性、也更具生命力的学说，历史的结论不是指向法家而是指儒家的。

第五部分

墨家论

和儒家、法家一样，墨家思想亦在中国古代社会“治”的思想史上具有重要的一席之地。在先秦之际，墨与儒同为世之“显学”，以至于一度形成“天下之言不归杨，则归墨”的格局。尽管汉晋以来作为一学术派别墨家已湮而不彰，“其学几绝，其书仅存”，但是实际上，墨家思想始终没有消失，它在中国古代乃至中国现代社会经常时隐时现，而不啻成为中国政治大潮中的一股不可忽视的“潜流”。因此，有关墨家思想的考查和辨析，对于我们全面、深入地了解和把握中国社会治的思想无疑具有极其重要的意义。

第一章
墨家的哲学思想

一、“三表”的认识论

认识是学说的起点。故考查墨家的学说，就必须首先回溯到其整个学说赖以建立的认识论前提。

墨家学说的创始人为鲁人（或宋人）墨翟。关于其生卒年代，历来持说不一，或谓与孔子同期而稍后，或谓孔子卒后不久。但无论各种见解如何难以统一，均认为墨子当生于孔孟年代之间，即春秋与战国相交而无疑。

这是一个古代中国政治上的剧变时期，亦是一个思想上的诸子蜂起、处士横议的时期。旧的观念已经瓦解，而新的观念则正在酯酿而有待建立。因此，通过何种途径认识社会、人生的真理即认识论问题，毋宁已成为时代先觉者的知识分子所一致面临的首要课题。而这一点反映在墨子的学说里，则是其“言必立仪”观点的提出：

子墨子言曰：必立仪。言而毋仪，譬犹运钧之上，而立朝夕者也，是非利害之辨，不可得而明知也。(《墨子·非命上》)

“仪”，即“义法”。墨子在这里指出，如果人们不为自己所发表的言论、学说树立一个“义法”，就犹如把测量早晚太阳影子的仪盘置于制陶器的转盘（“运钧”）之上，运转无定必不可测影一样，人们是无从获得对其真伪和价值的明知的。①

在这里，墨子实际上为人们提出了一个有关认识真理的标准问题。那么，人们的认识究竟是以什么为标准呢？墨子接着指出：

故言必有三表。

何谓三表？子墨子言曰：有本之者，有原之者，有用之者。于何本之？上本之于古者圣王之事；于何原之？下原察百姓耳目之实；于何用之？废以为刑政，观其中国家百姓人民之利。此所谓言有三表也。(《墨子·非命上》)

这里的“言有三表”的“表”即“仪法”的“法”，故在《非命中》和《非命下》里“言有三表”作“言有三法”。

---

① 又见《墨子·非命中》：“子墨子言：凡出言谈，文学之道也，则不可而不先立义法。若言而无义，譬犹立朝夕于员钧之上也。虽有巧工，必不能正焉。然今天下之伪，未可得而识也。”

三表中的第一表“上本之于古者圣王之事”，指对过去的历史经验的依据。第二表“下原察百姓耳目之实”，指对当下感觉经验的依据。显然，这里所谓的第一表不过是第二表的变式，因为过去的经验其实是当下的经验的一种历史形式。因此，与儒家的内在论的先验论的认识路线不同，墨家是把外在的可以实证的感觉经验视为认识的基准和本原的。故在墨子的学说里人们看到，不是对传统的“德性之知”的鼓吹，而是对“见闻之知”的多次强调，成为其认识论的一极为鲜明的特点。墨子指出：

是与天下之所以察知有与无之道者，必以众之耳目之实知有与亡为仪者也。请惑闻之见之，则必以力有；莫闻莫见，则必以为无。(《墨子·明鬼下》)

古者有语焉，曰：“一目视也，一若二目之视也；一耳之听也，不若二耳之听也；一手之操也，不若二手之强也。”(《墨子·尚同下》)。

同时，也正是基于这种认识的经验主义，使墨子从儒家对先验的“名”的执着，走向对经验的、实证的“取”的肯定。墨子指出：

今瞽曰：“（矩）［岂］者白也，黔者黑也。”虽明目者无以易之。兼白黑，使瞽取焉，不能知也。故我曰瞽不知白黑者，非以其名也，以其取也。今天下之君子之名仁也，虽禹、汤无以易之。兼仁与不仁，而使天下之君子取焉，不能知也。故我曰天下之君子不知仁者，非以其名也，亦以其取也。

(《墨子·贵义》)①

这不正是后期《墨经》的活水源头吗？显然，《墨经》中的“知，接也”（《经上》）、“以其知过物而能貌之，若见”（《经说》）、“以名举实”（《小取》）等思想，以及基于这些思想所建立的与亚里士多德逻辑、印度因明论相媲美的中国古代逻辑体系，不过是以墨子的这种“以见知隐，以往知来”的经验主义的认识论为其哲学滥觞的。因此，可以毫不夸大地说，如果说孟子被视为中国古代“民主”思想之先驱的话，那么不是别人而正是墨子，实际上最早开出了中国古代“科学”之理想。

经验主义的认识论和功利主义的实践论实质上是一对孪生兄弟，讲求认识根据的“实证”，必然导致讲求认识目的的“实用”。因此，在墨子的“三表说”里，其第一表的“上本之于古者圣王之事”和第二表的“下原察百姓耳目之实”，最终落实到第三表的“观其中国家百姓人民之利”的“废以为刑政”。故与儒家“尚志”的传统不同，墨子在其学说里推崇功用，而积极鼓吹主观愿望和客观功效相统一的“合其志功”：

鲁君谓子墨子曰：“我有二子，一人者好学，一人者好分人财，孰以为太子而可？”子墨子曰：“未可知也。或所为赏与为是也。钓者之恭，非为鱼赐也；饵鼠以虫，非爱之也。吾愿主君合其志功而焉。”（《墨子·鲁问》）

在后期《墨经》里，这种“合其志功”的思想更被提炼

---

① （ ）表示原文为错讹衍文，[ ] 表示订正增补。

上升为自觉的概念体系，这就是《经上》篇中实践的“为”这一范畴的推出：

所以谓，名也；所谓，实也；名实耦，合也；志行，为也。

因此，墨子认为，无论是人的思想，抑或是人的言论和学说都必须以能否符合人的实际的功用、能否“为”之为取舍。故其在《耕柱》篇中提出“言足以复行者常之，不足以举行者勿常，不足以举行而常之，是荡口也”，其在《兼爱》篇中提出“用而不可，虽我亦将非之。见焉有善而不可用者”。人们看到，也正是从这种“合其志功”的思想出发，使墨子在治国的认识上不泥于某种抽象的一定模式，而主张根据不同的“国情”而“择务而从事”：

子墨子游，魏越曰：“既得见四方之君，子则将先语?”子墨子曰：“凡入国，必择务而从事焉。国家昏乱，则语之尚贤、尚同；国家贫，则语之节用、节葬；国家憙音湛湎，则语之非乐、非命；国家淫僻无礼，则语之尊天事鬼；国家务夺侵凌，即语之兼爱、非攻。故曰：择务而从事焉。”（《墨子·鲁问》）

同时，也正是从这种“合其志功”的思想出发，使墨子注重工具和技术的发明和运用。无独有偶，墨子本人就十分精于制作工艺，人称墨子“为木鸢三年而成，蜚一日而败”，“用咫尺之木，不费一朝之事，而引三十石之任”（《韩非子·外储说左上》），其还比公输更早地发明了云梯。而观墨子

《备城门》以下诸篇，则可知墨子不独深于战术，亦长于兵器。这些都使墨子与那些只知袖手而谈而鄙薄器物技术的学者形成鲜明的对比。

在墨子看来，这种“功用”也就是所谓的“利于人”的“利”，故在《鲁问》篇里，墨子就公输子削竹木以为鹊而“自以为至巧”批评曰：

子之为鹊也，不如匠之为车辖，须臾刘三寸之木，而任五十石之重。故所为功，利于人谓之巧，不利于人谓之拙。

因此，与儒家“轻利”的思想截然不同，墨子不仅不讳言利，而且“摩顶放踵，利天下为之”（孟子语），以利立宗而大讲除害兴利。请看：

兼相爱，交相利。(《墨子·兼爱中》)

务兴天下之利，曲直周旋，［不］利则止，此君子之道也。(《墨子·非儒下》)

仁人之所以为事者，必兴天下之利，除天下之害，以此为事者也。(《墨子·兼爱中》)

今天下之所誉善者，其说将何哉？为其上中天之利，而中中鬼之利，而下中人之利，故誉之与？意亡非为其上中天之利，而中中鬼之利，而下中人之利，故誉之与？虽使下愚之人，必曰：“将为其上中天之利，而中中魁之利，而下中人之利，故誉之。”(《墨子·非攻下》)

……

尽管墨子这里所鼓吹的利是一种“交相利”的普天同利，

而与杨朱之流的“拔一毛而利天下，不为也”的“为我”之利迥然异趣，但是，无论“公利”也罢，“私利”也罢，它都不失其为“利”。而这种“利益中心”论的出现毋宁是当时时代精神的一种反映。它表明，在墨子时代，天与人之间已不再是超功利的审美的同一的整体，而是天已经异已于人而一变为人的利害之物了。我们看到，也正是基于对这一新的时代精神的体认，墨子不仅一反儒家重义轻利之传统，而且在其学说里对儒家不谙时务的复右倾向予以了激烈的批判和否定：

公孟子曰：“君子必古言服，然后仁。”子墨子曰：“昔然商王纣、卿士费仲，为天下之暴人，箕子、微子为天下之圣人。此同言，而或仁不仁也。周公旦为天下之圣人，关叔为天下之暴人，此同服，或仁或不仁。然则不在古服与古言矣。见于法周而未法夏也，子之古，非古也。”（《墨子·公孟》）。

公孟子曰：“先人有，则（三）［之］而已矣”。子墨子曰：“孰（先人而）曰［先人］有，则（三）［之］而已矣？子未智人之先［而］有后生［焉］”（《墨子·耕柱》）

在这里，墨子不仅以史为鉴指出人之仁或非仁“不在古服与古言”，而且指出古与今、先人与后人在时间上实际是相对的而非绝对一成不变的。这样，在墨子看来不惟儒家的“厚古薄今”之说不能成立，其“述而不作”的原则显然也成了无稽之谈。故墨子就公孟子的“君子不作，述而已”的观点纠正曰：

不然。人之其不君子者，古之善者不诛，今也善者不作。

其次不君子者，古之善者不遂，己有善则作之，欲善之自己出也。今诛而不作，是无所异于不好遂而作者矣。吾以为古之善者则诛之，今之善者则作之，欲善之益多也。（《墨子·耕柱》）

在《非儒》篇里，我们还看到：

又曰："君子循而不作。"应之曰："古者羿作弓，仔（yú）作甲，奚仲作车，巧垂作舟；然则今之鲍、函、车、匠，皆君子，而羿、仔、奚仲、巧垂，皆小人邪？且其所循，人必或作之，然则其所循，皆小人道也。"

既重视对"古之善者"的"述之"，又强调对"今之善者"的"作之"，然而归根结底，"作之"实际上最终又是优先于"述之"的。它不仅体现了墨子在社会历史观上的一种积极的变古开新精神，而且也体现了其在人的问题上对主体的创造精神的高度肯定。

这就把我们从墨子的认识论引向其"非命"的人学。

二、"非命"的人学

"命"的思想并非人类远古时代的孑遗，而是人类步入文明社会的一种附属的产物。

尚处于"自然状态"的人类，它与天实际上是即人即天、即天即人地浑然一体的，作为一种"此时此地"的存在，它不可能意识到，也不可能存在着一种异己的“天命”对自己的支配。只有当人把天作为一种自己的对象而试图对其加以利用和征服的时候，它也就同时把自己作为一种天的对象而服从天对自己的支配。因此，考诸中国历史，“天命”的思想并不多见于远古的“英雄时代”的神话里，而是鼎盛在社会生产力开始长足发展的殷周之际。请看下列的殷文记载：

甲辰，帝其令雨？(《殷虚文字乙编》)

帝其令风？(同上)

帝其降堇？(《卜辞通纂》)

帝降食受又。(《殷虚文字乙编》)

伐邛方，帝受我又？(《卜辞通纂》)

王封邑，帝若。(同上)

我其已穷，乍帝降若；我勿旁，乍帝不降若。(同上)

作为殷亡的反思，周初思想家们曾对这种已经绝对化的专横独裁的天命观予以了深刻的批判，以求从天的规律中发现其内含的人的意义。所谓“天命靡常”(《诗经·大雅·文王》)、所谓“天惟时求民主”(《尚书·多方》)、“民之所欲，天必从之”(《左传·襄公三十一年，引《秦誓》)、“天视自我民视，天听自我民听”(引《孟子·万章章句上》)都说明了这一点。但是，这一对“天命”的“人本学的还原”实际上最终是由孔孟为代表的先秦儒家完成的。固然，孔子在其学说里提出“知命”“俟命”“畏命”，言“不知命，无以为君子也”，言“君子居易以俟命”，言“君子有三畏：畏天命，畏大人，畏圣人之言”，然而孔子这里所强调的“命”已并非世俗所理解的那样是一种完全客观化的东西，而是将天之“必然”与我之“应该”熔为一炉，使之成为志士仁人不可推卸的庄严的道德责任与历史使命。故在孔子的学说里，其一方面对“命”敬若神明，但另一方面由于坚持“仁”的自足、坚持“兴灭继绝”、坚持“知其不可而为之”、坚持“未知生，焉知死”而同时又体现了一种积极的“抗命”精神。我们看到，也正是从孔子这种“仁、命合一”思想出发，孟子更进一步地提出了“尽其心者，知其性也；知其性则知天矣”（《孟子·尽心章句上》）的哲学路线，使“天命”与“人性”实现了先验的统一，从而标志着中国古代儒家“天人合一”传统的历史性完成。

同时，在先秦之际除儒家外，还有一些思想家对传统的“天命”学说提出了尖锐的挑战和予以了激烈的批判。但是这种批判并没有像儒家那样最终导致“命”与“性”的先验的同一，而是走向了人对“命”的经验的否定。这就是墨家的别开生面的“非命”学说的提出。下面，我们就这一学说的内容做一简述。

如果说儒家对传统的“天命”的批判是基于对伦理生活的反思，而提出“仁”作为其有力的补充的话，那么，墨家对“天命”的批判则主要是从人类物质生产活动出发，而提出“力”（“强”）的概念与其抗衡。墨子指出：

今人固与禽兽、麋鹿、蜚鸟、贞虫异者也。今之禽兽、麋鹿、蜚鸟，因其羽毛，以为衣裳；因其蹄蚤，以为绔屦；因其水草，以为饮食。故唯使雄不耕稼树艺，雌不纺绩织纴，衣食之财，固已具矣。令人与此异者也，赖其力者生，不赖其力者不生。君子不强听治，即刑政乱；贱人不强从事，即财用不足。……（《墨子·非乐上》）

在这里，墨子指出“赖其力”是人与动物二者之间的“异者”，这几乎接近于近代“劳动创造了人”这一唯物史观。但是实际上墨子对“人之所以异于禽兽者”这类问题并不感兴趣，而注意和关心“力”作为“财用”之源对社会发展和国计民生的地位和作用。故他进一步指出：

凡五谷者，民之所仰也，君之所以为养也。故民无仰则君无养，民无食则不可事。故食不可不务也，地不可不力也，用不可不节也。五谷尽收，则五味尽御于主，不尽收则不尽御。一谷不收谓之馑，二谷不收谓之旱，三谷不收谓之凶，四谷不收谓之馈，五谷不收谓之饥。岁馑，则仕者大夫以下皆损禄五分之一；旱，则损五分之二；凶，则损五分之三；馈，则损五分之四；饥，则尽无禄，禀食而已矣。故凶饥存乎国，人君彻鼎食五分之（五）［三］，大夫彻县，士不入学，君朝之衣不革制，诸侯之客，四邻之使，雍食而不盛，彻骖騑，涂不芸，马不食粟，婢妾不衣帛，此告不足之至也。（《墨子·七患》）

今也农夫之所以蚤出暮入，强乎耕稼树艺，多聚叔粟而不敢怠倦者，何也？曰：彼以为强必富，不强必贫；强必饱，不强必饥。故不敢怠倦。今也妇人之所以夙兴夜寐，强乎纺绩织纴，多治麻统葛绪、捆布縿，而不敢怠倦者，何也？曰：彼以为强必富，不强必贫；强必暖，不强必寒。故不敢怠倦。（《墨子·非命下》）

需要补充指出的是，墨子这里所强调的“力的原则”亦可以推及到社会的“劳心”活动。因为在其看来，“劳心”者作为社会物质生产的组织者和领导者，“虽不耕而食饥，不织而衣寒”，但有时却可以“功贤于拼而食之、织而衣之者”（《墨子·鲁问》）。因而墨子的“力的原则”不仅适用于“民”与“农夫”，而且亦适用于“君子”和“王公大人”。故除前面所提到的“君子不强听治，即刑政乱”外，墨子在《非命下》篇中还强调指出：

今也王公大人之所以蚤朝晏退，听狱治政，终朝均分而不敢怠倦者，何也？曰：彼以为强必治，不强必乱；强必宁，不强必危。故不敢怠倦。今也卿大夫之所以竭股肱之力，殚其思虑之知，内治官府，外敛关市、山林、泽梁之利，以实官府而不敢怠倦者，何也？曰：彼以为强必贵，不强必贱；强必荣，不强必辱。故不敢怠倦。

总之，墨子认为，在力面前人人平等，力的原则是适用于一切人的。力（强）必然导致富、饱、暖、治、宁、贵、荣，而不力（不强）则必然导致贫、饥、寒、乱、危、贱、辱。实际上，墨子之所以提出这种“重力”的思想正是针对当时风行的“强执有命以说”的“重命”论而言的。因为“重命”论者提出“命富则富、命贫则贫；命众则众，命寡则寡；命治则治，命乱则乱；命寿则寿，命夭则夭；命……虽强劲，何益哉?”（《墨子·非命上》）提出“寿夭贫富，安危治乱，固有天命，不可损益。穷达、赏罚、幸否有极，人之知力，不能为焉”（《墨子·非儒下》）。因此，在春秋战国之际，“执有命者以杂于民间者众”（《墨子·非命上》），以致“重命轻力”的思想已被人们奉为时尚。其中，列子的力、命论不啻可以被视为这一思想的最具代表性的反映：

力谓命曰：若之功奚若我哉?

命曰：汝奚功于物而欲比朕。

力曰：寿夭穷达贵贱贫富，我力之所能也。

命曰：彭祖之智，不出尧舜之上，而寿八百。颜渊之者，不出众人之下，而寿四八。仲尼之德，不出诸侯之下，而困于陈蔡。殷纣之行，不出三仁之上，而居君位。季札无爵于吴，田恒专有齐国，夷、齐饿于首阳，季氏富于展禽；若是汝力之所能，奈何寿彼而夭此，穷圣而达逆，贱贤而贵愚，贫善而富恶耶?

力曰：若如是言，我固无功于物而物若此耶?此则若之所制耶?

命曰：既谓之命，奈何有制之音耶?朕直而推之，曲而任之，自寿、自夭、自穷、自达、自贵、自贱、自富、自贫；朕岂能识之哉?（《列子·力命》）

显然，这是一种彻头彻尾的命定主义。在墨子看来，这种命定主义不仅“以上悦王公大人，下以驵百姓之从事，故执有命者不仁”（《墨子·非命上》），使人安于命运而否定和取消人的作为和进取，而且使“为政国家者”“不得富而得贫，不得众而得寡，不得治而得乱，则是本失其欲，得其所恶”（同上），而成为社会之所以由盛而衰、由治而乱的思想理论之源。故墨子以“非命”立说对命定主义学说予以了激烈的鞭挞。

其提出“夫岂可以为其命哉？固以为其力也”（《墨子·非命下》），提出“当执有命者之言，不可不明察”（《墨子·非命上》）。

墨子对“有命”论的所谓“明察”是以其经验主义认识论为武器的。在他看来，“有命”论之所以是错误的而不能成立，根本就在于它与检验真理的“三表”不符。下面，我们就其辩驳一一复述如次：

第一，就“上本之于古者圣王之事”来看，“有命”论是不能成立的：

故昔者三代圣王禹、汤、文、武，方为政乎天下之时，曰：“必举孝子而劝之事亲，尊贤良之人而教之为善。”是故出政施教，赏善罚暴。且以为若此，则天下之乱也，将属可得而治也；社稷之危也，将属可得而定也。若以为不然，昔桀之所乱，汤治之；纣之所乱，武王治之。当此之时，世不渝而民不易，上变政而民欲改。存乎桀纣而天下乱，存乎汤、武而天下治。天下之治也，汤、武之力也；天下之乱也，桀、纣之罪也。若此观之，夫安危治乱，存乎上之为政也，则夫岂可谓有命哉！故昔然禹、汤、文、武，方为政乎天下之时，曰：“必使饥者得食，寒者得衣，劳者得息，乱者得治。”遂得光誉令问于天下。夫岂可以为命哉！故以为其力也。（《墨子·非命下》）

第二，就“下原察百姓耳目之实”来看，“有命”论是不能成立的：

今天下之士君子，[或以命为有]，或以命亡。我所以知命之有与亡者，以众人耳目之情，知有与亡。有闻之，有见之，谓之有；莫之闻，莫之见，谓之亡。

然胡不尝考之百姓之情？自古以及今，生民以来者，亦尝见命之物，闻命之声音乎？则未尝有也。若以百姓为愚不肖，耳目之情，不足因而为法，然则胡不尝考之诸侯之传言流语乎？自古以及今，生民以来者，亦尝有闻命之声，见命之体者乎？则未尝有也。(《墨子·非命中》)

第三，就“废以为刑政，观其中国家百姓人民之利”来看，“有命”论是不能成立的：

今虽毋在乎王公大人，蕢若信有命而致行之，则必怠乎听狱治政矣，卿大夫必怠乎治官府矣，农夫必怠乎耕稼树艺矣，妇人必怠乎纺绩织纴矣。王公大人怠乎听狱治政，卿大夫怠乎治官府，则我以为天下必乱矣；农夫怠乎耕稼树艺，妇人怠乎纺绩织纴，则我以为天下衣食之财，将必不足矣。若以为政乎天下，上以事天鬼，天鬼不使；下以持养百姓，百姓不利。必离散不可得用也。用以入守则不固。出诛则不胜。故虽昔者三代暴王桀、纣、幽，厉之所以（共）抎其国家、倾覆其社稷者，此也。(《墨子·非命下》)

总之，墨子认为，无论是“上本之于古者圣王之事”“下原察百姓耳目之实”，还是“废以为刑政，观其中国家百姓人民之利”，都表明“有命”论是不能成立的。“有命”论是“贼天下之人”“覆天下之义”的学说，是“暴王所作，穷人所术，非仁者之言”（《墨子·非命下》）。因此，他大声疾呼：“今天下之士君子，中实将欲求兴天下之利，除天下之害。当若有命者之言，不可不强非也！”（《墨子·非命下》）

三、“天志”的神学

认识论的经验主义必然导致本体论的超验主义。这一点反映在墨子的学说里，就是其从充满实证精神的“非命”说最终向神秘主义的“天志”说的过渡和皈依。

如前所述，墨子从经验主义的立场出发，强调经验世界的法则即“力”的法则的突出地位而反对超验的“命”对人的支配。但是，人作为合规律性与合目的性的统一，其不仅由于其合规律性的经验的存在而从属于现象世界，而且还由于其自身合目的性这一“内在的超验”而具有本体的属性。因此，经验主义是一把双刃剑，它对人在经验世界里的权利肯定是以否定人自身的本体意义为牺牲的。于是，作为这一点的补充，一种“人格神”即本体的“天志”的出现就在墨学里成为不可避免的事情。故墨子的“天志”说并非像有些人认为的那样与其“非命”说完全对立而自相矛盾，而是相得益彰、互为发明。这种“天志”说也并非像有些人认为的那样是一种言不由衷的策略上的“权宜之计”，而是其经验主义哲学在逻辑上的必然结论。

“天志”说在墨子学说中具有重要地位。一些人把“天志”说视为墨学之本，看来也并非虚论而是言之有据的。因为翻开墨子的著作，其几乎每篇都是以“天”开宗以“天”立论的。例如《尚贤》篇言“圣贤王为政于天下也，兼而爱之，从而利之，是故天鬼赏之，立为天子；暴王则天鬼罚之，使身死而为刑戮”，《尚同》篇言“天子又总天下之义，以尚同于天”“尚同乎天子、而未上同乎天，则天菑将犹未止”，《非攻》篇言攻战“上不中天之利，中不中鬼之利，下不中人之利”，《节葬》篇言久丧厚葬“伤生害事，亦不能得上帝鬼神之福，而得祸焉”，《非乐》篇言乐“上者天鬼弗戒，下者万民弗利”等。

那么，这种备受墨子尊崇的“天”到底是何物呢？观墨子有关“天”的论述，人们不难发现，他所谓的“天”和儒家的“无目的的合目的性”的“天人合一”的天完全不同，而不过是一种高居人之上的作为最高目的（“志”）的神的代称。请看：

且吾所以知天之爱民方厚者，有矣。曰：（以磨）为日月星辰，以昭道之；制为四时春秋冬夏，以纪纲之；（雷）降雪霜雨露，以长遂五谷丝麻，使民得而时利之；列为山川溪谷，播赋百事，以临司民之善否；为王公侯伯，使之赏贤而罚暴，（贼）［赋］金木鸟兽，从事乎五谷丝麻，以为民衣食之财。自古及今，未尝不有此也。（《墨子·天志中》）

是以天之为寒热也，节四时、调阴阳雨露也；时五谷孰，六畜遂，疾灾、戾疫、凶饥则不至。（《墨子·天志中》）

这不正是对至善至美、全知全能的“上帝”的写照吗？

其实，在墨子的著作里其并不讳言这一点，他所谓的“天”也常常是与“上帝”同称的。同时，尽管墨子笔下的“天”具有超人的属性，然而正如上帝的富有正是人的贫困，上帝其实是“人的本质的异化形式”一样，墨子所谓的“天”作为对现实人类社会的无爱的抗议，不过是一种理想的人性的曲折反映。这就是其关于“天”的“兼爱兼利”本质的揭示和提出：

既以天为法，动作有为必度于天，天之所欲则为之，天所不欲则止。然而天何欲何恶也？天必欲人之相爱相利，而不欲人之相恶相贼也。奚以知天之欲入之相爱相利，而不欲人之相恶相贼也？以其兼而爱之、兼而利之也。（《墨子·法仪》）

那么，“奚以知天兼而爱之、兼而利之也？”墨子回答：“以其兼而有之、兼而食之也。”

今天下无大小国，皆天之邑也；人无幼长贵贱，皆天之臣也。此以莫不犓羊、豢犬猪，法为酒醴粢盛，以敬事天。此不为兼而有之、兼而食之邪？（同上）

自古及今，无有远灵孤夷之国，皆犓豢其牛羊犬豕，洁为粢盛酒醴，以敬祭祀上帝、山川、鬼神，以此知兼而食之也。苟兼而食焉，必兼而爱之。譬之若楚、越之君：今是楚王食于楚之四境之内，故爱楚之人；越王食于越，故爱越之人。今天兼天下而食焉，我以此知其兼爱天下之人也。（《墨子·天志下》）

显然，从假定之推出实有之，墨子这里的论证是一种地地道道的“循环论证”。这种“上帝存在的证明”，毋宁与他在认识论里所鼓吹的“以见知隐”“察类明故”的科学精神背道而驰而形成鲜明的对比。然而，实际也正是基于这种非论证性，使墨子的“天”理所当然地被人们划入了宗教的阵营。我们看到，墨子的“天”的宗教性质不仅表现在其“兼爱兼利”的人格化的属性上，而且还表现在墨子不无独断地坚持“天”有“赏善罚恶”的社会功能。因此，墨子在《天志》开篇处就开宗明义地以“今天下之士君子，知小而不知大”立说，提出了“无所避逃之”的“天”的因果报应的赏罚理论：

子墨子言曰：今天下之士君子，知小而不知大。何以知之？以其处家者知之。若处家得罪于家长，犹有邻家所避逃之；然且亲戚、兄弟、所知识、共相儆戒，皆曰：“不可不戒矣！不可不慎矣！”恶有处家而得罪于家长而可为也？非独处家者为然，虽处国亦然。处国得罪于国君，犹有邻国所避逃之；然且亲戚、兄弟、所知识，共相儆戒，皆曰：“不可不戒矣！不可慎矣！”谁亦有处国得罪于国君而可为也？

此有所避逃之者也，相儆戒犹若此其厚，况无所逃避之者，相儆戒岂不愈厚，然后可哉？且语言有之曰：“焉而晏日焉而得罪，将恶避逃之？”曰：“无所避逃之。”夫天，不可为林谷幽门无人，明必见之；然而天下之士君子之于天也，忽然不知以相儆戒。此我所知天下士君子知小而不知大也。（《墨子·天志上》）

那么，天的赏罚又是以什么为标准呢？墨子既然断定“天志”是“兼爱兼利”，那么其赏罚的标准当然是以人能否“兼爱兼利”来定的：

故于富且贵者，当天意而不可不顺。顺天意者，兼相爱，交相利，必得赏；反天意者，别相恶，交相贼，必得罚。(《墨子·天志上》)

那么，天的赏罚的内容又是什么呢？在墨子看来，其赏罚的内容并非像基督教那样表现为人的“罪感”能否缓解、灵魂能否拯救，而是表现为人的现实利害、祸福的厚薄和予夺：

然有不为天之所欲而为天之所不欲，则夫天亦且不为人之所欲而为人之所不欲矣。人之所不欲者何也？曰：疾病祸祟是也。若己不为天之所欲，而为天之所不欲，是率天下之万民以从事乎祸祟之中也。(《墨子·天志中》)

墨子坚信，“天”是赏信罚必的。为了说明这一点，墨子在其著作中援引历史作为佐证：

故昔也三代之圣王，尧、舜、禹、汤、文、武之兼爱之天下也，从而利之，移其百姓之意焉，率以敬上帝、山川、鬼神。天以为从其所爱而爱之，从其所利而利之，于是加其赏焉，使之处上位，立为天子，以法也，名之曰圣人。以此知其赏善之证。

是故昔也三代之暴王，桀、纣、幽、厉之兼恶天下也，从而贼之，移其百姓之意焉，率以诟侮上帝、山川、鬼神。天以为不从其所爱而恶之，不从其所利而贼之，于是加其罚焉，使之父子离散，国家灭亡，抎失社稷，忧以及其身。……以此知其罚暴之证。(《墨子·天志下》)

这样，在墨子的学说里，“天”不仅成为人类命运的最高主宰，而且同时成为人的言行取舍的终极准绳即人类真理的化身。于是，墨子从其实证的、非命的“三表说”最终又戏剧性地返回到其“天志”“天意”的一元论。《墨子·天志中》写道：

是故子墨子之有天之，辟（人）［之］无以异乎轮人主有规，匠人之有矩也。今夫轮人操其规，将以量度天下之圜与不圜也，曰：“中吾规者，谓之圜；不中吾规者，谓之不圜。”是以圜与不圜，皆可得而知也。此其何故？则圜法明也。匠人亦操其矩，将以量度天下之方与不方也，曰：“中吾矩者，谓之方；不中吾矩者。谓之不方。”是以方与不方，皆可得而知之。此其何故？则方法明也。故子墨子之有天之意也，上将以度天下之王公大人为刑政也，下将以量天下之万民为文学、出言谈也。观其行，顺天之意，谓之善意行；反天之意，谓之不善意行。观其言谈，顺天之意，谓之善言谈；反天之意谓之不善言谈。观其刑政，顺天之意，谓之善刑政；反天之意，谓之不善刑政。故置此以为法，立此以为仪，将以量度天下之王公大人、卿、大夫之仁与不仁，譬之犹分墨白也。

梁启超的《墨子学案》在论及墨子的“天志说”时，曾指出其错误、矛盾之处有四个方面，现不妨忠实转引如下：

第一层：墨子证明天志一定是兼爱，他的论据就是“天兼有兼食”。何以能证明天是“兼有兼食”呢？毕竟拿不出证据来。他说“天兼爱”，和老子说“天地不仁”，正是两极端的话，到底谁是谁非？谁也找不出最高法庭来下这判语。

第二层："疾病祸崇"，是否由天做主？若如近世科学昌明后，找出非由天作主的证据，墨子立论的基础，便完全破坏。

第三层：墨子不讲良心上的道德责任，专靠祸福来劝惩，立论是否圆满？墨子说："践履道德得福，否则得祸。"假如有人说："我不愿得福而愿得祸。"（人激于意气时，便往往如此）墨子将奈之何？何况祸福报应还是缥缈无凭呢？

第四层：墨子的天志，和基督教很相像，但有一点大不同处。基督教说灵魂，说他界，墨子一概不说，灵魂、他界，没有对证，祸福之说，勉强还可以维系。专言现世的祸福，越发不能自完。墨子提倡苦行，和基督教及印度各派之教相同。但他们都说有灵魂，所以在极苦之中，却别有个安慰快乐的所在。墨子若是专讲道德责任，不拿利害计较来歆动人，也还罢了。他却又不然，专说的是利害问题。利害和苦乐有密切关系，此本易明之理。他的非乐主义，已经要人把肉体的快乐，牺牲净尽，问有甚么别的快乐来替代呢？却没有。顶多说我"所行合义，心安理得，"算是一种安慰。如此岂不是归到极端的"良心责任说"吗？他却又不以为然。

其实，既然墨子的"天志说"是一种宗教，那么我们就不可苛求其是否能拿出证据来予以实证，就此而言，梁启超对"天志说"批判的前两点并不重要。重要的倒在于其所指出的后两点，即墨子不讲良心上的道德责任，不讲灵魂、他界的对证，而一味依凭祸福的劝惩而把"天"功利主义化的倾向。

这无疑严重地削弱和限制了墨子宗教学说的伦理色彩和超越精神，使其不可能与基督教、佛教这些人类伟大的宗教并驾比肩从而步入世界宗教之林，仅使其停留在一种“民间宗教”的水平而与世俗化的“迷信”等。

从墨子宗教学说的这一局限性出发，我们就不难理解为什么墨子继“天志”之后又提出“明鬼”，不仅希冀于天上上帝的威慑，乃至十八般武艺无所不用地求助于人间鬼魂的恫吓，使其宗教理论愈发赘疣、愈发荒诞不经和不伦不类。墨子在《明鬼》篇中不无虔诚但又不无愚拙地写道：

尝若鬼神之能赏贤如罚暴也，盖本施之于国家，施之万民，实所以治国家、利万民之道也。若以为不然，是以吏治官府之不洁廉，男女之为无别者，鬼神见之；民之为淫暴寇乱盗贼，以兵刃、毒药、水火、退无罪人乎道路，夺人车马、衣裘以自利者，有鬼神见之。是以吏治官府不敢不洁廉，见善不敢不赏，见暴不敢不罪。民之为淫暴寇乱盗贼，以兵刃、毒药、水火，退无罪人乎道路，夺车马、衣裘以自利者，由此止，是以莫放幽间，拟乎鬼神之明显，明有一人畏上诛罚是以天下治。

故鬼神之明，不可为幽间广泽，山林深谷，鬼神之明必知之。鬼神之罚，不可为富贵众强，勇力强武，坚甲利兵，鬼神之罚必胜之。

同时，从墨子宗教学说的这一局限性出发，我们也就不难理解为什么墨子的宗教学说仅仅昙花一现地流行于社会下层，而难以为作为“社会的良心”的知识分子——“士”所认可和接受。以至于后来的中国古代知识分子宁可不远万里到“西天取经”，却始终对近在本土的墨子宗教了无兴趣而不屑一顾。这种舍近求远，不正是对墨子宗教学说的莫大嘲讽吗?

因此，产生于诸子争鸣时期的、作为对人间现实苦难抗议的“天志”学说的提出，曾为墨子在古代中国唤起宗教精神提供了契机。但是，由于该理论自身的局限，这一历史的机遇最终又与墨子失之交臂了。

第二章
墨家的“治”的理论

一、墨家社会思想的阶级属性

墨家社会思想的阶级属性问题是很多墨学研究者的热门话题。墨家思想的阶级属性之所以引起人们的关注，是由于与作为中国古代“士”的思想代表的儒家学说不同,[①] 其作为社会一定阶级的思想代表而具有极为鲜明的阶级特征。因此，墨家的“治”的理论不仅是其哲学思想的延伸，亦在某种程度上是从其代表的一定阶级立场出发对社会现实所做出的理论回应。故要全面了解墨家的社会治的学说，就不能不对其所代表的阶级属性予以必要的分析和探讨。

① 关于儒家与“士”的关系，以及作为“士”的儒家的“以天下为己任”的超阶级、超党派倾向，可参看余英时的《士与中国文化）一书。

如前所述，墨学产生于中国古代政治大变革的春秋战国之交。而这种政治巨变最引人注目的方面，莫过于传统的以血缘亲情为纽带的氏族社会的解体及迎之而来的社会阶级分化的日甚一日。墨子在其著作中，曾愤懑不平地对这一阶级分化所带来的贫富两极对立现象予以一一揭露。他语极沉痛地指出：

当今之主，其为宫室则与此异矣。必厚作敛于百姓，暴夺民衣食之财，以为宫室台榭曲直之望、青黄刻镂之饰。为宫室若此，故左右皆法象之。是以其财不足以待凶饥、振孤寡，故国贫而民难治也……

当今之主，其为衣服，则与此异矣。冬则轻暖，夏则轻清，皆已具矣，必厚作敛于百姓，暴夺民衣食之财，以为锦绣文采靡曼之衣，铸金以为钩，珠玉以为佩，女工作文采，男工作刻镂，以为身服……

（当今之主）厚作敛于百姓，以为美食刍豢，蒸炙鱼鳖。大国累百器，小国累十器，前方丈，目不能遍视，手不能遍操，口不能遍味。冬则冻冰，夏则饰饐。人君为饮食如此，故左右象之。是以富贵者奢侈，孤寡者冻馁，虽欲无乱，不可得也……

当今之主，其为舟车与此异矣。全固轻利皆已具，必厚作敛于百姓，以饰舟车，饰车以文采，饰舟以刻镂。女子废其纺织而修文采，故民寒；男子离其耕稼而修刻镂，故民饥。人君为舟车如此，故左右象之。是以其民饥寒并至，故为奸邪……

当今之君，其蓄私也，大国拘女累千，小国累百，是以天下之男多寡无妻，女多拘无夫，男女失时，故民少……（《墨

子·辞过》)

必须指出的是，这种如泣如诉的揭露不仅是对当时社会现实的忠实写照，亦是发自社会最底层的不平之鸣，即它代表了当时处于水深火热之中的“墨者”的心声。

据清末学者江瑔考证，墨子并非姓墨。其理由是古代诸子学派，例如儒、道、名、法、阴阳、纵横、杂、农各派，都是举其学术之宗旨以名其家，而并无以姓名其家，如儒家非称“孔家”，道家非称“李家”。若墨子为姓而以姓称其学，就显然与九家名称之惯例相悖，故他一反旧袭地指出：

古之所谓墨者，非姓氏之称，乃学术之称也。

那么，墨家的“墨”字又为何义呢？江瑔指出：墨字从黑，故古人训墨为黑，引申为瘠墨、绳墨。因此所谓墨者，是指垢面囚首，面首黎黑之义。墨子以自苦为极，其学恰恰深合于墨字之义，故以墨名其家，人亦称其为墨子。江瑔这一观点得到国学大师钱穆的首肯，但他同时认为其对墨字的解释仍义有未尽。钱考墨字又有“墨罪”之义，故指出墨为刑徒，引申为奴役。因此其认为墨者实为当时奴役者无疑，而墨家的学说即为奴役者的学说。为支持这一观点，钱氏曾罗列出六点证据。其中最具说服力的，依笔者之见莫过于以下三点。

第一点可见之于墨子本人的《贵义》篇：

子墨南游楚，楚王使穆贺见子墨子。曰：“子之言则诚善矣，而君王天下之大王也，毋乃曰贱人之所为而不用乎？”

穆贺以墨道为贱人所为，而接下墨子的回答不仅不否认这一点，而且以草药治疾、农夫入税祭鬼神上帝，汤见贱人伊尹而极力为贱人所为申说辩护。

第二点可见之于《吕氏春秋·高义》篇：

墨子弟子公尚过为越王迎墨子。墨子曰：“若越王听吾言，用吾道，翟度身而衣，量腹而食，比于宾萌，未敢求仕。”

高注：宾，客也，萌，氐也。宾萌的意思，如同现在所说的“客藉流氓”。这也是墨者为奴役者的力证。

第三点可见之于(《荀子·王霸》)篇：

今以一人兼听天下，日有余而治不足者，使人为之也；大有天下，小有一国，必自为之然后可，则劳苦耗顇莫甚焉！如是，则虽臧获不肯与天子易势业。以是县天下，一四海，何必自为之？自为之者，役夫之道也，墨子之说也。论德使能而官施之者，圣王之道也，儒之所谨也。

在这里，荀子直称墨子的学说为“自为之者”的“役夫之道”。由此可见，墨子的学说即为奴役者的学说，这在战国之际已并非是什么秘密，而是为人所公认的事实。

总之，墨学具有极为鲜明的阶级属性，如果说法家是代表了当时新兴统治阶级的一种学说的话，那么，墨家则是代表了当时沦为奴役者的被统治被压迫阶级的一种学说。值得注意的是，对自己的作为“贱人”的社会出身不仅不讳言，而且还以此为学派名称而高自标恃，这正从一个侧面反映了当时“学移民间”之风是何等的深入，当时的学术自由的风气是何等的鼎盛。我们看到，墨学所具有的这种阶级属性在今天国内学术界几乎得到人们的一致认同。人或称墨学为“小手工业者”的学说，或称其为“小生产者”的学说，或称其为“农民”的学说。无论这些观点之间存在的差异有多大，但它们都承认这一事实，即墨学是从属于那种在当时从事于苦力、社会地位低贱，“无恒产”的“劳力”阶级的。

实际上，墨学的阶级属性不仅体现在“墨者”的社会出身上，也不仅体现在堪称中国古代历史上第一个“劳工党”的墨派政治组织的创立上,① 而且更重要的是还体现在其所提出的一系列社会思想的内容上。

而在这些社会思想中，最能集中地代表和反映其阶级属性的，则是令人刮目相看的墨子关于“劳动本位”思想的揭示。墨子不仅提出“赖其力者生，不赖其力者不生”（《墨子·非乐上》），而积极肯定了劳动在人类生存论中的中心地位，而且提出“凡五谷者，民之所仰也，君之所以养也……故食不可不务也，地不可不力也，用不可不节也”（《墨子·七患》），提出“食者，国之宝也”“国无三年之食者，国非其国也；家无三年之食者，子非其子也”（同上），而把为一些“谋道”的君子所不齿的物质生活资料的生产即“谋食”活动视为立国之本。

人们看到，也正是从这种“劳动本位”的思想出发，墨

① 政党是阶级利益自觉的产物。称墨家为一“政党”，这并非过甚其辞。因为墨家不仅其成员有几乎清一色的社会出身，而且他们有统一的思想纲领、统一的组织乃至有其统一领导的政治领袖（“钜子”）。梁启超称其像宗教教会，其实它更像一个政党。这一点，与儒家的“道并行而不悖”“君子不党”的原则形成鲜明的对比。

子强调各尽所能、按劳分配，反对“不与其劳，获其食”“非其所有取之”（《墨子·天志下》）的不劳而食、不劳而获，又据此进而推出其反对战争，反对赤裸裸掠夺的著名的“非攻”理论：

今有一人，入人园圃，窃其桃李，众闻则非之，上为政者得则罚之。此何也？以亏人自利也。至攘人犬豕鸡豚者，其不义，又甚入人园圃窃桃李。是何故也？以亏人愈多，其不仁兹甚，罪益厚。至入人栏厩、取人马牛者，其不仁义，又甚攘人犬豕鸡豚。此何故也？以其亏人愈多。苟亏人愈多，其不仁兹甚，罪益厚。至杀不辜人也，扡其衣裘、取戈剑者，其不义，又甚入人栏厩、取人马牛。此何故也？以其亏人愈多。苟亏人愈多，其不仁兹甚矣！罪益厚。当此天下之君子皆知而非之，谓之不义。今至大为攻国，则弗知非，从而誉之，谓之义。此可谓知义与不义之别乎？（《墨子·非攻上》）

同时，也正是从这种“劳动本位”的思想出发，使墨家学说具有极为激进的“反贵族”色彩。这种“反贵族”的思想不仅体现在其哲学上的反对“天命”坚持命运面前人人平等的“非命”，政治上的反对“贵贵”坚持“虽在农与工肆之人，有能则举之”的“尚贤”，经济上的反对“别利”坚持“有财免以分人”的“兼利”，而且还体现为其把一切贵族文化及生活方式都视为病疴而主张统统扫除清算之，即“节用”“节葬”“非乐”等一系列观点的提出。故钱穆先生曾一针见血地指出“‘反贵族’是初期墨学最主要的根源”，认为儒墨“他们的根本精神，都只是一个‘反贵族’。儒家只是反贵族

的右派，墨家是左派。”（《墨子》，第33～34页）

这也说明了墨子为什么在其著作中对所谓的“古圣王”的“用制”一往情深，乃至于不无固执地坚持人们的衣、食、住、行等方式都必须以朴实无华的“古圣王之制”看齐为准。墨子不厌其烦地写道：

是故古者圣王制为节用之法，曰：“凡天下群百工，轮车鞼匏，陶冶梓匠，使各从事其所能，曰：“凡足以奉给民用，则止。”诸加费不加于民利者，圣王弗为。

古者圣王制为饮食之法，曰：“足以充虚继气，强股肱，耳目聪明，则止。不极五味之调、芳香之和，不致远国珍怪异物……”

古者圣王制为衣服之法，曰：“冬服绀緅（zōu）之衣，轻且暖；夏服絺綌之衣，轻且清，则止……”

古者圣王为大川广谷之不可济，于是利为舟楫，足以将之，则止。虽上者三公、诸侯至，舟楫不易，津人不饰，此舟之利也。

古者圣王制为节葬之法，曰：“衣三领，足以朽肉；棺三寸，足以朽骸；掘穴，深不通于泉，流不发泄。则止。”死者既葬，生者毋久丧用哀。

古者人之始生、未有宫室之时，因陵丘掘穴而处焉。圣王虑之，以为掘穴曰：冬可以避风寒，逮夏，下润湿上熏蒸，恐伤民之气，于是作为宫室而利。然则为宫室之法，将奈何哉？子墨子言曰：“其旁可以圉风寒，上可以圉雪霜雨露，其中蠲洁，可以祭祀，宫墙足以为男女之别，则止。”（《墨子·节用

中》)

其实，墨子这里所顶礼膜拜的理想的“古圣王”不是别人，而是传说中的“平民酋长”夏禹。故《淮南子》指出“墨子学儒者之业……以为其礼烦忧而不悦，厚葬靡财而贫民，服伤生而害事，故背周道而用夏政”（《淮南子·要略训》）。同时，庄子在《天下）篇中亦指出：

墨子称道曰：“昔者禹之湮洪水，决江河而通四夷九州也，名川三百，支川三千，小者无数，禹亲自操橐耜而九杂天下之川；腓无胈，胫无毛，沐甚雨，栉疾风，置万国。禹大圣也，而形劳天下也如此。”

借古是为了喻今，圣人也往往是放大之凡人。墨子这里的对“亲操橐耜”“沐雨栉风”的禹的绘声绘影的描绘，不正是可以看作是对作为劳动者的墨者自己的写真吗?

二、“兼爱”理想

“兼爱”学说在墨子的治的学说中具有中枢地位。孟子曾就墨学一言而蔽之曰“墨子兼爱，摩顶放踵利天下为之”（《孟子·尽心章句上》)，今人梁启超世称“兼爱”为“墨学之根本观念”，他称“墨学所标纲领，虽有十条，其实只从一个根本观念出来，就是兼爱”(《墨子学案》，第15页)。

墨子的兼爱说首先是由“圣人以治天下为事者也，必知乱之所自起”，即追溯社会之乱源起论。他写道：

圣人以治天下力事者也，必知乱之所自起焉能治之；不知乱之所自起，则不能治。譬之如医之攻人之疾者然，必知疾之所自起，焉能攻之；不知疾之所自起，则弗能攻。治乱者何独不然？必知乱之所自起，焉能治之；不知乱之所自起，则弗能治。(《墨子·兼爱上》)

在其看来，溯其根源，人类社会的种种混乱、罪恶皆起于人之“自爱”而非“相爱”：

当察乱何自起？起不相爱。臣子之不孝君父，所谓乱也。子自爱，不爱父，故亏父而自利；弟自爱，不爱兄，故亏兄而自利；臣自爱，不爱君，故亏君而自利。此所谓乱也。虽父之不慈子，兄之不慈弟，君之不慈臣，此亦天下之所谓乱也。父自爱也，不爱子，故亏子而自利；兄自爱也，不爱弟，故亏弟而自利；君自爱也，不爱臣，故亏臣而自利。是何也？皆起不相爱。虽至天下之为盗贼者亦然。盗爱其室，不爱其异室，故窃异室以利其室；贼爱其身，不爱人，故贼人以利其身。此何也？皆起不相爱。虽至大夫之相乱家、诸侯之相攻国者亦然。大夫各爱其家，不爱异家，故乱异家以利其家。诸侯各爱其国，不爱异国，故攻异国以利其国。天下之乱物，具此而已矣！察此何自起，皆起不相爱。(《墨子·兼爱上》)

这样，反对“自爱”的“别相恶”，鼓倡“爱人若爱其身”的“相爱”的“兼相爱”就显然成为“圣人以治天下为事者”的根本和必由之径。故墨子雄论滔滔地写道：

若使天下兼相爱，爱人若爱其身，犹有不孝者乎？视父、兄与君若其身，恶施不孝？犹有不慈者乎？视弟、子与臣若其身，恶施不慈？故不孝、不慈亡有。犹有盗贼乎？故视人之室若其室，谁窃？视人身若其身，谁贼？故盗贼亡有。犹有大夫之相乱家、诸侯之相攻国者？视人家若其家，谁乱？视人国若其国，谁攻？故大夫之相乱家，诸侯之相攻国者亡有。

若使天下兼相爱，国与国不相攻，家与家不相乱，盗贼无有，君臣父子皆能孝慈，若此，则天下治。故圣人以治天下为事者，恶得不禁恶而劝爱？故天下兼相爱则治，交相恶则乱。(《墨子·兼爱上》)

因此，在墨子看来，这种“兼以易别”实在是一桩“兴天下之利，除天下之害”的伟业。故他在展望这种“兼爱社会”时不无美好地写道：

今吾将正求与天下之利而取之，以兼为正。是以聪耳明目相与视听乎！是以股肱毕强相为动宰乎！而有道肆相教诲；是以老而无妻子者，有所侍养以终其寿；幼弱孤童之无父母者，有所放依以长其身。今唯毋以兼为正，即若其利也。不识天下之士，所以皆闻兼而非者，其何故也。(《墨子·兼爱下》)

这不正是为孔子叹为观止地感喟“丘未之逮也”的“大同”世界吗？(礼记·礼运》篇中所描绘的“大道之行也，天下为公。……故人不独亲其亲，不独子其子，使老有所终，壮有所用，幼有所长，矜寡孤独废疾者皆有所养。……货恶其弃于地也，不必藏于己；力恶其不出身也，不必为己”的人类远景，不正是墨子这种“兼爱社会”的写照吗？难怪《礼运》被一些人视为是墨子门人所作。然而这种“人间天国”的理想在现实社会中能否得以推行是值得怀疑的，故“闻兼而非者”的人在当时可谓大有人在。他们提出：“即善矣，虽然，岂可用哉?”针对这一非议，墨子提出“用而不可，虽我亦将非之，且焉有善而不可用者!”（《墨子·兼爱下》）综而言之，其坚信兼爱可以实行的证据不外有以下几点：

第一，历史上的证据。墨子说：“夫挈泰山以超江、河，自古之及今，生民而来，未尝有也。今若夫兼相爱、交相利，此自先圣六王者亲行之。”（《墨子·兼爱下》）为了说明这一点，墨在《兼爱》中、下篇中列举了昔者禹治洪水、征有苗的“兴天下之利，除天下之害”、汤“贵为天子，富有天下，然且不惮以身为牺牲”；文王、武王“为正均分，贵贤罚暴，勿有亲戚弟兄之所阿”为证，指出“兼爱”并非空想之“直愿”，而是为前人早已取法过的历史之实践。

第二，政治上的证据。墨子认为，“民可移也，即求以乡其上也”（《墨子·兼爱下》），即认为“上同下不比”是一条政治的铁律。既然像“约食”“焚身”“苴服”这些“天下之至难为”的事情，人们都可以上行而下效，那么只要君主提倡，这种有百利而无一害的“兼爱”的推行就更非是什么至难之举，而是完全可以被人们驾轻就熟地付诸实践的。故墨子写道：

意以为难而不可为邪？尝有难此而可为者，昔荆灵王好小要，当灵王之身，荆国之士饭不逾乎一，固据而后兴，扶垣而后行。故约食为其难为也，然后力，而灵王说之，未逾于世，而民可移也，即求以乡其上也。

昔者越王勾践好勇，教其士臣三年，以其知为未足以知之也，焚舟失火，鼓而进之。其士偃前列，伏水火而死有，不可胜数也。当此之时，不鼓而退也，越国之士，可谓颤矣。故焚身为其难为也，然后为之，越王说之，未逾于世，而民可移也，即求以乡上也。

昔者晋文公好苴服。当文公之时，晋国之士大布之衣，牂羊之裘，练帛之冠，且苴之屦，入见文公，出以践于朝。故苴服为其难为也，然后为，而文公说之，未逾于世，而民可移也，即求以乡其上也。

是故约食、焚身、苴服，此天下之至难力也，然后为而上说之，未逾于世而民可移也，何故也？即求以乡其上也。今若夫兼相爱、交相利，此其有利，且易力也，不可胜计也，我以为则无有上说之者而已矣。苟有上说之者，劝之以赏誉，威之以刑罚，我以为人之于就兼相爱、并相利也，譬之犹火之就上、水之就下也，不可防止于天下。（《墨子·兼爱下》）

第三，伦理上的证据。墨子认为，信任“兼爱”的人而乐于与其打交道这是人之常情。他举例说，倘使人披甲征战生死未卜，或出使异国归期难测，而必须把自己的父母及妻子、儿女托付他人。在这种情况下，让他在“兼士”与“别士”之间做一选择。那么，“天下无愚夫愚妇，虽非兼之人，必寄托之于兼之有是也”。再如，倘使今有瘟疫而万民勤苦冻馁、转死沟壑之中，在这种情况下，让他在“兼君”和“别君”

之间做一选择。那么,“天下无愚夫愚妇,虽非兼者,必从兼君是也。”(《墨子·兼爱下》)在墨子看来,这一“言而非兼,择即取兼”的事实,不正表明不是“别相恶”,而是“兼相爱”才是人类现实生活中唯一可切实可行的原则吗?

总之墨子认为,凡此种种都说明“兼爱”是可以躬行于天下的“圣王之道”。故他大声疾呼:“君子莫若审兼而务行之”“当若兼之不可不行也”(《墨子·兼爱下》)。然而,具有讽刺意义的是,尽管墨子为实现其兼爱理想“摩顶放踵”而为之,尽管墨子为其兼爱说提出了种种在他看来似乎无懈可击的论据,然而历史的发展却事与愿违。不仅春秋战国之际中国的历史不是沿着“兼相爱”而是沿着“别相恶”的方向愈走愈远,以至于“寡爱”的法家意识形态最终取得统治地位,而且即使在由汉开始的中国爱的传统再建时,墨家的“兼爱”学说也始终被人们敬而远之而遭冷遇,其爱的学说最终被儒家的爱的学说取而代之。这又是为什么呢?

为了说明这一问题,就必须指出墨子爱的学说的理论局限性,而要指出其理论局限性就必须在墨家的爱的学说与儒家的爱的学说之间做一理论对比而找出二者之分歧。

儒墨两家的爱的学说的区别首先表现在儒家的爱的本质是先验的,而墨家的“爱”的本质则是经验的。正如我们曾指出的那样,儒家的爱即其所谓作为“恻隐之心”的内在心理的“仁”。而这种“仁”是“非外烁我也,我固有之也”的一种“良知良能”,即先验的“端绪”,它既是伦理之主体又是宇宙之本体,而不以外在的利害关系为转移。与此相反,墨家从经验论哲学出发的其所谓的爱实际是以外在的物质利益为标准的。其讲“兼相爱”又讲“交相利”，“爱”不仅不离“利”，而且最终是以“利”为其潜台词的。后期墨经《大取》篇提出所谓的“爱厚而利薄，不如爱薄而利厚”“圣人有爱而无利，儒者之言也；天下无爱不利，子墨子之言也”，毋宁一语道破了墨家爱的真正秘密。

从墨子的这种功利化的爱的学说出发，我们就不难理解为什么与儒家的那种不求利益的回报，只求良心的自足自尽的爱的学说不同，在爱的行为上墨子坚持“志”与“功”的统一而积极鼓吹“投之以桃，报之以李。”其在论“孝”与“利”的关系时指出：

姑尝本原之孝子之为亲度音。吾不识孝子之为亲度者，亦欲人爱、利其亲与？意欲人之所恶、贼其亲与？以说观之，即欲人之爱、利其亲也。然即吾恶先从事即得此？若我先从事乎爱利人之亲，然后人报我爱利吾亲乎？意我先从事乎恶从之亲，然后人报我以爱利吾亲乎？即必吾先从事乎爱利人之亲，然后人报我以爱利吾亲也。然即之亲孝子者，果不得已乎？毋先从事爱利人之亲者与？意以天下之孝子为遇，而不足以为正乎？姑尝本原之。先王之所书，《大雅》之所道，曰：“无言而不仇，无德而不报。投我以桃，报之以李”。即此言爱人者必见爱也，而恶人者必见恶也。(《墨子·兼爱下》)

在这里，爱已不再是两心之相印、两情之相契，而是被还原为可以互换的商品关系，连人之亲情都概莫能外。难怪乎墨子在《亲士》篇中提出“虽有贤君，不爱无功之臣；虽有慈父，不爱无益之子”；也难怪乎孟子坚称“墨子无父”。我们看到，始于对无爱社会抗议的墨子的爱的理论，最终实际上又与鼓吹“父母之于子也，产男则相贺，产女则杀之……故父母之于子也，犹用计算之心以相待”（《韩非子·六反》）这一法家的“非爱主义”灵犀相通了。

其次，儒墨两家的爱的学说的区别还表现为儒家强调“爱有差等”，而墨家则主张“僈（僈即曼,无也）差等”即“爱无差等”。对于儒家来说，爱的过程实际上是一种“举斯心加诸彼”的心理“移情”（恕）的过程，即由我爱我的父母推出他人也爱他人的父母，由我爱我的子女推出他人也爱他人的子女……，由此而“老吾老，以及人之老；幼吾幼，以及人之幼”，即由“亲亲”臻至“仁民”。这就是儒家的由己推人、由近及远的“差等之爱”，这也说明了儒家之所以坚持治国“以孝为本”、注重“孝”的教育的积极意义之所在。因此，尽管儒家也鼓吹“泛爱众”的“博爱”。但是他们所谓的“博爱”实际上是以“亲爱”为基础和根据的，“博爱”不外乎是“亲爱”的推扩和展开。与此相反，墨家则不仅主张爱无轻重薄厚而提出“视人之国若视其国，视人之家若视其家，视人之身若视其身”（《墨子·兼爱中》），“爱人，待周爱人而后为爱人；不爱人，不待周；不爱人，不周爱；同为不爱人”（《墨子·小取》），而且一反儒家由近及远的传统提出“必吾先从事于爱人之亲，然后人报我以爱利吾亲也”（《墨子·兼爱下》），而主张爱人优先于“亲亲”。

显然，这种冒似激进的“爱无差等”之提出完全是其功利主义化的爱的学说的理论产物。也就是说，既然爱被还原为利，爱不过是利的代称，那么根据“投之以桃，报之以李”这一利的等价交换的“价值规律”，一切被爱的对象，无论是自己的亲人，抑或是路人都理所当然在这种“爱”面前人人平等而被一视同仁。但是人们不禁要问，一种不是基于无私的给予的而是建立在商品交换基础上的爱怎么能称得上是爱呢？一个不会爱自己的父母、不会爱自己的子女的人，又怎么会爱他人的父母、他人的子女呢？

因此，在物的制作工艺方面，墨子也许堪称“大师”。但是对心灵的爱的认识方面，墨子所表现出的一无所知不是连个孩子都不如吗？

三、“尚同”政略

如果说在墨子的学说里“兼爱”是其社会理想的话，那么，“尚同”则可以被视为是实现这一理想的政治组织保证。而墨子的“尚同”始于“尚贤”，故我们先从“尚贤”谈起。墨子在《尚贤》篇中开宗明义地写道：

今昔王公大人为政于国家，皆欲国家之富，人民之众，刑政之治；然而不得富而得贫，不得众而得寡，不得治而得乱；则是本失其所欲，得其所恶。是其何故也？

子墨子言曰：“是在王公大人为政于国者，不能以尚贤事能为政也。是故国有贤良之士众，则国家之治厚；贤良之士寡，

则国家之治薄。故大人之务，将在于众贤而已。”（《墨子·尚贤上》）

在墨子看来，这种“贤良之士众，则国家之治厚；贤良之士寡，则国家之治薄”的论点并非无端之说，而是有先前的历史为证的。前一点可证之于三代圣王尧、舜、禹，汤、文二武之政：

故古者圣王，甚尊尚贤，而任使能，不党父兄，不偏富贵，不嬖颜色。贤者，举而上之，富而贵之，以为官长；不肖者，抑而废之，贫而贱之，以为徒役。是以民皆劝其赏，畏其罚，相率而为贤者。以贤者众，而不肖者寡，此谓进贤。……贤者之治国也，蚤朝晏退，听狱治政，是以国家治而刑法正。贤者之长官也，夜寝夙兴，收敛关市、山林、泽梁之利，以实官府，是以官府实而财不散。贤者之治邑也，蚤出莫入，耕稼、树艺，聚菽粟，是以菽粟多而民足乎食。……是故上者，天鬼富之；外者，诸侯与之；内者，万民亲之，贤人归之。以此谋事则得，举事则成，入守则固，出诛则强。故唯昔三代圣王尧、舜、禹，汤、文、武之所以王天下，正诸侯者，此亦其法也。(《墨子·尚贤中》)

而后一点则可证之于三代暴王桀、纣、幽、厉之政：

若苟贤者不至乎王公大人之侧，则此不肖者在左右也。不肖者在左右，则其所誉不当贤，而所罚不当暴。王公大人尊此以为政乎国家，则赏亦必不当贤，而罚亦必不当暴。苟赏不当贤，而罚不当暴，则是为贤者不劝，而为暴者不沮矣。是以入则不慈孝父母，出则不长弟乡里，居处无节，出入无度，男女无别。使治官府则盗窃，守城则倍畔，君有难则不死，出亡则不从，使断狱则不中，分财则不均，与谋事不得，举事不成，入守不固，出诛不强。故虽昔者三代暴王桀、纣、幽、厉之所以失措其国家，颇覆其社稷者，已此故也。（《墨子·尚贤中》）

“前车之辙，后车之鉴”，故墨子提出“今王公大人，中实将欲治其国家，欲修保而勿失，胡不察尚贤为政之本与？（《墨子·尚贤中》）”“且今天下之王公大人士君子，中实将欲为仁义，求为上士，上欲中圣王之道，下欲中国家百姓之利。故尚贤之为说，而不可不察此者也。尚贤者，天鬼百姓之利，而政事之本也”（《墨子·尚贤下》）。然而墨子又不无痛心地指出：在当今时代，这一“为政之本”早已被人们遗忘和抛弃了。不是尚贤，而是亲亲、贵贵及以貌取人的原则在社会上盛极一时：

今王公大人，其所富，其所贵，皆王公大人骨肉之亲、无故富贵、面目美好者也。今王公大人骨肉之亲、无故富贵、面目美好者，焉故必知哉？若不知，使治其国家，则其国家之乱可得而知也。

今天下之士君子，皆欲富贵而恶贫贱。然女何为而得富贵而辟贫贱哉？曰：“莫若为王公大人骨肉之亲、无故富贵、面目美好者。王公大人骨肉之亲、无故富贵、面目美好者，此非可学能者也。使不知辩，德行之厚，若禹、汤、文、武，不加得也；王公大人骨肉之亲，躄喑聋，暴为桀纣，不加失也。是故以赏不当贤，罚不当暴。其所赏者，已无故矣；其所罚者，亦无罪。是以使百姓攸心解体，沮以为善。垂其股肱之力，而不相劳来也；腐臭馀财，而不相分资也；隐匿良道，而不相教诲也。若此，则饥者不得食，寒者不得衣，乱者不得治。”(《墨子·尚贤下》)

针对这一不合理的社会现实，墨子提出我们必须像古圣王那样“尚贤事能”，即“虽在农与工肆之人，有能则举之”“无能则下之”，根据“以德就列，以官服事，以劳殿赏，量功而分禄”的原则，对贤者“高于之爵，重予之禄，任之以事，断予之令”，从而使下至里长上至天子的所有的政治官职都由真正的贤人来执掌担任。

这无疑代表了下层劳动阶级分享权力的愿望从而可视为是古代政治民主主义思想的一种反映。但是，墨子的政治目的不止于此，其之所以提出“举贤”，还在于企图使“贤人”从抽象的人格变成现实的普遍的政治力量，即为用“贤人之道”统一天下提供组织保障。为了说明这一点，我们对墨子社会思想的探讨就必须从其“尚贤”学说转入其“尚同”的主张。

墨子的“尚同”的主张是由其具有“契约论”性质的社会起源说推出的：

方今之时，复古之民始生，未有正长之时，盖其语曰，天下之人异义。是以一人一义，十人十义，百人百义。其人数兹众，其所谓义者亦兹众。是以人是其义，而非人之义，故相交非也。内之父子、兄弟作怨仇，皆有离散之心，不能相和合。至乎舍余力不以相劳，隐匿良道不以相教，腐朽馀财不以相分，天下之乱也，至如禽兽然。无君臣、上下、长幼之节，父子、兄弟之礼，是以天下乱焉！明乎民之无正长，以一同天下之义，而天下乱也，是故选择天下贤良、圣知、辩慧之人，立以为天子，使从事乎一同天下之义。(《墨子·尚同中》)

因此，墨子所谓的“尚同”的“尚”，即上级下级之“上”，“尚同”即“上同于天子”。而之所以必须上同于天子，是因为墨子认为天子作为天下最大的贤人乃是社会真理即“公义”的化身。故同于天子社会则治，而悖于天子社会则乱。这就是墨子所谓的“上同下不比”。墨子认为，天子被民选出后，他又选贤人为三公、为国君，国君又选贤人为将军、大夫、乡长、里长。故这种“上同下不比”不是一次性完成的，而是一个通过与作为贤人的各级长官的不断上同的层层递进的过程：

是故里长顺天子政，而一同其里之义。里长既同其里之义，率其里之万民，以尚同乎乡长，曰：“凡里之万民，皆尚同乎乡长，而不敢下比。乡长之所是，必亦是之；乡长之所非，亦必非之……”

乡长治其乡，而乡既已治矣，有率其乡万民，以尚同乎国君，曰：“凡乡之万民，皆上同乎国君，而不敢下比。国君之所是，必亦是之；国君之所非，必亦非之……”

国君治其国，而国既已治矣，有率其国之万民，以尚同乎天子，曰：“凡国之万民，上同乎天子，而不敢下比。天子之所是，必亦是之；天子之所非，必亦非之。去而不善言，学天子之善言；去而不善行，学天子之善行。天子者，固天下之仁人也。举天下之万民，以法天子，夫天子何悦而不治哉？”

(《墨子·尚同中》)

这是一个“宝塔形”的结构的社会，处于这一宝塔顶端的是天子一人。天子不仅握有至高无上的权力，而且既为政治领袖又为思想导师地一身兼二任。在这个社会里，人们不仅使自己的行为严格听命于天子的指挥，而且在思想意志上也和天子保持彻头彻尾的一致。实际上，这一为墨子所理想的统一行动、统一意志的社会制度在维持了百年之久的墨派组织里得到了忠实的体现，而其组织的最高首领“钜子”毋宁就是墨家心目中这一“天子”的化身。庄子《天下》篇称墨派“以钜子为圣人，皆愿为之尸，冀得为其后世”，《淮南子》称“墨子服役者百八十人，皆可使赴火蹈刃，死不还踵”。此外，《吕氏春秋·上德》中的记载更是绘声绘影：

墨者钜子孟胜，善荆之阳城君。阳城君令守于国，毁璜以为符。约曰：“符合，听之。”荆王薨，群臣攻吴起，兵于丧所，阳城君与焉。荆罪之，阳城君走。荆收其国，孟胜曰：“受人之国，与之有符；今不见符，而力不能禁，不能死，不可。”其弟子徐弱谏孟胜曰：“死而有益阳城君，死之可矣；无益也，而绝墨者于世，不可。”孟胜曰：“不然，吾于阳城君，非师则友也，非友则臣也。不死，自今以来，求严师必不于墨者矣；求贤友必不于墨者矣；求良臣必不于墨者矣。死之所以行墨者之义而继其业者也。我将属钜子于宋子田襄子。田襄子贤者也，何患墨者之绝于世也?”徐弱曰：“若夫子之言，弱请先死以辟路。”还殁头于孟胜前。因使二人传钜子于田襄子。孟胜死，弟子死之者百八十三人。二人已致命于田襄子，欲反死孟胜于荆。田襄子止之曰：“孟子已传钜子于我矣，当听！”遂反死之，墨者以为不听钜子。

这一以其忠烈精神而令人可歌可泣的故事，不也正是对“钜子”所拥有的绝对权威的逼真的写照吗？梁启超认为墨家的钜子制度依据于其“尚同”理论，并将“钜子”的身份地位与天主教的“教皇”画等号。但是，“钜子”被其门徒顶礼膜拜的程度，不是让教皇这一人间准神也倾慕不已而甘拜下风吗？

总之，墨子的“尚同”学说始于“尚贤”的反贵族政治特权，而最终又走向极端、彻底的君主对权力的独裁和垄断。尽管“尚贤”为每个人参与政权开辟了途径，使“朝为田舍郎，暮登天子堂”成为可能，但是这种“尚贤”又最终充其量不过是为使社会专制机器更有效地运转，不过是为了一批政治“新贵”取代“旧贵”创造条件。因此，无论墨子如何坚持他的这种极权社会的政治领袖是“贤者”而非“不肖”，是“平民”而非“贵族”，是“民选”而非“世袭”，它都丝毫不能改变其社会不合理的专制性质。梁启超称墨子的社会是“平等而不自由”的社会。然而，人的自由是人与人之间平等的真正基础，在一个天子、国君及各级官吏“其之所是必亦是之，其之所非必亦非之”，而人民则完全丧失行为选择和思想自由的国度，人与人之间又有什么平等可言？即使有，这种平等又有什么意义？

显然，比起坚持所谓“民贵君轻”、所谓“君臣以义合”、所谓“从道不从君”的儒家的“和而不同”学说，墨子的这种鼓吹君主专制的“尚同”学说无疑是一巨大的理论倒退。尽管表面上墨家和儒家一样似乎同为一种“人治”的学说，但是由于墨家的这种“人治”不是基于人内在的心理需求而是求助于外在“义”的服从，故它实际与儒家的以“德”为核心的“人治”理论截然异趣而与法家以“法”为核心的“势治”学说别无二致。因此，墨家的学说毋宁与法家的学说一起共同构筑了中国古代专制主义的理论基础。所不同的是，如果说法家的专制理论是基于统治阶级立场而从维护少数统治者的政治利益出发的话，那么，墨家的专制理论则是基于被统治阶级的立场而从保扩大多数人的社会公义出发。然而，无论墨法两家的立场和出发点如何判若霄壤，它们都不谋而合地以论证专制主义的合理性为其理论归宿。故就其最终结论来说，墨法两家不惟不对立而恰恰是相得益彰、互为补足的。而专制主义思想之所以在中国古代历史上积重难返、根深蒂固，不也正是可以从这种“墨法互补”中找到其最好的理论脚注吗?

溯其根源，墨家之所以在政治上皈依专制主义，不仅在于“墨者”政治上作为自在的被奴役阶级而缺乏自为的历史主体意识，也不仅在于“墨者”生存悲惨无助而不得不寻求强有力的君主庇护，而且还在于其“兼爱”这一社会理想的先天不足。也就是说，一种真正合理的从而也真正可付诸实现的社会理想，必须以人为中心，必须以人的潜能的实现即“人性”自我发展为宗旨。而墨家的“兼爱”学说则不然。其不仅“见物不见人”地以物的“利”偷换人的“爱”，而且“有见于齐而无于畸”地根本无视“亲爱”为“兼爱”之基础而最终使爱失去其自身发展之依据。这样，为了在现实中推行这种无人称的、无根据的“爱”，墨家当然就不能诉诸于人本己的“率性”之自然，而只能求助于异己的“人为”之强权了。

因此，当我们为墨家提出“兼爱”之“大同”理想欢欣鼓舞，而又同时为其提出“尚同”之“专制”手段不无抱憾时，必须看到，前者不唯不与后者相矛盾，而且恰恰体用不二地为后者赖以产生的前提和本源。

四、“非人文主义”

显而易见，无论是墨家反对“爱有差等”的“兼爱”说的提出，还是其反对“和而不同”的“尚同”论的提出，都是对中国古代由周开创的“礼治”精神的背弃。这就迫使我们对墨家思想的研究从其上述政治主张转向其对礼乐的态度和观点，即转向我们称之为的一种从根本上否定礼乐的“非人文主义”这一墨家思想。实际上，这种“非人文主义”不仅为我们说明了墨家社会治的学说的人学渊源，而且从根本上规定了墨家社会治的学说的性质、方向和立场。

墨家对礼乐的菲薄和反对，除可散见之于其《非儒》等篇中对所谓“繁饰礼乐以淫人”的儒家的抨击外，主要体现在其旗帜鲜明地提出的“节葬”和“非乐”的思想上。

众所周知，丧葬之礼作为“五礼”（吉、凶、宾、军、嘉）之一在中国礼制中具有重要地位，而历来受到儒家的推崇和重视。孔子称“生，事之以礼；死，葬之以礼，祭之以礼”（《论语·学而》），孟子云“养生丧死无憾，王道之始也”（《孟子·梁惠王章句上》），而《大戴礼记·盛德》篇则就丧葬之礼的重要意义明确指出：

凡不孝生不仁爱也，不仁爱生于丧祭之礼不明。丧祭之礼所以教仁爱也，致爱故能致丧祭，春秋祭祀之不绝，致思慕之心也。夫祭祀，致馈养之道也。死且思慕馈养，况于生而存乎？故曰：丧祭之礼明，明民孝矣。故有不孝之狱，则饰丧祭之礼也。

实际上，丧葬之礼的意义不仅在于其作为一种情的表达用于孝子“致思慕之心”，即所谓“居于倚庐，哀亲之在外也；寝苫枕块，哀亲之在土也”（《礼记·问丧》），而且还在于其作为一种审美形式而不失为中国古代“人文主义”思想的一种集中反映。也就是说，古人通过“居于倚庐”“寝苫枕块”“三年守丧”等“有意味的形式”“事死如事生”“事亡如事存”，使生者与亡人克服了其固有的时空限制而成为无间的审美整体，使人的存在由自在的“物在”变为自为的“人文”，从而最终使人自身的生命升华为一种超越生死的“自由形式”。

这正是儒家鼓倡丧葬之礼的积极的社会学、人学意义之所在。然而与之不同，墨家一反儒家“重丧”思想，不仅主张对“亲亲”之爱根本破斥，而且主张对丧葬的一切文的形式予以彻底革除。这就是墨子所谓的“节葬”：

子墨子制为葬埋之法，曰：棺三寸，足以朽骨；衣三领，足以朽肉。掘地之深，下无菹漏，气无发泄于上，垄足以期其所，则止矣。哭往哭来，反，从事乎衣食之财，佴乎祭祀，以致孝于亲。故曰子墨子之法，不失死生之利者此也（《墨子·节葬下》）。

在墨子看来，这一简陋无华的丧葬之法并非是他个人的发明，而是对“尚质不尚文”的远古之制的承袭：

昔者尧北教乎八狄，道死，葬蛩山之阴，衣衾三领，穀木之棺，葛以缄之，既泌而后哭，满坎无封。已葬，而牛马乘之。舜西教乎七戎，道死，葬南己之市，衣衾三领，穀木之棺，葛以缄之。已葬，而市人乘之。禹东教乎九夷，道死，葬会稽之山，衣衾三领，桐棺三寸，葛以缄之，绞之不合，通之不坎，土地之深，下毋及泉，上毋通臭。既葬，收馀壤其上，垄若参耕之亩。则止矣。若以此若三圣王者观之，则厚葬久丧，果非圣王之道。故三王者，皆贵为天子，富有天下，岂忧财用之不足哉！以为如此葬埋之法。（《墨子·节葬下》）

抬出古制正是对愈演愈繁的“周文”的反击。墨家高举“兴天下之利，除天下之害”的大旗，从对社会发展的利害分析入手，对日益流于繁文缛节的“厚葬久丧”的礼俗予以猛烈抨击。其反对厚葬久丧的礼俗的理由主要有以下几点：

其一，厚葬久丧不利于国家富足。墨子指出，一方面，厚葬“多埋赋财者”使社会财富无端浪费：“此存乎王公大人有丧者，曰棺椁必重，葬埋必厚，衣衾必多，文绣必繁，丘陇必巨；[存]乎匹夫贱人死者，殆竭家室；[存]乎诸侯死者，虚车府，然后金玉珠玑比乎身，纶组节约，车马藏乎圹，又必多为屋幕、鼎鼓、几梴、壶滥、戈剑、羽旄、齿革，寝而埋之，满意。”另一方面，久丧“久禁从事者”而阻塞了社会生财之路：“处丧之法，将奈何哉？曰：哭泣不秩声，翁缞绖垂涕，处倚庐，寝苫枕块；又相率强不食而为饥，薄衣而为寒。使面目陷陬，颜色黧黑，耳目不聪明，手足不强劲，不可用也。又曰：上士之操也，必扶而能起，杖而能行，以此共三年。若法若言，行若道，使王公大人行此，则必不能蚤朝五官六府，辟草木，实仓廪。使农夫行此，则必不能蚤出夜入，耕稼树艺。使百工行此，则必不能修舟车，为器皿矣。使妇人行此，则必不能夙兴夜寐，纺绩织纴。”（《墨子·节葬下》）

其二，厚葬久丧不利于人口增殖。墨子认为，久丧的制度要求“君死，丧之三年；父母死，丧之三年；妻与后子死者，五皆丧之三年。然后伯父、叔父、兄弟、孽子其，族人五月；姑姊甥舅皆有月数”，若以此而行，“是故百姓冬不仞寒，夏不仞暑，作疾病死者，不可胜计也。此其为败男女之交多矣。以此求众，譬犹使人负剑而求其寿也。”（《墨子·节葬下》）

其三，厚葬久丧不利于国家之治。墨子指出，厚葬久丧既然使“国家必贫，人民必寡”，那么，“使为上者行此，则不能听治；使为下者行此，则不能从事。上不听治，刑政必乱；下不从事，衣食之财必不足。若苟不足，为人弟者求其兄而不得，不弟弟必将怨其兄矣；为人子者求其亲而不得，子孝子必是怨其亲矣；为人臣者求之君而不得，不忠臣必且乱其上矣。

是以僻淫邪行之民，出则无衣也，入则无食也，内续奚吾，并为淫暴，而不可胜禁也。是故盗贼众而治者寡。……治之说无可得焉。”（《墨子·节葬下》）

除上述三点外，墨子还从有害无利于禁止侵略战争，有害无利于祈福于上帝鬼神等方面论证了厚葬久丧的不合理性质。最后，墨子带有总结性地写道：

是故求以富国家，其得贫焉；欲以众人民，其得寡焉；欲以治刑政，甚得乱焉；求以禁止大国之攻小国也，而既已不可矣；欲以干上帝鬼神之福，又得祸焉。上稽之尧、舜、禹、汤、文、武之道，而政逆之；下稽之桀、纣、幽、厉之事，犹合节也。若以此观，则厚葬久丧，其非圣王之道也。……故子墨子言曰：今天下之士君子，中请将欲为仁义，求为上士，上欲中圣王之道，下欲中国家百姓之利，故当若节丧之为政，而不可不察此者也。（《墨子·节葬下》）

这就是墨子的“节葬”学说。必须承认，作为一定历史的产物，它的提出无疑具有其合理的积极的社会意义。在墨子时代，传统的丧葬之礼不惟“文胜质则史”地流于日益烦琐的虚伪形式，而且亦由于殚耗民脂民膏而严重危及民生国计。墨子从维护劳动者的利益出发，反对“礼”对“利”的剥夺而主张移风易欲革除旧习，这正和当时要求对“上层建筑”除旧布新的历史潮流相吻一致。但是必须强调指出的是，墨子这里的分析是完全基于一种“单向度”的功利主义（尽管其强调的利是“公利”而非“私利”），然而丧葬之礼既然本身作为一种审美形式的礼，它就恰恰具有一定的超功利的性质。

而墨子则一切以现实的功利为取舍而不无决绝地主张“死不服，桐棺三寸而无棉”，完全无视和否定“礼文”本身的存在意义，不是“以质救文”而是“以质灭文”，这就不能不使他的学说失之独断和偏激。荀子称“墨子蔽于用而不知文。……故由用谓之道，尽利矣”（《荀子·解蔽》）。这一断语，无疑一针见血地为我们指明了墨学的真正误区。

我们看到，这种“蔽于用而不知文”的倾向不仅体现在墨家“节葬”之提出，而且还进一步地体现在墨家更为激进的“非乐”的主张上。如果说前者由于“礼”作为一种“依附美”而使墨家反文的色彩还不够明显的话，那么，后者由于“乐”作为一种“纯粹美”则使其反文的思想完全、彻底地暴露无遗。

墨家之提出“非乐”主张，其理论依据完全与“节葬”别无二致。墨子在《非乐》篇一开始就开宗明义地指出：

仁之事者，必务求兴天下之利，除天下之害，将以为法乎天下，利人乎即为，不利人乎即止。且夫仁者之为天下度也，非为其目之所美，耳之所乐，口之所甘，身体之所安，以此亏夺民衣食之财，仁者弗为也。

是故子墨子之所以非乐者，非以大钟、鸣鼓、琴瑟、竽笙之声，以为不乐也；非以刻镂、华文章之色，以为不美也；非以牰豢煎炙之味，以为不甘也；非以高台、厚榭、邃野之居，以为不安也。虽身知其安也，口知其甘也，目知其美也，耳知其乐也，然上考之，不中圣王之事；下度之，不中万民之利。是故子墨子曰：为乐，非也。（《墨子·非乐上》）

万变不离其宗，依然是以“利”为世间一切事物取舍的唯一准则。既然如此，那么在这一“唯利是图”的国度里，“乐”作为一种“非功利而给人以愉快”的东西就当然没有其栖身之所了。故对于墨子来说，其之所以“非乐”，不仅由于致乐像事礼一样地“亏夺民衣食之财”，而且还在于它像事礼一样地妨害人从事获取物质财富的劳作：

今惟毋在乎在士君子，说乐而听之，即必不能竭股肱之力，亶其思虑之智，内治官府，外收敛关市、山林、泽梁之利、以实仓廪府库，是故仓廪府库不实。今惟毋在乎农夫，说乐而听之，即必不能蚤出暮入，耕稼树艺，多聚叔粟，是故叔粟不足。今惟毋在乎妇人，说乐而听之，即必不能夙兴夜寐，纺绩织纴，多治麻丝葛绪、綑布縿，是故布縿不兴。孰为大人之听治、而废国家之从事？曰：“乐也。”是故子墨子曰：“为乐，非也。”（《墨子·非乐上》）

同时，也正是从这种功利主义思想出发，墨子在理论上批评了儒家“乐以为乐”的观点：

子墨子曰问于儒者：“何故为乐？”曰：“乐以为乐也。”子墨子曰：“子未我应也。今我问曰：‘何故为室？’曰：‘冬避寒焉，夏避暑焉，室以力男女之别也’。则子告我为室之故矣。今我问曰：‘何故为乐？’曰：‘乐以为乐也。’是犹曰‘何故为室？’曰：‘室以为室也。’”（《墨子·公孟》）

在这里，墨子自以为高明，但恰恰暴露了其极端的无知。实际上，人生在世，并非事事都循着一定的目的、具有一定用途（“故”）的。比如，“吃饭是为了活着”，那么其最终又走向死亡的这种“活着”又是为什么呢？再如，人悲而哭，喜而笑，这种哭哭笑笑难道也是为了什么吗？显然，人的生命行为作为一种“自为存在”而非“为他存在”，它不同于完全受因果律支配的自然界的其他事物，而是服从于一种不以因果利害关系为转移的“自由逻辑”的。而音乐和艺术作为生命本身的表达方式正是以这种逻辑为自身规定的，这也就是儒家所谓的“乐以为乐”。换言之，“乐”诚如康德所说是一种“无目的的合目的性”的审美形式，唯其“无目的”，它才“以自身为目的”，它才服务于、符合于人自身的最高目的——“自由”也即“游戏”的。

因此，墨家的“蔽于用”不仅是由于其“不知文”，而且最终亦是由于其“不知人”。他们不明白，人之所以离不开“文”是因为人具有一颗永远不满足于“物质”规定的需要自由表达、自由诉说的“心”。故庄子称墨学“反天下之心”，其不无雄辩地写道：

今墨子独生不歌，死不服，桐棺三寸而无椁，以为法式。以此教人，恐不爱人；以此自行，固不爱己。未畋墨子道，虽然，歌而非歌，哭而非哭，乐而非乐，是果类乎？其生也勤，其死也薄，其道大觳；使人忧，使人悲，其行难为也，恐其不可以为圣人之道，反天下之心，天下不堪。墨子虽独能任，奈天下何！离于天下，其去王也远矣。(《庄子·天下》)

这不正是从“人道”的高度为我们揭明了墨家学说最终不为人所接受而难以实行的原因吗？

五、墨学的余响

墨学衰亡的原因，似乎已成为一难以解开的历史之结。

墨学在中国历史上曾有过其可引为自豪的辉煌时期。孟子曾称“杨朱、墨翟之言盈天下。天下之言，不归杨，则归墨”(《孟子·滕文公章句上》)，韩非子称“世之显学，儒墨也(《韩非子·显学》)，《吕氏春秋》亦称“孔墨皆死久矣，从属弥众，弟子弥丰，充满天下”。“孔墨之后学，显荣于天下者众矣，不可胜数。”然而，这种鼎盛仅维持了百余年时间。近人孙诒让指出：“墨氏之学亡于秦季；故墨子遗事，在西汉时已莫得其详。”诚如孙氏所说，自秦以后，一度轰轰烈烈的墨学犹如过眼烟云，奇迹般地消失了。不独司马迁《史记》中没有墨子的列传，在谈及墨子时仅用二十四字轻描淡写一笔带过，而且由秦以下殆至有清的近两千年历史中治墨者廖若晨星，墨学似乎已被历史遗忘而根本无人提及。这又是为什么呢?

胡适在《中国哲学史大纲》中谈到墨学由极盛而骤衰的原因时，把其归纳为以下三点：

第一，由于儒家的反对。

第二，由于墨家学说遭政客之猜忌。

第三，由于墨家后进的诡辩太微妙了。

除由于第三点实际谈的是“别墨”而非“真墨”，故人们无须对其认真对待外，就其第一、第二点来说，胡适的观点显然也不能成立。“由于儒家的反对”，然而墨家又何尝不“非儒”。“由于遭政客之猜忌”，然而儒家又何尝不“遭政客之猜忌”。其实儒家学说岂止是“遭政客之猜忌”，其书被焚、人被炕而所遭致的水深火热的悲惨处境更是比墨家有过之而无不及的。然而同样面对政治上的不公正的待遇，墨家则从此一蹶不振，而儒家却像不死鸟一样地在秦火的余烬中重获新生，而最终取得了中国文化政治的支配和统治地位。这一事实不正说明了一种学说、一种理论，它的历史命运不是取决于外界的种种条件，而是最终取决于它自身所固有的生命力吗？

因此，寻本追源，墨家学说衰亡实出自其自身理论的原因。而要说明这一原因，就必须将墨家学说与它一度与之分庭抗礼而后又被其战而胜之的儒家学说做一对比。在儒墨比较学方面，唐人韩愈曾提出过著名的“儒墨同一”论：

儒讥墨，以尚同、兼爱、尚贤、明鬼。而孔子畏大人，居是邦不非其大夫；春秋讥专臣，不尚同哉？孔子泛爱亲仁以博施济众为圣，不兼爱乎？孔子贤贤，以四科进褒弟子，疾没世而名不称，不尚贤哉？孔子祭如在，讥祭如不祭者，不明魁哉？儒墨同是尧舜，同非桀纣，同修身正心以治天下国家，奚不相悦如是哉……孔子必用墨子，墨子必用孔子。（《韩昌黎集·墨子序》）

这显然是过甚其辞。与之不同，更多的人则是看到儒墨之间势不两容的对立。近人夏曾佑则称“孔子亲亲，墨子尚贤；

孔子差等，墨子兼爱；孔子繁礼，墨子节用；孔子重丧，墨子节葬；孔子统天，墨子天志；孔子远鬼，墨子明鬼；孔子正乐，墨子非乐；孔子知命，墨子非命；孔子尊仁，墨子贵义；殆无一不与孔子相反”。这种只讲异而不讲同显然也失之偏执了。实际上，儒墨之间的区别对立不容否认，但并不能据此就完全无视二者之间的同一。这种同一性表现在，面对日益严峻的社会两极分化的历史现实，二者“同是尧舜，同非桀纣”都尊王抑霸，都要求政治平等而反对建立在赤裸裸的掠夺和剥削基础上的贵族阶级政治。同时，为实现这一宗旨，儒家与墨家却采取了两条迥然不同的途径。要而言之，如果说前者通过“以仁释礼”而试图将一切社会政治形式重新内在化地纳入人本身的机制的话，那么，后者则通过“以利释仁”而将一切社会政治形式外在化为超我的利益共同体。然而一种社会政治形式，无论如何高自标恃其不是“别利”而是“兼利”而“代表人类的共同利益”，如果它不从“自为”的“人”的本身出发而是完全从“为他”的“利”出发，如果这种“利”不是体用不二地纳入人本身的机制的话，它都是一种“有用无体”的社会政治形式，它都会由于没有其内在的人类学的根据而失去其自身发展的生命和动力。于是我们就不难明白，为什么貌似“唯心”的儒家学说反而更具现实性地为历史所认可，而看来“唯物”的墨家学说却流于乌托邦的空想而最终被历史所唾弃而绝迹。

因此归根结底，墨家学说的衰亡与以“法”为中心的法家学说的衰亡一样，它们都是由于其学说的反人本的性质。①然而须要强调指出的是，正如墨家学说的产生是一定社会阶级的意识形态的反映一样，只要这一社会阶级基础存在，就始终为墨家学说在历史上重新抬头提供了可能，就并不意味着墨家学说真正的寿终正寝。在中国这样一个小生产如同汪洋的社会里，一旦激烈的阶级对抗导致旧的政治传统土崩瓦解而小生产阶级一枝独秀地取得绝对的政治统治地位，并企图以自己特定的“阶级意识”支配取代“类的意识”时，墨家思想就会好风凭借力地在政治生活中再显峥嵘。

中国近代太平天国运动的出现就是这一点的最好例证。作为对“世道乖漓，人心浇薄，所爱所憎，一出于私”和“相侵、相夺、相斗，相杀而沦胥以亡”的社会现实的激烈批判，太平天国运动的政治领导人在政治上提出：

遐想唐、虞、三代之世，有无相恤，患难相救，门不闭户，道不拾遗，男女别涂，举选上德。尧、舜病博施，何分此土彼土；禹、稷忧饥溺，何分此民彼民；汤武伐暴除残，何分此国彼国；孔孟殆车烦马，何分此邦彼邦。盖实夫天下凡间，分言之则有万国，统言之则实一家。……天下多男人，尽是兄

① 其实，法家的“法”是建立在人的“趋利避害”基础上的，它亦是以“利”为其实质内容的。所不同的是，如果说墨家的“利”是指较具普遍性的天下人之“公利”的话，那么法家的“利”则主要是指特殊的君主之“私利”。然而，无论“公利”和“私利”之间如何对立，它们都不失为一种“利”。因此，墨法两家尽管其政治立场迥然异趣，但就其功利主义的哲学观而言却是别无二致的。这种共同的功利主义，正是人所称的“墨法合流”的真正的哲学基础。

弟之辈；天下多女子，尽是姊妹之群；何得存此疆彼界之私，何可起尔吞我併之念！是故也孔丘曰：“大道之行也，天下为公，选贤与能，讲信修睦。故人不独亲其亲，不独子其子，使老有所终，壮有所用，幼有所长，鳏寡孤独废疾者皆有所养。男有分，女有归。货恶其弃于地也，不必藏于己；力恶其不出于身也，不必为己。是故奸邪谋闭而不兴，盗窃乱贼而不作，故外户而不闭，是谓大同。”而今可望哉！（《原道醒世训》）

这种“大同社会”不正是墨家“兼爱”理想的重申吗？同时，正如墨家的“爱”最终落实到“利”一样，与这一“大同”理想相平行，太平天国运动在经济上提出：

凡天下田，天下人同耕，此处不足，则迁彼处，彼处不足，则迁此处。凡天下田，丰荒相通，此处荒，则移彼丰处以赈此荒处，彼处荒，则移此丰处以赈彼荒处。务使天下共事天父上主皇上帝大福，有田同耕，有饭同食，有衣同穿，有钱同使，无处不均匀，无人不饱暖也。……凡当收成时，两司马督伍长除足二十五家每人所食可接新谷外，余则归国库，凡麦、豆、苧麻、布帛、鸡、犬各物及银钱亦然。盖天下皆天父上主皂上帝一大家，天下人人不受私物，物归上主，则主有所运用，天下大家处处平均，人人饱暖矣。（《灭朝田亩制度》）

这种“共有共享”不正是墨家的“兼利”主张的体现吗？而不无绝对地坚持“兼爱”“兼利”必然导致对“亲亲”这一人道原则的背弃和否定。在这方面，太平天国运动比墨家走得更远，其不仅全面推行单一的绝对的“国有制”而彻底废除私有形式，而且甚至把社会变军营，将男女老少分馆居住而断然取消家庭。然而，一种乖背人性的政治制度要真正能得以推行，就只能求助于人为的强权政治。因此在太平天国运动中我们看到，一方面鼓吹广泛的“博爱”，另一方面却对专一的权力不无向往和敬畏；一方面鼓吹人与人之间的平等，另一方面却使森严的等级制度与之并行不悖。而处在这一等级制度顶巅的是“自比太阳”的“天王”，“天王”不仅集大权于一身，不仅政教合一地作为“天弟”已几近与人格神等，而且对下实行军事化的垂直领导使自己成为法的绝对。《天朝田亩制度》关于太平天国的司法行政程序写道：

> 或各家有争讼，两造赴两司马，两司马听曲直。不息，则两司马挈两造赴卒长，卒长听其曲直。不息，则卒长尚其事于旅帅、师帅、典执法及军帅，军帅会同典执法判断之。既成狱辞，军帅又必尚其事于监军，监军次详总制、待卫、指挥、检点及丞相，丞相禀军师，军师奏天王，天王降旨，命军师、丞相、检点及典执法等详核其事，无出入，然后军师、丞相、检点及典执法直启天王主断。天王乃降旨主断，或生，或死，或予，或夺，军师遵旨处决。

这种“定天下于一尊”不正是墨家“尚同”思想的写照吗？因此，凡此种种表明，太平天国运动的政治思想虽不直接源自墨子，但是实际上其精神实质却与墨家思想是息息相通、一脉相承的。它毋宁可看作是古老的墨家思想在近代中国的复活，是墨家思想在现实政治中的对应和实行。而这一自诩为

“铁统江山”的“人间天国”最终胎死腹中，其寿命之短、败亡之迅，尽管有种种历史的偶然因素可资开脱说明，但不也正是可以从这一“墨式”思想的固有的局限性中为其找到最根本的原因吗？

耐人寻思的是，太平天国运动在血雨腥风中降下了帷幕，然而墨家思想并没有因此就销声匿迹。相反，民国伊始，伴随着以儒家为代表的中国文化传统被打翻在地和西学的大举入侵，在中国思想文化界治墨开始被人们奉为时髦，墨学又一次在中国历史上发出耀眼的回光返照。治墨者与当时风行一时的外来的实用主义、唯科学主义、空想社会主义、民粹主义等思潮为伍合流，为墨子披上“平等博爱”的华丽的现代时装，冠以“伟大的平民思想家”的美称。更有甚者，为拔高墨学，一些人竟凡家珍必“舶来”地推出墨子为异域之印度人、阿拉伯人或犹太人的无徵之论。而在墨学复兴运动中，对墨学鼓吹最力的则推梁启超，其不仅取墨义自号“任公”，而且不无激进地在《新民丛报》危言“唯墨可救中国”以耸众听：

今举中国皆杨也，有儒其言而杨其行者，有杨其言而杨其行者，甚有墨其言而杨其行者，亦有不知儒不知杨不知墨而杨其行于无意识之间者。呜呼！杨学遂亡中国，杨学遂亡中国！今欲救之，厥惟学墨：惟无学别墨而学真墨。

尽管梁启超的观点以多变著称，其后来又从扬墨走向抑墨而对墨学诸多思想予以破斥,[①] 然而中国历史的发展趋势似乎被梁启超一语言中了，嗣后中国政治生活的运行更多地不是被“杨学”而是被“墨学”所影响和规定。即使在20世纪下半叶的现代中国，墨学思想的潜在影响亦是不容忽视和否认的。从“一夜建成共产主义”的“共产风”到难以割舍的“大锅饭”积习；从对“行政命令”的迷信到“凡是论”的盛极风靡；从对革命“苦行”的一味极端提倡到“文革”“破四旧”中对一切“文”的形式的彻底革命和抛弃……在这些“极左”的思潮和口号中，人们不是可以似曾相识地看到墨学的影子，目睹到早已绝迹的历史沉渣又一次泛起吗?

因此，对墨家学说的批判不仅没有过时，而且对于今人来说，它不啻为一具有极其重要的现实意义的思想课题。

---

① 梁启超对墨家思想态度之转变，可见之于其《先秦政治思想史》一书。例如其在《墨子学案》中力斥孟子对墨子的“无父”的指控，而在《先秦政治思想史》一书中则称“吾以为孟子‘兼爱无父’之断言不为虐矣”。又如，其在《墨子学案》中极力为墨子“非乐”辩护，而在《先秦政治思想史》一书中则称墨子“非乐”不谙人生真谛而“不足为圣王之道”。这种对墨家思想态度的戏剧性转变的原因，有人认为是受外人之影响，“前说为胡适化，后说为梁漱溟化”。然而依笔者之见，最根本、最主要的原因，恐怕还是由于其本人思想深处的根深蒂固的儒家传统的影响。

余论　中国古代“治”的理论的现代意义

（一）

一种真正有生命力的思想，它不仅可以在人类古代社会扎根、繁衍和生息，而且亦必然可以继往开来地指向现代的。因此，在本书结束之前，我们将转向这样一个课题，即把中国古代的以儒家为代表的“治”的理论与在当今世界几乎占支配统治地位的西方社会管理理论做一对比，并从中开发和揭示出中国古代“治”的理论的现代意义。

任何理论和学说都并非无源之水、无本之木，而就其作为一种思想形态来说都是一定哲学的产物。中国古代社会的“治”的理论是如此，西方社会管理理论也概莫能外。如果说中国古代“治”的学说滥觞于其“人本”一元的“彻底经验主义”的哲学思想的话，那么，西方社会管理思想则最终源自其“本体”与“现象”二分的、我们称之为的“半截子经验主义”这一宇宙图式。从“本体”与“现象”二分的这一先入之见出发，这种宇宙图式假定：人们只能把握事物的“现象”，而对“现象”背后的“本体”则讳莫如深，由此便产生了与先验本体无缘的仅以外在经验事实作为研究对象的西方的所谓“科学”。而把这种所谓的“科学”推及到社会领域，则为一种所谓的“行为科学“打开了绿灯。

在中世纪，这种旨在把人的行为“科学化”的企图曾遭到坚守和捍卫人的超验意义的宗教神学的激烈反对。但是，近代以降，伴随着科学所带来的人类社会对自然界物的支配的节节胜利，科学则已不满足于自己对半壁江山的统治，而得陇望蜀地深入到人的行为领域要求“干政”了。笛卡尔哲学的普及者伯纳德·德方坦尼尔宣称：“几何学精神与几何学的联系并没有密切到使这种精神不能解脱出来用于其他领域。论述道德、政治、批评甚至是修辞的著作，如果由几何学家来执笔的话，在其他条件相同的情况下，会写得更优美”。这绝非一种坐而论道。实际上，科学的发展表明，在现代西方社会，从科学的政治学到科学的社会学，从科学的伦理学到科学的心理学，科学已经在几乎一切人的领域通行无阻、无孔不入了。而一切“非科学”的人的学说，则被骄横的唯科学主义者冠之为保守的“形而上学”而认为其不可“实证”。

这最终导致了“科学地”支配人的行为及其组织的科学主义的管理学和社会控制论的诞生。科学主义的管理学之父弗雷德里克·W. 泰罗在把科学运用于人的劳动生产活动时提出，“效率”是人类劳动生产活动的唯一目的和尺度，而要提高效率就必须严格地遵循不带任何伦理和情感色彩的“科学规律”。这种所谓的“科学规律”是基于如下内容的：完成一定生产任务所耗费的精确时间；超过定额的物质刺激和奖金制度；依据工作表现的优劣的级差工资；生产工具和设备的标准化；根据体力和脑力测验以使工人适应于工作；建立由工程师负责的专门的生产计划安排和工作布置的部门。泰罗不无天真地认为，只要我们严格地遵循他所提出的这种管理的“科学规律”和“最佳方案”，我们就不仅可以最大可能地提高劳动生产率，而且还可以根除社会“不公平”现象的产生而使劳资之间冰释前嫌了。

泰罗还坚信，这种科学管理模式和蓝图亦可由工厂举一反三地推之到一切其他社会领域。他提出：“（科学管理的）同样原理可以同样有力地应用于一切社会活动：管理家庭、管理农场、管理大小商人的企业、管理教堂、管理慈善机关、管理大学和管理政府部门。”总而言之，工程师应成为社会的经理和大师。这无疑为晚出的“科技治国论”开其先声。“科技治国论”者宣称，理想的社会是“不对任何人负责的技术人员的统治”，社会的统治者是“以其技术能力而行使权力的人”。我们看到，这种“科技治国”的思潮不仅在现代社会日盛一日，而且也开始左右和规定了现代工业国家现实政治面貌和进程。从企业的实际权力从股东向经理阶层的转移，到“专家顾问团”在国家和政府决策中的地位日隆，都无不是对这一点的说明。无怪乎《管理革命》一书的作者伯纳姆惊呼，在现代社会，以技术为其资本的经理们正在变成一个新“统治阶级”，从而科学管理在历史的兴起不啻为人类社会的又一场“革命”。

“科学”是以“理性”为其内容和规定的，科学主义的管理思想的迅猛抬头，也必然导致“理性”对人的全面的垄断专政。如果说在黑格尔时代，“理性”尽管万能和狡诈但仅仅是一只“看不见的手”的话，那么在现代西方社会，“理性”已不甘于这种幕后的暗中统治，而要求借助于管理技术这只“有形的手”对人的一切行为予以直接的赤裸裸地干预和操纵了。马克斯·韦伯指出，现代社会生活实际上是一切以“理性”为规定的，即以“理性的核算、理性的技术、理性的法律和由此产生的理性的经济道德、理性的精神及生活态度的理性化”为内容的。西方的社会控制论者不无乐观地断言，随着人类科学技术手段的发展，正在为一种所谓的“社会物理学”时代提供了可能。更有甚者，现代西方实证主义者则预测，在不远的将来，一切情感的表达形式都可以用一定的“物理量”来陈述，从而这最终意味着“诗意”在人类反社会的寿终正寝。

科学和理性曾为人类反对宗教的愚昧、专制的统治建功殊伟，把科学和理性运用于人的行为领域固然也无可厚非。因为人作为一种自然存在、作为一种经验事实确实在一定程度上受一定的科学规律和理性的支配，但是问题在于，人不仅是一种自然的存在，亦是一种非自然的社会的存在；人不仅是一种物的经验事实，亦作为灵的存在而具有超验的本体或本质。换言之，人是一种既自在又自为的两栖动物。因此，人不仅服从因果规律对自己的规定，亦由于其“本体论的存在”而从根本上秉承自由规律对自己的命令。然而对于唯科学主义者来说，人的这种超验的、自为的性质却在他们的视野里消失了。在他们眼里，人完全被生理的、物理的种种规律所驱使所设计，人不过是行为更加高超的“两脚兽”，不过是构造更为精密的“一架机器”。一言以蔽之，人已经被“遗忘”了，人已经“认不出他自己”了。

理论上对“人”的漠视也恰好说明了现实实践中的“人”的危机。在现代西方社会我们看到，随着基于这种科学主义的社会管理机器的日益完备有力，人的“异化”已成为现代西方学者乐此不疲的话题。而现代人对“异化”的恐惧并非杞人忧天，而是出自对自己现实的生存处境的深深忧虑：行为本是人自己的思想意志的延长，但在现实生活中却事事服从非人称的计算机的指令；时间本是人最“此在”的东西，但在现实生活中却成为“身外之物”的金钱的数量规定；国家本是家庭形式的放大，但在现实生活中却成为无数选票、无数报表和愈来愈繁复的法令法规的集总。因此，在现代西方社会，社会愈是“理性化”，人愈是发现自己是“不合理”的东西；社会愈是“现代化”，人愈是充满了对自己的自然的“原始状态”的憧憬。

韦伯在谈到现代西方的这种科学化的社会管理制度时一针见血地指出，这个制度的管理者变成了“没有灵魂的感觉论者、没有心灵的专家，一个无价值的东西……”。这无疑为我们指出了现代西方的管理制度的悲剧性质。所以，无论这一管理制度曾经一度创造了多么惊人的生产力，也无论这一管理制度曾经一度使国家机器的运转多么富有“效率”，它都不能掩盖其本身的不合理的性质，它都是一种“见物不见人”“有用而无体”的“非人称”和“单向度”的制度，从而它都会由于其本身对人自身意义的远离和背弃而最终遭到历史的批判和唾弃。山雨欲来风满楼，在现代西方社会此起彼伏的“找回自我”“砸掉钟表”“觅家”和“寻根”等新文化运动中，我们不正是可以隐约听见叛逆者们为这一制度所敲响的丧钟了吗?

人类的历史实际上始终是在对自己生存状态的不断“反思”中进行的。而横向的“比较”“参照”往往对这种纵向的“反思”具有重要的方法论意义。当我们对当代西方社会管理思想予以反思而把目光转向古老的东方时，我们不能不惊异地发现，中国古代儒家的“治”的理论——这一早已被人遗忘的角落，恰恰是日渐迷失自己的人类管理思想的真正的柳暗花明的故乡。

正如我们已经指出的那样，基于“显微无间”“体用一源”的彻底经验主义哲学传统的中国古代儒家以“礼”和“仁”为核心的治论，尽管其不乏积极的入世从政精神，尽管其并不否定社会的“实践理性”，但是它并没有像西方学说那样流于偏执的、极端的科学理性的独断，而是始终从作为生命本身的“人”出发，以“人”为本，以“人”统摄和规范了人的社会行为、社会组织的本质和过程。在这种学说里，情与理、德与法、家与国、我与他人、个人内在欲求与社会外在规定已不再是认知结构的对立的二元，而成为生成论的一元化的有机整体。在这种学说里，其鼓吹“人本”又不流于神秘的“唯心”，极其“高明”而又不离乎“日用”。所有这一切，不正可以为泥于非此即彼二值逻辑的“见物不见人”“有用而无体”的西方社会管理学说走出迷津提供路引吗？

告别过去即意味着走向未来。这条摆脱现代社会危机之路同时亦是一条通向理想的“后现代社会”之路。作为一位对当代西方社会积弊感受痛切的外籍华人哲学家，秦家懿先生在她的书中在展望这种“后现代社会”的模式时满怀激情地写道：

科学将不是不负责的，而是依附于伦理道德准则；

技术将不会奴役人类，而是让人做主人；

工业将不会毁灭人类存在的自然基础，而是保护这个基础；

民主将不会置社会公正于不顾，偏袒个人自由，而是以自由为灵魂实现自由；

最后，超越物质世界的因素将再次为人珍重为的是全人类的人道主义。①

尽管在古代儒学词典里人们几乎很难找到这里的诸如“科学”、“技术”、“工业”、“民主”等等时髦的概念，但是，这一“后现代社会”的主要精神，不正是完全可以在儒家“人本主义”、“体用不二”这一古老的“治”的模式里找到其最初的原型吗？

① 秦家懿，孙议思：《中国宗教与基督教》，北京：生活·读书·新知三联书店出版，第117页。

（二）

近些年来，在海内外学术界一度掀起了韦伯社会理论研究热潮。韦伯的理论之所以引起人们的极大兴趣和关注，一方面在于他在其名著《新教伦理与资本主义的精神》（The Protestant Ethic and the Spirit of Capitalism）提出，资本主义的萌发是由于基督教的宗教改革，导致了以“天职”为内容的新教伦理的出现，而产生了一种基于工具合理性的所谓“资本主义精神”。即指出以卡尔文派为主的新教伦理与近代欧洲资本主义的顺利发展之间存在着直接的助因和正面联系。这促使人们在社会问题的研究中注意往往被之忽视的社会意识形态对社会经济发展所具有的极其重要的意义。另一方面由此出发韦伯还把其研究推扩到中西文化比较领域。他在《中国宗教》（The Religion of China）一书中对勘中西时提出：“儒教的理性主义是对世界的合理性适应，基督教的理性则是对世界的合理性控制。”进而他认为中国的儒学非但无助于进取性的资本主义在中国社会的产生和发展，反而恰恰成为其严重的羁绊。换言之，即认为儒学作为一种“价值合理性”的而非“工具合理性”的学说，从根本上决定了其不利于社会经济的发展。这一看法，尽管不失为一种老生常谈，但对那些坚持把儒学拒之现代门外的人来说，却成为其理论依据的重要发现。

但是，儒学的“理性”果真像韦伯所说的那样，仅仅只是一种“对世界的合理性的适应”吗?

回答是否定的。实际上，正如我们曾经指出的那样，从孔子的“不怨天，不尤人”到孟子的“求在我”，从张载的“天地之帅吾其性”到陆九渊的“收拾精神，自作主宰”，都有一条思想主线一以贯之，这就是对人的本体、主体的地位和意义的强调，即强调人并非受现存既定的外在秩序的规定，而是“依自不依他”地可以自己安排自己，自己选择自己，自己是自己命运的主人。固然，儒家并不否定“天道”，也并不否认“天命”，但是儒家的“天人合一”的宇宙观决定了其所谓“天”和“人”实际上是一而二、二而一的而具有可以互换的意义。因而归根结底，其所谓的“天道”并非“自在之道”而是人化的“自为之道”，其所谓的“天命”也并非“必然之命”而是人化的“自由之命”。故儒家的“天道”和“天命”的提出并不意味着对人的主体地位和意义的褫夺和让渡，而与之相反，同那种仅仅停留于经验的人为层面的种种所谓的“人本学”相比，它恰恰体现了一种更为彻底、更为根本的“主体论”精神。因此，韦伯所谓的儒学的本质是“对世界的合理性适应”的论点显然是不能成立的。

同时，也正因为儒家的“人”和“天”是一不可分割的整体，正因为儒家的人本主义是一种“天人合一”的人本主义，这就决定了儒家学说中的人的超验是内在于现实经验世界之中的，换言之，即其所谓的“体”是与所谓的“用”是不即不离的，“体”是以“用”作为其自身表现形式的。故儒学并不等于“儒教”，尽管其并不否认人的“超验”，但这种“超验”已不是一种“外在的超验”，而是一种“内在的超验，从而儒学不惟没有流于“唯心”“唯灵”的独断，而恰恰相反它是“下学而上达”地与功利的经验世界息息相关打成一片的。因此，虽然儒家强调“义本利末”，但这并不意味着儒家以“价值合理性”否定“工具合理性”，并不意味着儒家无视人的经济行为的重要性，而仅仅意味着儒家坚持人的经济行为必须纳入人本身的机制，坚持人的外在目的必须服从于作为生命本身的内在目的，而反对“见利忘义”这一“物欲之蔽”。故这种“义利之辨”并非以偏概全，而仅仅是坚持一种“本体论的优先”。以此可见，韦伯把儒学与社会经济发展完全对立起来的观点，不过是一种十足的管见。①

事实往往胜于雄辩。战后日本经济风驰电掣般地起飞，以及接踵而来的“亚洲四小龙”令人刮目的经济奇迹的出现，而与这些“儒学文化圈”的国家、地区的情况相反，在诸如印度、泰国、斯里兰卡、菲律宾等未受儒家思想影响的其他亚洲国家经济却徘徊不前，这一事实，有力地驳斥了韦伯对儒学的根深蒂固的偏见。它向人们表明，古老的儒学不唯不排斥反而却可以被有机地纳入现代经济的运行机制，不唯不阻滞反而却可极大地促进社会经济的发展。因此，伴随着东亚经济的崛

---

① 实际上，问题不是出在那种所谓的“非功利”倾向的儒家本身，倒是出在那种把儒学“功利化”的解释上，即为维护一定统治阶级利益而把儒学“意识形态化”的倾向上。在中国历史上，作为“官方哲学”的程朱“理学”的出现就是这一倾向的反映。在这种情况下，儒家就由其“对世界的合理性的支配”变成“对世界的合理性的适应”，其“义利之辨”也就由一种“本体论的优先”变成“形而上的独断”。因此，韦伯对儒学的批判和指责，如果就这种“理学”而言，倒是在一定程度上可以成立的。

起和随之而来的所谓“亚洲世纪”，儒学的现代意义正在为愈来愈多的人所瞩目，麦克法夸尔所提出的“后儒家的挑战”（The post—Confucian challenge）正在成为现代工业社会所不能不正视的课题。

值得注意的是，人们在对日本经济发展的“魔力”进行研究时发现，其经济发展直接受益于有别于西方“科学化”的管理思想的其自身特有的儒学化的管理思想。在美国学者威廉·大内的书中，这种日本方式的管理思想被其命名为“Z理论”。在他看来，这种“Z理论”与西方科学化的管理理论相比具有如下不同的特点：

——西方“科学化”的管理理论立足于物，而“Z理论”则强调“不论是汽车公司或是出售流行的牛仔裤公司，以及神秘的医院和官僚主义的邮政局，都是‘社会的人’”。

——西方“科学化”的管理理论认为效率实质是指产品生产的技术和能力，而“Z理论”则认为效率“是一个社会组织的问题”，故“人际关系的技能在Z型方式经营企业中处于中心地位”。

——西方“科学化”的管理理论认为“盈利”是企业经营的唯一宗旨，而“Z理论”则认为除“盈利”外，营业的目的还必须包括“价值”，而必须“千方百计地解决人道主义同商业目的之间的明显冲突”。

——西方“科学化”的管理理论主张“‘我’是部门经理，‘你’是工人，应当各守其职”。而“Z理论”则主张“以相互信任和尊重为基础的坦率的信息交流和参与决策”这一“民主”和“自治”。

——西方“科学化”的管理理论主张管理组织实行官僚主义的冷峻的“等级制度”。而在“Z 理论”看来，管理组织实际上是人与人亲密无间的温情的“工业氏族”。

——西方“科学化”的管理理论注重理智、客观、定量而推崇“明确”的控制方法，而对于“Z 理论”来说，“这些方法只是为了获得情报而受到重视，却很少能在重要决策中起决定作用”，因而情感的、主观的、非定量的“含蓄”的控制方法反而备受管理者垂青。

总之，与那种基于“物”的西方“科学化”管理理论不同，“Z 理论”时时处处强调从“人”出发，以“人”为中心，以“人”为目的和宗旨。“要紧的是你认识谁，而不是你知道什么”，是“信任、微妙性和人与人之间的亲密性”。这样，“管理”最终成了“文化”，威廉·大内在谈到这种“文化”时写道：

Z 型文化认为任何工人的生活都是一个整体，而不是一种杰克尔——海德式双重人格的个性，不是在上午九时到下午五时是机器，而在这段时间之前和之后则是人。Z 理论认为，人道化的工作条件不仅提高劳动生产率并为公司增加利润，也使雇员感到自尊。心情舒畅能使每一个人作为人而更好地工作。美国的经理一直到现在都认为使劳动生产率提高的是工艺技术，而“Z 理论”所要求的是在公司的事务中重新注意人的关系方面。(《Z 理论》，中国社会科学出版社出版，第 169 ~ 170 页)

此外，在谈到这一“文化组织”的根本宗旨时他还借用一位管理者的话指出：

最好的组织的特点常常是使人发挥最大的作用。要注意到所有这些特点都是有关人际关系的，而没有涉及工艺技术、经济考虑或产品。整个的焦点在于人的品质——人们如何以及为什么能在一起好好地工作。……总而言之，当人们是这样一种组织的一个必要成员时，所有的人都处于最佳状态。这种组织对人们的精神提出挑战，鼓舞个人成长和发展，使事情得到成功，只提倡和支持最高的伦理和道德行为标准。那就是工作生活质量的全部意义。……（同上，第 159 页）

上述所有这一切，不正是与中国古代儒家的人本主义的、伦理化的“礼治”和“仁治”的精神相通，不正是可以看作是这一古老的管理思想在现代企管领域的运用和显扬吗？

因此，儒家的“治”的思想，不仅是理论上具有承古启今、跨越时代的意义，而且在实践上也正通过可操作的“日本经验”向世人展示出其永久的、无穷的魅力。

附录　中国古代管理思想的基本特征

中国古代历史悠久和富有成效的社会实践产生了极为丰富和精深的管理思想。本文试就以儒家“礼治主义”为代表的中国古代管理思想的基本特征予以分析和揭示，以就教于大家和同行。

一、“体用不仁”

认识是行为的起点。管理学，作为一种有关人的社会行为的方式及规律的学说，其实是以人认识世界的一定的认识论模式为其哲学滥觞的。同时，也正是从不同的认识论模式出发，形成了风格迥异的中西各自的管理思想。

众所周知，长期以来，西方的认识论是基于西方现代现象学学者所刻意揭露和批判的“现象”与“本体”二分对立这一先入之见之上的。这一认识论模式假定，人只能把握事物的“现象”，而该“现象”背后的“本体”则属人的认识鞭长莫及的“物自体”。由此便形成了与先验本体无缘的、以外在经验事实作为研究对象的西方人所谓的“经验科学”，而把这种经验科学推及到人类社会，就形成了西方人的以经验主义为其哲学特征的所谓“行为科学”，即“管理学”的学科。

经验主义必然导向价值取向上的功利主义。这种经验主义的“管理学”认为，正如自然对象之于人仅为人的一种实用之物一样，人的社会行为之践履亦完全服务于人的一种功用所需，故追求所谓“效率”成为这种管理学的唯一目的。因此，管理学是一种纯粹的“应用性学科”，对人类行为的管理不过是实现某种外在于人自身的管理目标的一种手段和工具，这就导致了“经由他人完成事务”这一西方实用主义的管理学主旨的提出。

这其实是一种“有用无体”的管理学说。它强调人的行为的“效率”，但却不问人的行为本身的“意义”；它强调人的行为是一种外在的“手段”，但却无视人的行为亦有其自身内在的“目的”。因此，西方的管理学说是建立在“体”“用”分离、见“用”忘“体”的基础之上的，它是一种“无根的管理学”。这种唯用主义的管理学在西方近代管理学之父泰罗的管理学说里曾得以最充分的体现。在泰罗的学说里，管理活动的宗旨仅在于提高劳动生产率，作为被管理者的人毋宁已成为为获取更多利润而高效运转的一架无灵魂的机器，从中人已经完全遗失和辨认不出“自己”了。

中国古代管理思想则不然。如果说西方管理思想是基于本体与现象二分这一思想的产物的话，那么中国古代管理思想则源自其现象即本体这一“彻底经验主义”思想。在中国古人看来，本体与现象并非对立的二元，而是一种“显微无间”

“上学上达”的一元整体。在这一整体里，现象并非是与本体无缘的东西，而是本体本身的显现和生成；本体亦并非是现象背后的“物自体”，而是现象本身的潜在形式。因此，本体不是某种实体性的东西，而是“即用显体”，即被看作为一个展开于具体现象之中的功能性过程。由此便形成了中国古人本体与功用合一即“体用不二”的“道”的思想。而“礼，履也”（《说文解字》），把这一“道学”思想运用于人的行为（“履”）领域，则形成了中国古代管理学说中别具一格的“礼治主义”。

与西方那种有用无体的“科学行为”不同，礼是体用为一的人的行为整体。在这一整体里，人的社会行为不是追求某种外在功利目标的单纯手段，而是作为个体生命本身的“性”的表现形式。具体言之，它是“因人之情”的一种活动，是由“亲亲”这一始原亲情向社会、他人领域的辐射的“移情”过程。也即《诗》所谓的“刑于寡妻，至于兄弟，以御于家邦”，孟子所谓的“老吾老，以及人之老；幼吾幼，以及人之幼”这样一种“举斯心加诸彼”。在这里，“复礼”即为“复性”，作为人的社会行为的“礼”与个体生命本质的“性”是完全为一的。这样，一方面，礼是用，礼作为人的行为的“经纬蹊径”具有明确的社会管理之功用。即所谓“礼者何也，即事之治也”（《礼记》），“礼之所以正国也”（《荀子》），“安上治民，莫善于礼”（《孝经》），“明乎郊社之礼，禘尝之义，治国其如示诸掌乎”（《中庸》）。另一方面，礼是体，作为“性”的表现形式“礼反其所自生”地又与宇宙及人的终极本体的道联系在一起。即所谓“礼者，人道之极也”（《荀子》），“礼也者，反本修古，不忘其初者也（《礼记》），“礼必奉于大一”（《礼记》）。

这是一种从“行为本身”出发的管理学说。对于中国古人来说，管理已不再是使管理对象服务于某种外在的社会管理目标的一种单纯的“事务”，而成为作为被管理者的人的一种“尽性”与“践形”的过程；管理学也不再是一种纯技术的“应用科学”，而成为一种具有鲜明价值判断特色的人的生命学说。正是从这一点出发，使中国古代管理学说在人类管理活动中始终坚持、呵护了人自身的意义，避免了实用主义、功利主义所带来的对人类行为自身根据的异化和偏离，以其鲜明的“人本主义”特色与西方“无人称”的管理学说形成尖锐对比。

同时，中国古人坚持管理中“人本”这一“体”的意义并不意味着无视作为手段和方式的“用”的重要性。中国古人不仅在其管理实践中一度建立了和发明了令世人叹为观止的“经礼三百，曲礼三千”这一详尽明备的礼仪用制，而且坚持管理活动中的“体”的意义唯有通过一定的“用”才能使自身意义得以显示和彰明，所谓“礼以器藏”思想的提出就是其明证。因此，在中国古代管理活动中，不同的行为规定是借助于不同的礼数和仪制规定来进行的，管理不啻成为一种“礼以行义”的过程。它使人类的管理活动既坚持目的的价值又强调手段的运用，既坚持“人本”的意义又不流于“唯灵”“唯识”的空论，从而又与形形色色唯心主义的社会学说的宗旨大相径庭。

这样，在中国古人以礼为其形式的管理活动中，种种被西人视为背反的二律——体与用、目的与手段、内在欲求与外在规范毋宁已实现了其有机的统一，礼的形式已成为一种既有一定形式规定性又与无规定的人的终极实在相关的“有意味的形式”，即审美的形式。古人云：“知乐则几乎礼矣。”我们看到，中国古人的“礼”与“乐”在精神上其实是完全同一的。而这一审美的“人文主义”的礼治思想的提出，无疑为人类的管理学说揭示了一极为深刻的主旨：管理并非是一种以“必然”为其内容的“科学”，而实质是以“自由”为其灵魂的“艺术”。

这就把我们带到中国古代管理思想的又一主题，即“行为自律”。

二、“行为自律”

西方的经验主义的行为学说必然导致了这样一种人学思想，即用自然规律偷换人自身的规律，拒不承认人的行为的自主能动性而把人完全视为“趋利避害”的动物这一将人“物化”的倾向。由此便产生了作为西方传统管理理论的“X理论”如下对人性的假定：

(1) 正常人生性懒惰——尽可能少做工作。

(2) 他缺乏雄心壮志，不愿承担责任，宁愿被人领导。

（3）他天生以自我为中心，对组织需要漠不关心。

（4）他本性就反对变革。

（5）他不太伶俐，易于受骗，易于受到骗子和野心家的蒙蔽。

这其实是一种“群氓假定”，即假定人类是一群自私的“经济动物”，是一群“为个人利益所驱使的无组织个体”。同时，也正是基于这一对人性的假定，使西方管理理论倚重管理法规对人的行为的规定，强调管理者对被管理者的所谓的“积极的干预”。而对这种规定和干预的方式的理解尽管“仁者见仁智者见智”，但其总不外乎“胡萝卜加大棒”这一奖励与惩罚的“恩威并用”。

与这种“行为他律”的学说不同，中国古人在人类管理活动中则坚持和强调一种“依自不依他”的精神。在中国儒家看来，人性本“善”而非“恶”。所谓性“善”，是指人先验地蕴含一种符合、服从社会组织需要的能力，即人天生并非一种原子式的“经济动物”而为一种具有自组倾向的“社会人”。故儒家以“仁”释人，人即从二之人。同时儒家认为，仁不仅是人的一种行验的本质规定，亦是一种人之“端”。“端”本“耑”，《说文》称：“耑，物初生之题也，上象生形，下象其根也。”故“端”即事物之萌芽、之根苗。易言之，“端”即事物之“潜能”。因此，作为“端”的仁的学说的提出表明，人的合乎社会需要的行为之产生，人的社会责任之履行，并非外力规定和干预所致，而其实是一种人自身的自我生成、自我完善的“成人”过程。犹如“火之始然，泉之始达”，它不过是人之潜在性向现实性的过渡，不过是自我本质的一种“扩而充之”。

这就导致了中国古代礼治学说中的“有治人，无治法”的“行为自律”思想的提出。中国古代儒家认为，礼治之实质并非把礼作为“束缚之具”用礼以绳人，而其实是一种把“责任”还原为“义务”的人的“自我规定”“自我支配”、“自我调节”活动。因此，对人的行为的管理能否成功，关键不取决于赏罚这一“他律”之劝禁，而取决于使人能否“返求诸己”地回到自身，即取决于使人能否成为真正自觉的“人”。故《礼记·曲礼》提出“是故圣人作，为礼以教人，使人以有礼，知自别于禽兽”，《孟子》提出“学问之道无他，求其放心”。这样，“礼治”归结为“礼教”，“治平”落实到“修身”，不是法制的确立，而是道德和人性的培养的“教化”成为儒家管理学说的中心。

在古代儒家看来，较之那种基于“他律”的“法治”，这种基于“自律”的“礼治”自有其难以比拟的优越性。司马迁称“夫礼禁未然之前，法施已然之后”（《史记·太史公自序》），孔子云“道之以政，齐之以刑，民免而无耻；道之以德，齐之以礼，有耻且格”（《论语·为政》）。也就是说，法是消极的亡羊补牢，而礼则是积极的防患于未然；法作为一种“有形的命令”可以使“民免”，但却不可以使有“有耻”，而礼作为一种“无形的命令”不仅规定了人的行为取舍，而且使该取舍出身行为者的自觉。因此，“管理”即为“伦理”，人类管理活动中“治标”与“治本”，“治身”与“治心”，

“治外”与“治内”等难以克服的对立，在中国古代“一以贯之”的治道里已完全失去了其自身存在的依据。

无独有偶，在现代西方“Y 管理理论”中我们亦看到了这一“行为自律”礼治思想的体现。作为对传统的“X 理论”的反思，“Y 理论”提出：

(1) 人的用心智、体力于工作，正同于游戏同样的自然，人对于工作的喜恶，关键在于工作的情况对他是否是一种满足，抑或是一种惩罚。

(2) 外力的控制与处罚，并不是唯一使人朝向组织目标而努力的方法，人对自己所承诺的目标可以自我控制与努力。

(3) 对目标的承诺是对成就的一种奖赏。人有“自我满足感”，以及“自我实现的愿望”，这些都能据以诱导人们朝向组织的目标而努力。

(4) 一般人在适当状况的鼓励下，不但能接受而且追求担负责任。避免责任，缺乏雄心壮志，以及过分强调安全感并非人的天性，通常是经验的结果。

(5) 大多数人都具有相当高程度的想象力、创造力，用以解决组织上的问题。

……

同时，基于上述思想，“Y 理论”认为人类管理活动之实质在于使管理者认识人的这些本性，充分调动人的潜力，并由此提出了“目标管理”、“分权管理”“参与管理”及“顾问式管理”等一系列理论。所有这一切，不正是可以看作是向中国古老的管理思想的复归，不正是说明了“行为自律”原则所具有的超越民族、超越时代的意义吗?

三、“权”的思想

西方管理学说无视人的行为本身而把人的行为完全“手段化”和“他律化”的倾向，必然导致一种所谓“科学主义”的管理思想。这种“科学主义”的管理思想认为，“太阳底下没有新东西”，正如自然界的万事万物都有其固有的不变的“物理法则”一样，人的社会活动亦有其确定不移永恒普遍的“行为规律”。因此，管理学的主要任务就是发现和利用这种规律，以期达到对人的行为的所谓“科学的支配”。以此出发，由泰勒、吉尔勃斯夫妇及易默生等人倡导的科学管理学旨在强调行为方式的科学化与工作程序的标准化，因而产生了“动作与时间研究”“工作衡量”“工作评价”“工作程序分析”“表报分析”等一系列专门技术。我们看到，这种唯科学主义的管理思想在西方管理学的数学学派理论里得到最为绝对的体现。该派把管理当作一种数学化的模式与程序的系统，认为管理、组织、计划及决策既然是一种合乎逻辑的程序，就一定可用数学符号加以表示，故管理的关键在于一定数学的模式与程序的确立。

这是一种“以不变应万变”的管理思想。与此不同，中国古代管理思想则以变为宗，主张以变应变，反对对一定的固定的管理模式的恪守和固执。这就为我们引出了中国古代礼治的又一思想，即所谓“权”的概念。在《孟子》里，曾记载有这样一段著名的讨论：

淳于髡曰：“男女授受不亲，礼与？”

孟子曰：“礼也。”

曰：“嫂溺，则援之以手乎？”

曰：“嫂溺不援，是豺狼也。男女授受不亲，礼也；嫂溺，援之以手者，权也。”（《孟子·离娄上》）

这一讨论表明，中国古人作为人的行为准则的礼是“既有经又有权”的，所谓“权”，即随机应变的原则，也即因时、因地、因人制宜的原则。因此，行为的“礼”不同于科学的“理”，后者强调的是万世不移的铁的规律，而前者则主张“五帝殊时，不相沿乐，三王异世，不相袭礼”“勿必勿固”而要求我们具体问题具体分析。

中国古人的“权”的思想的提出，实际上是其礼的人本思想的又一体现。也就是说，既然人是自己行为的主体，既然其行为是一种自我完善自我生成的“自律”，那么，人的行为就并非像既定的物理活动那样仅为一种单向度的合规律的东西，而是像创造的艺术活动那样既是合规律性的，又是合目的性的，是合目的性与合规律性二者的动态的平衡、二者的生动的统一。用康德的术语来表示，行为的原则不是从属科学的“一致”，而是与审美的“协调”有关的。这种合目的性与合规律性之间的生动的统一、审美的“协调”也就是古人所说的“权”。因此，“权”并非是一与“经”完全对立的概念，而恰恰是中国古人“人本”“人道”这一“经”的具体表现。

耐人深思的是，中国古人的“权”字即同于“权力”“职权”之“权”字。这不言而喻表明通权达变的原则在中国古代社会管理活动中的重要地位，表明在中国古人心目中权的原则与管理原则之间密切的内在关联。实际上，在古代儒家的礼治学说里，其对这一权的原则的运用是随处可见的。例如儒家基于“人本”强调行为自律而非他律，提出“有治人，无治法”“械数者，治之流也，非治之原也；君子者，治之原也”（《荀子·君道》）；但是其并没有因此而把“治人”超验化绝对化而看成一成不变的东西，而是在强调“治人”这一治本的同时，在一定条件下和针对一定对象亦不排斥“先礼后兵”、不拒绝对“治法”的积极运用，即主张在以礼为本的前提下刚柔兼济、礼法并隆。《孟子》所谓的“徒善不足以为政，徒法不能以自行”，《礼记》所谓的“礼乐刑政，其极一也”的提出就是其明证。再如，儒家从人本出发在行为价值取向上反对“见义忘利”，主张“见利思义”“见得思义”，但是也并没有因此而走向绝对的“唯义主义”，而是在对“义本利末”强调的同时亦清醒地看到在一定情况下就一定对象而言“利取”的重要性，“利取”不惟与“义取”相悖反而却可互为补足互为发明。也正是基于这一点，孔子提出了所谓的“先富后教”（《论语·子路》）的学说，孟子提出了“若民，则无恒产，因无恒心”（《孟子·梁惠王上》）的理论。

因此，不难看出，中国古代的礼治精神始终是与权的原则一脉相通的。孔子说：“可与共学，未可与适道；可与适道，未可与立；可与立，未可与权。”（《论语·子罕》），孟子云：

“子莫执中，执中为近之。执中无权，犹执一也。所恶执一者，为其贼道也，举一而废百也。”（《孟子·尽心上》）权，毋宁已成为中国古代礼治学说的最高原则和核心概念。而中华民族之所以既坚持其道德理想的至上，又不流于“举一而废百”的偏执而始终以其“务实精神”著称于世，不正是与古人对这一充满哲学机智的权的原则的体认和发明有关吗？

无巧不成书的是，在现代西方管理学说中，亦出现了一种所谓的“权变理论”（Contingecy Theory）。该理论主张将“Y理论”与“X理论加以综合，强调个人胜任感与工作条件及效率的相辅相成，强调管理活动的随机性和因人而异性。这种人类管理思想的殊途同归，不正是再次说明中国古代管理思想的博大精深，和向世人展示出其所具有的无穷的生命力吗？

（本文原系作者的一次学术讨论会的发言稿）

推荐作者得新书！

博瑞森征稿启事

亲爱的读者朋友：

感谢您选择了博瑞森图书！希望您手中的这本书能给您带来实实在在的帮助！

博瑞森一直致力于发掘好作者、好内容，希望能把您最需要的思想、方法，一字一句地交到您手中，成为管理知识与管理实践的桥梁。

但是我们也知道，有很多深入企业一线、经验丰富、乐于分享的优秀专家，或者忙于实战没时间，或者缺少专业的写作指导和便捷的出版途径，只能茫然以待……

还有很多在竞争大潮中坚守的企业，有着异常宝贵的实践经验和独特的洞察，但缺少专业的记录和整理者，无法让企业的经验和故事被更多的人了解、学习……

对读者而言，这些都太遗憾了！

博瑞森非常希望能将这些埋藏的"宝藏"发掘出来，贡献给广大读者，让更多的人从中受益。

所以，我们真心地邀请您，我们的老读者，帮我们搜寻：

推荐作者

可以是您自己或您的朋友，只要对本土管理有实践、有思考；可以是您通过网络、杂志、书籍或其他途径了解的某位专家，不管名气大小，只要他的思想和方法曾让您深受启发。

可以是管理类作品，也可以超出管理，各类优秀的社科作品或学术作品。

推荐企业

可以是您自己所在的企业，或者是您熟悉的某家企业，其创业过程、运营经历、产品研发、机制创新，等等。无论企业大小，只要乐于分享、有值得借鉴书写之处。

总之，好内容就是一切！

博瑞森绝非"自费出书"，出版费用完全由我们承担。您推荐的作者或企业案例一经采用，我们会立刻向您赠送书币 1000 元，可直接换取任何博瑞森图书的纸书或电子书。

感谢您对本土管理原创、博瑞森图书的支持！

推荐投稿邮箱：bookgood@126.com　　推荐手机：13611149991

1120 本土管理实践与创新论坛

这是由100多位本土管理专家联合创立的企业管理实践学术交流组织，旨在孵化本土管理思想、促进企业管理实践、加强专家间交流与协作。

论坛每年集中力量办好两件大事：第一，**“出一本书”**，汇聚一年的思考和实践，把最原创、最前沿、最实战的内容集结成册，贡献给读者；第二，**“办一次会”**，每年11月20日本土管理专家们汇聚一堂，碰撞思想、研讨案例、交流切磋、回馈社会。

初勇钢	陈　锐	高继中	聂志新	黄　屹	沈　拓	徐伟泽
谭洪华	崔自三	王玉荣	蒋　军	侯军伟	黄润霖	金国华
吴　之	葛新红	周　剑	崔海鹏	柏　龑	唐道明	朱志明
曲宗恺	杜　忠	远　鸣	范月明	刘文新	赵晓萌	张　伟
韩　旭	韩友诚	熊亚柱	孙彩军	刘　雷	王庆云	李少星
俞士耀	丁　昀	黄　磊	罗晓慧	伏泓霖	梁小平	鄢圣安

企业案例・老板传记

	书名.作者	内容/特色	读者价值
企业案例・老板传记	**你不知道的加多宝:原市场部高管讲述** 曲宗恺　牛玮娜　著	前加多宝高管解读加多宝	全景式解读,原汁原味
	借力咨询:德邦成长背后的秘密 官同良　王祥伍　著	讲述德邦是如何借助咨询公司的力量进行自身 与发展的	来自德邦内部的第一线资料,真实、珍贵,令人受益匪浅
	收购后怎样有效整合:一个重工业收购整合实录(待出版) 李少星　著	讲述企业并购后的事	语言轻松活泼,对并购后的企业有借鉴作用
	娃哈哈区域标杆:豫北市场营销实录 罗宏文　赵晓萌　等著	本书从区域的角度来写娃哈哈河南分公司豫北市场是怎么进行区域市场营销,成为娃哈哈全国第一大市场、全国增量第一高市场的一些操作方法	参考性、指导性,一线真实资料
	六个核桃凭什么:从 0 过 100 亿 张学军　著	首部全面揭秘养元六个核桃裂变式成长的巨著	学习优秀企业的成长路径,了解其背后的理论体系
	像六个核桃一样:打造畅销品的 36 个简明法则 王　超　范　萍　著	本书分上下两篇:包括“六个核桃”的营销战略历程和 36 条畅销法则	知名企业的战略历程极具参考价值,36 条法则提供操作方法
	解决方案营销实战案例 刘祖轲　著	用 10 个真案例讲明白什么是工业品的解决方案式营销,实战、实用	有干货、真正操作过的才能写得出来
	招招见销量的营销常识 刘文新　著	如何让每一个营销动作都直指销量	适合中小企业,看了就能用
	我们的营销真案例 联纵智达研究院　著	五芳斋粽子从区域到全国/诺贝尔瓷砖门店销量提升/利豪家具出口转内销/汤臣倍健的营销模式	选择的案例都很有代表性,实在、实操!
	中国营销战实录:令人拍案叫绝的营销真案例 联纵智达　著	51 个案例,42 家企业,38 万字,18 年,累计 2000 余人次参与……	最真实的营销案例,全是一线记录,开阔眼界
	双剑破局:沈坤营销策划案例集 沈　坤　著	双剑公司多年来的精选案例解析集,阐述了项目策划中每一个营销策略的诞生过程,策划角度和方法	一线真实案例,与众不同的策划角度令人拍案叫绝、受益匪浅
	宗:一位制造业企业家的思考 杨　涛　著	1993 年创业,引领企业平稳发展 20 多年,分享独到的心得体会	难得的一本老板分享经验的书
	简单思考:AMT 咨询创始人自述 孔祥云　著	著名咨询公司(AMT)的 CEO 创业历程中点点滴滴的经验与思考	每一位咨询人,每一位创业者和管理经营者,都值得一读
	边干边学做老板 黄中强　著	创业 20 多年的老板,有经验、能写、又愿意分享,这样的书很少	处处共鸣,帮助中小企业老板少走弯路
	三四线城市超市如何快速成长:解密甘雨亭 IBMG 国际商业管理集团　著	国内外标杆企业的经验 + 本土实践量化数据 + 操作步骤、方法	通俗易懂,行业经验丰富,宝贵的行业量化数据,关键思路和步骤
	中国首家未来超市:解密安徽乐城 IBMG 国际商业管理集团　著	本书深入挖掘了安徽乐城超市的试验案例,为零售企业未来的发展提供了一条可借鉴之路	通俗易懂,行业经验丰富,宝贵的行业量化数据,关键思路和步骤

续表

互联网＋			
	书名．作者	内容/特色	读者价值
互联网＋	**互联网时代的银行转型** 韩友诚　著	以大量案例形式为读者全面展示和分析了银行的互联网金融转型应对之道	结合本土银行转型发展案例的书籍
	正在发生的转型升级·实践 本土管理实践与创新论坛　著	企业在快速变革期所展现出的管理变革新成果、新方法、新案例	重点突出对于未来企业管理相关领域的趋势研判
	触发需求：互联网新营销样本·水产 何足奇　著	传统产业都在苦闷中挣扎前行，本书通过鲜活的案例告诉你如何以需求链整合供应链，从而把大家熟知的传统行业打碎了重构、重做一遍	全是干货，值得细读学习，并且作者的理论已经经过了他亲自操刀的实践检验，效果惊人，就在书中全景展示
	移动互联新玩法：未来商业的格局和趋势 史贤龙　著	传统商业、电商、移动互联，三个世界并存，这种新格局的玩法一定要懂	看清热点的本质，把握行业先机，一本书搞定移动互联网
	微商生意经：真实再现33个成功案例操作全程 伏泓霖　罗晓慧　著	本书为33个真实案例，分享案例主人公在做微商过程中的经验教训	案例真实，有借鉴意义
	阿里巴巴实战运营——14招玩转诚信通 聂志新　著	本书主要介绍阿里巴巴诚信通的十四个基本推广操作，从而帮助使用诚信通的用户及企业更好地提升业绩	基本操作，很多可以边学边用，简单易学
	今后这样做品牌：移动互联时代的品牌营销策略 蒋　军　著	与移动互联紧密结合，告诉你老方法还能不能用，新方法怎么用	今后这样做品牌就对了
	互联网＋“变”与“不变”：本土管理实践与创新论坛集萃．2016 本土管理实践与创新论坛　著	本土管理领域正在产生自己独特的理论和模式，尤其在移动互联时代，有很多新课题需要本土专家们一起研究	帮助读者拓宽眼界、突破思维
	创造增量市场：传统企业互联网转型之道 刘红明　著	传统企业需要用互联网思维去创造增量，而不是用电子商务去转移传统业务的存量	教你怎么在“互联网＋”的海洋中创造实实在在的增量
	重生战略：移动互联网和大数据时代的转型法则 沈　拓　著	在移动互联网和大数据时代，传统企业转型如同生命体打算与再造，称之为“重生战略”	帮助企业认清移动互联网环境下的变化和应对之道
	画出公司的互联网进化路线图：用互联网思维重塑产品、客户和价值 李　蓓　著	18个问题帮助企业一步步梳理出互联网转型思路	思路清晰、案例丰富，非常有启发性
	7个转变，让公司3年胜出 李　蓓　著	消费者主权时代，企业该怎么办	这就是互联网思维，老板有能这样想，肯定倒不了
	跳出同质思维，从跟随到领先 郭　剑　著	66个精彩案例剖析，帮助老板突破行业长期思维惯性	做企业竟然有这么多玩法，开眼界

续表

行业类：零售、白酒、食品/快消品、农业、医药、建材家居等			
	书名．作者	内容/特色	读者价值
零售·超市·餐饮·服装	**1. 总部有多强大，门店就能走多远** **2. 超市卖场定价策略与品类管理** **3. 连锁零售企业招聘与培训破解之道** **4. 中国首家未来超市：解密安徽乐城** **5. 三四线城市超市如何快速成长：解密甘雨亭** IBMG 国际商业管理集团　著	国内外标杆企业的经验 + 本土实践量化数据 + 操作步骤、方法	通俗易懂，行业经验丰富，宝贵的行业量化数据，关键思路和步骤
	涨价也能卖到翻 村松达夫　【日】	提升客单价的 15 种实用、有效的方法	日本企业在这方面非常值得学习和借鉴
	移动互联下的超市升级 联商网专栏频道　著	深度解析超市转型升级重点	帮助零售企业把握全局、看清方向
	手把手教你做专业督导：专卖店、连锁店 熊亚柱　著	从督导的职能、作用，在工作中需要的专业技能、方法，都提供了详细的解读和训练办法，同时附有大量的表单工具	无论是店铺需要统一培训，还是个人想成为优秀的督导，有这一本就够了
	百货零售全渠道营销策略 陈继展　著	没有照本宣科、说教式的絮叨，只有笔者对行业的认知与理解，庖丁解牛式的逐项解析、展开	通俗易懂，花极少的时间快速掌握该领域的知识及趋势
	零售：把客流变成购买力 丁　昀　著	如何通过不断升级产品和体验式服务来经营客流	如何进行体验营销，国外的好经营，这方面有启发
	餐饮企业经营策略第一书 吴　坚　著	分别从产品、顾客、市场、盈利模式等几个方面，对现阶段餐饮企业的发展提出策略和思路	第一本专业的、高端的餐饮企业经营指导书
	电影院的下一个黄金十年：开发·差异化·案例 李保煜　著	对目前电影院市场存大的问题及如何解决进行了探讨与解读	多角度了解电影院运营方式及代表性案例
	赚不赚钱靠店长：从懂管理到会经营 孙彩军　著	通过生动的案例来进行剖析，注重门店管理细节方面的能力提升	帮助终端门店店长在管理门店的过程中实现经营思路的拓展与突破
耐消品	**汽车配件这样卖：汽车后市场销售秘诀 100 条** 俞士耀　著	汽配销售业务员必读，手把手教授最实用的方法，轻松得来好业绩	快速上岗，专业实效，业绩无忧
	跟行业老手学经销商开发与管理：家电、耐消品、建材家居 黄润霖　著	全部来源于经销商管理的一线问题，作者用丰富的经验将每一个问题落实到最便捷快速的操作方法上去	书中每一个问题都是普通营销人亲口提出的，这些问题你也会遇到，作者进行的解答则精彩实用
白酒	**白酒到底如何卖** 赵海永　著	以市场实战为主，多层次、全方位、多角度地阐释了白酒一线市场操作的最新模式和方法，接地气	实操性强，37 个方法、6 大案例帮你成功卖酒
	变局下的白酒企业重构 杨永华　著	帮助白酒企业从产业视角看清趋势，找准位置，实现弯道超车的书	行业内企业要减少 90%，自己在什么位置，怎么做，都清楚了

续表

白酒	**1. 白酒营销的第一本书(升级版)** **2. 白酒经销商的第一本书** 唐江华　著	华泽集团湖南开口笑公司品牌部长，擅长酒类新品推广、新市场拓展	扎根一线，实战
	区域型白酒企业营销必胜法则 朱志明　著	为区域型白酒企业提供35条必胜法则，在竞争中赢销的葵花宝典	丰富的一线经验和深厚积累，实操实用
	10步成功运作白酒区域市场 朱志明　著	白酒区域操盘者必备，掌握区域市场运作的战略、战术、兵法	在区域市场的攻伐防守中运筹帷幄，立于不败之地
	酒业转型大时代：微酒精选2014－2015 微酒　主编	本书分为五个部分：当年大事件、那些酒业营销工具、微酒独立策划、业内大调查和十大经典案例	了解行业新动态、新观点，学习营销方法
快消品·食品	**5小时读懂快消品营销：中国快消品案例观察** 陈海超　著	多年营销经验的一线老手把案例掰开了、揉碎了，从中得出的各种手段和方法给读者以帮助和启发	营销那些事儿的个中秘辛，求人还不一定告诉你，这本书里就有
	快消品招商的第一本书：从入门到精通 刘　雷　著	深入浅出，不说废话，有工具方法，通俗易懂	让零基础的招商新人快速学习书中最实用的招商技能，成长为骨干人才
	乳业营销第一书 侯军伟　著	对区域乳品企业生存发展关键性问题的梳理	唯一的区域乳业营销书，区域乳品企业一定要看
	食用油营销第一书 余　盛　著	10多年油脂企业工作经验，从行业到具体实操	食用油行业第一书，当之无愧
	中国茶叶营销第一书 柏　龑　著	如何跳出茶行业"大文化小产业"的困境，作者给出了自己的观察和思考	不是传统做茶的思路，而是现在商业做茶的思路
	调味品营销第一书 陈小龙　著	国内唯一一本调味品营销的书	唯一的调味品营销的书，调味品的从业者一定要看
	快消品营销人的第一本书：从入门到精通 刘　雷　伯建新　著	快消行业必读书，从入门到专业	深入细致，易学易懂
	变局下的快消品营销实战策略 杨永华　著	通胀了，成本增加，如何从被动应战变成主动的"系统战"	作者对快消品行业非常熟悉、非常实战
	快消品经销商如何快速做大 杨永华　著	本书完全从实战的角度，评述现象，解析误区，揭示原理，传授方法	为转型期的经销商提供了解决思路，指出了发展方向
	一位销售经理的工作心得 蒋　军　著	一线营销管理人员想提升业绩却无从下手时，可以看看这本书	一线的真实感悟
	快消品营销：一位销售经理的工作心得2 蒋　军　著	快消品、食品饮料营销的经验之谈，重点图书	来源与实战的精华总结
	快消品营销与渠道管理 谭长春　著	将快消品标杆企业渠道管理的经验和方法分享出来	可口可乐、华润的一些具体的渠道管理经验，实战
	成为优秀的快消品区域经理(升级版) 伯建新　著	用"怎么办"分析区域经理的工作关键点，增加30%全新内容，更贴近环境变化	可以作为区域经理的"速成催化器"
	销售轨迹：一位快消品营销总监的拼搏之路 秦国伟　著	本书讲述了一个普通销售员打拼成为跨国企业营销总监的真实奋斗历程	激励人心，给广大销售员以力量和鼓舞

续表

快消品·食品	**快消老手都在这样做：区域经理操盘锦囊** 方刚　著	非常接地气，全是多年沉淀下来的干货，丰富的一线经验和实操方法不可多得	在市场摸爬滚打的“老油条”，那些独家绝招妙招一般你问都是问不来的
	动销四维：全程辅导与新品上市 高继中　著	从产品、渠道、促销和新品上市详细讲解提高动销的具体方法，总结作者18年的快消品行业经验，方法实操	内容全面系统，方法实操
农业	**新农资如何换道超车** 刘祖轲　等著	从农业产业化、互联网转型、行业营销与经营突破四个方面阐述如何让农资企业占领先机、提前布局	南方略专家告诉你如何应对资源浪费、生产效率低下、产能严重过剩、价格与价值严重扭曲等
	中国牧场管理实战：畜牧业、乳业必读 黄剑黎　著	本书不仅提供了来自一线的实际经验，还收入了丰富的工具文档与表单	填补空白的行业必读作品
	中小农业企业品牌战法 韩　旭　著	将中小农业企业品牌建设的方法，从理论讲到实践，具有指导性	全面把握品牌规划，传播推广，落地执行的具体措施
	农资营销实战全指导 张　博　著	农资如何向“深度营销”转型，从理论到实践进行系统剖析，经验资深	朴实、使用！不可多得的农资营销实战指导
	农产品营销第一书 胡浪球　著	从农业企业战略到市场开拓、营销、品牌、模式等	来源于实践中的思考，有启发
	变局下的农牧企业9大成长策略 彭志雄　著	食品安全、纵向延伸、横向联合、品牌建设……	唯一的农牧企业经营实操的书，农牧企业一定要看
医药	**在中国，医药营销这样做：时代方略精选文集** 段继东　主编	专注于医药营销咨询15年，将医药营销方法的精华文章合编，深入全面	可谓医药营销领域的顶尖著作，医药界读者的必读书
	医药新营销：制药企业、医药商业企业营销模式转型 史立臣　著	医药生产企业和商业企业在新环境下如何做营销？老方法还有没有用？如何寻找新方法？新方法怎么用？本书给你答案	内容非常现实接地气，踏实谈问题说方法
	医药企业转型升级战略 史立臣　著	药企转型升级有5大途径，并给出落地步骤及风险控制方法	实操性强，有作者个人经验总结及分析
	新医改下的医药营销与团队管理 史立臣　著	探讨新医改对医药行业的系列影响和医药团队管理	帮助理清思路，有一个框架
	医药营销与处方药学术推广 马宝琳　著	如何用医学策划把“平民产品”变成“明星产品”	有真货、讲真话的作者，堪称处方药营销的经典！
	新医改了，药店就要这样开 尚　锋　著	药店经营、管理、营销全攻略	有很强的实战性和可操作性
	电商来了，实体药店如何突围 尚　锋　著	电商崛起，药店该如何突围？本书从促销、会员服务、专业性、客单价等多重角度给出了指导方向	实战攻略，拿来就能用
	OTC医药代表药店销售36计 鄢圣安　著	以《三十六计》为线，写OTC医药代表向药店销售的一些技巧与策略	案例丰富，生动真实，实操性强

续表

医药	**OTC 医药代表药店开发与维护** 鄢圣安　著	要做到一名专业的医药代表，需要做什么、准备什么、知识储备、操作技巧等	医药代表药店拜访的指导手册，手把手教你快速上手
	引爆药店成交率 1：店员导购实战 范月明　著	一本书解决药店导购所有难题	情景化、真实化、实战化
	引爆药店成交率 2：经营落地实战 范月明　著	最接地气的经营方法全指导	揭示了药店经营的几类关键问题
	引爆药店成交率：专业化销售解决方案（待出版） 范月明　著	药品搭配分析与关联销售	为药店人专业化助力
建材家居	**建材家居营销：除了促销还能做什么** 孙嘉晖　著	一线老手的深度思考，告诉你在建材家居营销模式基本停滞的今天，除了促销，营销还能怎么做	给你的想法一场革命
	建材家居营销实务 程绍珊　杨鸿贵　主编	价值营销运用到建材家居，每一步都让客户增值	有自己的系统、实战
	建材家居门店销量提升 贾同领　著	店面选址、广告投放、推广助销、空间布局、生动展示、店面运营等	门店销量提升是一个系统工程，非常系统、实战
	10 步成为最棒的建材家居门店店长 徐伟泽　著	实际方法易学易用，让员工能够迅速成长，成为独当一面的好店长	只要坚持这样干，一定能成为好店长
	手把手帮建材家居导购业绩倍增：成为顶尖的门店店员 熊亚柱　著	生动的表现形式，让普通人也能成为优秀的导购员，让门店业绩长红	读着有趣，用着简单，一本在手、业绩无忧
	建材家居经销商实战 42 章经 王庆云　著	告诉经销商：老板怎么当、团队怎么带、生意怎么做	忠言逆耳，看着不舒服就对了，实战总结，用一招半式就值了
工业品	**销售是门专业活：B2B 、工业品** 陆和平　著	销售流程就应该跟着客户的采购流程和关注点的变化向前推进，将一个完整的销售过程分成十个阶段，提供具体方法	销售不是请客吃饭拉关系，是个专业的活计！方法在手，走遍天下不愁
	解决方案营销实战案例 刘祖轲　著	用 10 个真案例讲明白什么是工业品的解决方案式营销，实战、实用	有干货、真正操作过的才能写得出来
	变局下的工业品企业 7 大机遇 叶敦明　著	产业链条的整合机会、盈利模式的复制机会、营销红利的机会、工业服务商转型机会……	工业品企业还可以这样做，思维大突破
	工业品市场部实战全指导 杜　忠　著	工业品市场部经理工作内容全指导	系统、全面、有理论、有方法，帮助工业品市场部经理更快提升专业能力
	工业品营销管理实务 李洪道　著	中国特色工业品营销体系的全面深化、工业品营销管理体系优化升级	工具更实战，案例更鲜活，内容更深化
	工业品企业如何做品牌 张东利　著	为工业品企业提供最全面的品牌建设思路	有策略、有方法、有思路、有工具
	丁兴良讲工业 4.0 丁兴良　著	没有枯燥的理论和说教，用朴实直白的语言告诉你工业 4.0 的全貌	工业 4.0 是什么？本书告诉你答案

续表

工业品	**资深大客户经理：策略准，执行狠** 叶敦明　著	从业务开发、发起攻势、关系培育、职业成长四个方面，详述了大客户营销的精髓	满满的全是干货
	一切为了订单：订单驱动下的工业品营销实战 唐道明　著	其实，所有的企业都在围绕着两个字在开展全部的经营和管理工作，那就是“订单”	开发订单、满足订单、扩大订单。本书全是实操方法，字字珠玑、句句干货，教你获得营销的胜利
金融	**交易心理分析** (美)马克·道格拉斯　著 刘真如　译	作者一语道破赢家的思考方式，并提供了具体的训练方法	不愧是投资心理的第一书，绝对经典
	精品银行管理之道 崔海鹏　何　屹　主编	中小银行转型的实战经验总结	中小银行的教材很多，实战类的书很少，可以看看
	支付战争 Eric M. Jackson　著 徐　彬　王　晓　译	PayPal 创业期营销官，亲身讲述 PayPal 从诞生到壮大到成功出售的整个历史	激烈、有趣的内幕商战故事！了解美国支付市场的风云巨变
	互联网时代的银行转型 韩友诚　著	以大量案例形式为读者全面展示和分析了银行的互联网金融转型应对之道	结合本土银行转型发展案例的书籍
房地产	**产业园区/产业地产规划、招商、运营实战** 阎立忠　著	目前中国第一本系统解读产业园区和产业地产建设运营的实战宝典	从认知、策划、招商到运营全面了解地产策划
	人文商业地产策划 戴欣明　著	城市与商业地产战略定位的关键是不可复制性，要发现独一无二的“味道”	突破千城一面的策划困局
	电影院的下一个黄金十年：开发·差异化·案例 李保煜　著	对目前电影院市场存大的问题及如何解决进行了探讨与解读	多角度了解电影院运营方式及代表性案例

经营类：企业如何赚钱，如何抓机会，如何突破，如何“开源”

	书名．作者	内容/特色	读者价值
抓方向	**让经营回归简单．升级版** 宋新宇　著	化繁为简抓住经营本质：战略、客户、产品、员工、成长	经典，做企业就这几个关键点！
	混沌与秩序Ⅰ：变革时代企业领先之道 **混沌与秩序Ⅱ：变革时代管理新思维** 彭剑锋　尚艳玲　主编	汇集华夏基石专家团队10年来研究成果，集中选择了其中的精华文章编纂成册	作者都是既有深厚理论积淀又有实践经验的重磅专家，为中国企业和企业家的未来提出了高屋建瓴的观点
	活系统：跟任正非学当老板 孙行健　尹　贤　著	以任正非的独到视角，教企业老板如何经营公司	看透公司经营本质，激活企业活力
	公司由小到大要过哪些坎 卢　强　著	老板手里的一张“企业成长路线图”	现在我在哪儿，未来还要走哪些路，都清楚了
	企业二次创业成功路线图 夏惊鸣　著	企业曾经抓住机会成功了，但下一步该怎么办？	企业怎样获得第二次成功，心里有个大框架了
	老板经理人双赢之道 陈　明　著	经理人怎养选平台、怎么开局，老板怎样选/育/用/留	老板生闷气，经理人牢骚大，这次知道该怎么办了
	简单思考：AMT 咨询创始人自述 孔祥云　著	著名咨询公司（AMT）的CEO 创业历程中点点滴滴的经验与思考	每一位咨询人，每一位创业者和管理经营者，都值得一读
	企业文化的逻辑 王祥伍　黄健江　著	为什么企业绩效如此不同，解开绩效背后的文化密码	少有的深刻，有品质，读起来很流畅
	使命驱动企业成长 高可为　著	钱能让一个人今天努力，使命能让一群人长期努力	对于想做事业的人，‘使命’是绕不过去的

续表

思维突破	移动互联新玩法：未来商业的格局和趋势 史贤龙　著	传统商业、电商、移动互联，三个世界并存，这种新格局的玩法一定要懂	看清热点的本质，把握行业先机，一本书搞定移动互联网
	画出公司的互联网进化路线图：用互联网思维重塑产品、客户和价值 李　蓓　著	18 个问题帮助企业一步步梳理出互联网转型思路	思路清晰、案例丰富，非常有启发性
	重生战略：移动互联网和大数据时代的转型法则 沈　拓　著	在移动互联网和大数据时代，传统企业转型如同生命体打算与再造，称之为“重生战略”	帮助企业认清移动互联网环境下的变化和应对之道
	创造增量市场：传统企业互联网转型之道 刘红明　著	传统企业需要用互联网思维去创造增量，而不是用电子商务去转移传统业务的存量	教你怎么在“互联网＋”的海洋中创造实实在在的增量
	7 个转变，让公司 3 年胜出 李　蓓　著	消费者主权时代，企业该怎么办	这就是互联网思维，老板有能这样想，肯定倒不了
	跳出同质思维，从跟随到领先 郭　剑　著	66 个精彩案例剖析，帮助老板突破行业长期思维惯性	做企业竟然有这么多玩法，开眼界
	麻烦就是需求　难题就是商机 卢根鑫　著	如何借助客户的眼睛发现商机	什么是真商机，怎么判断、怎么抓，有借鉴
	互联网＋“变”与“不变”：本土管理实践与创新论坛集萃·2016 本土管理实践与创新论坛　著	加速本土管理思想的孕育诞生，促进本土管理创新成果更好地服务企业、贡献社会	各个作者本年度最新思想，帮助读者拓宽眼界、突破思维
财务	写给企业家的公司与家庭财务规划——从创业成功到富足退休 周荣辉　著	本书以企业的发展周期为主线，写各阶段企业与企业主家庭的财务规划	为读者处理人生各阶段企业与家庭的财务问题提供建议及方法，让家庭成员真正享受财富带来的益处
	互联网时代的成本观 程　翔　著	本书结合互联网时代提出了成本的多维观，揭示了多维组合成本的互联网精神和大数据特征，论述了其产生背景、实现思路和应用价值	在传统成本观下为盈利的业务，在新环境下也许就成为亏损业务。帮助管理者从新的角度来看待成本，进一步做好精益管理

管理类：效率如何提升，如何实现经营目标，如何“节流”

	书名．作者	内容/特色	读者价值
通用管理	1. 让管理回归简单．升级版 2. 让经营回归简单．升级版 3. 让用人回归简单 宋新宇　著	宋博士的“简单”三部曲，影响 20 万读者，非常经典	被读者热情地称作“中小企业的管理圣经”
	管理：以规则驾驭人性 王春强　著	详细解读企业规则的制定方法	从人与人博弈角度提升管理的有效性
	员工心理学超级漫画版 邢　雷　著	以漫画的形式深度剖析员工心理	帮助管理者更了解员工，从而更轻松地管理员工

续表

通用管理	**分股合心：股权激励这样做** 段磊　周剑　著	通过丰富的案例，详细介绍了股权激励的知识和实行方法	内容丰富全面、易读易懂，了解股权激励，有这一本就够了
	边干边学做老板 黄中强　著	创业20多年的老板，有经验、能写、又愿意分享，这样的书很少	处处共鸣，帮助中小企业老板少走弯路
	中国式阿米巴落地实践之从交付到交易 胡八一　著	本书主要讲述阿米巴经营会计，"从交付到交易"，这是成功实施了阿米巴的标志	阿米巴经营会计的工作是有逻辑关联的，一本书就能搞定
	中国式阿米巴落地实践之激活组织 胡八一　著	重点讲解如何科学划分阿米巴单元，阐述划分的实操要领、思路、方法、技术与工具	最大限度减少"推行风险"和"摸索成本"，利于公司成功搭建适合自身的个性化阿米巴经营体系
	集团化企业阿米巴实战案例 初勇钢　著	一家集团化企业阿米巴实施案例	指导集团化企业系统实施阿米巴
	阿米巴经营的中国模式 李志华　著	让员工从"要我干"到"我要干"，价值量化出来	阿米巴在企业如何落地，明白思路了
	欧博心法：好管理靠修行 曾　伟　著	用佛家的智慧，深刻剖析管理问题，见解独到	如果真的有'中国式管理'，曾老师是其中标志性人物
流程管理	**1. 用流程解放管理者** **2. 用流程解放管理者2** 张国祥　著	中小企业阅读的流程管理、企业规范化的书	通俗易懂，理论和实践的结合恰到好处
	跟我们学建流程体系 陈立云　著	畅销书《跟我们学做流程管理》系列，更实操，更细致，更深入	更多地分享实践，分享感悟，从实践总结出来的方法论
质量管理	**IATF16949质量管理体系详解与案例文件汇编：TS16949转版IATF16949:2016** 谭洪华　著	针对IATF的新标准做了详细的解说，同时指出了一些推行中容易犯的错误，提供了大量的表单、案例	案例、表单丰富，拿来就用
	五大质量工具详解及运用案例：APQP/FMEA/PPAP/MSA/SPC 谭洪华　著	对制造业必备的五大质量工具中每个文件的制作要求、注意事项、制作流程、成功案例等进行了解读	通俗易懂、简便易行，能真正实现学以致用
	1. ISO9001:2015新版质量管理体系详解与案例文件汇编 **2. ISO14001:2015新版环境管理体系详解与案例文件汇编** 谭洪华　著	紧密围绕2015新版，逐条详细解读，工具也可以直接套用，易学易上手	企业认证、内审必备
战略落地	**重生——中国企业的战略转型** 施　炜　著	从前瞻和适用的角度，对中国企业战略转型的方向、路径及策略性举措提出了一些概要性的建议和意见	对企业有战略指导意义
	公司大了怎么管：从靠英雄到靠组织 AMT 金国华　著	第一次详尽阐释中国快速成长型企业的特点、问题及解决之道	帮助快速成长型企业领导及管理团队理清思路，突破瓶颈
	低效会议怎么改：每年节省一半会议成本的秘密 AMT 王玉荣　著	教你如何系统规划公司的各级会议，一本工具书	教会你科学管理会议的办法
	年初订计划，年尾有结果：战略落地七步成诗 AMT 郭晓　著	7个步骤教会你怎么让公司制定的战略转变为行动	系统规划，有效指导计划实现

续表

人力资源	**HRBP是这样炼成的之“菜鸟起飞”** 新　海　著	以小说的形式，具体解析HRBP的职责，应该如何操作，如何为业务服务	实践者的经验分享，内容实务具体，形式有趣
	HRBP是这样炼成的之中级修炼 新　海　著	本书以案例故事的方式，介绍了HRBP在实际工作中碰到的问题和挑战	书中的HR解决方案讲究因时因地制宜、简单有效的原则，重在启发读者思路，可供各类企业HRBP借鉴
	回归本源看绩效 孙　波　著	让绩效回顾“改进工具”的本源，真正为企业所用	确实是来源于实践的思考，有共鸣
	世界500强资深培训经理人教你做培训管理 陈　锐　著	从7大角度具体细致地讲解了培训管理的核心内容	专业、实用、接地气
	曹子祥教你做激励性薪酬设计 曹子祥　著	以激励性为指导，系统性地介绍了薪酬体系及关键岗位的薪酬设计模式	深入浅出，一本书学会薪酬设计
	曹子祥教你做绩效管理 曹子祥　著	复杂的理论通俗化，专业的知识简单化，企业绩效管理共性问题的解决方案	轻松掌握绩效管理
	把招聘做到极致 远　鸣　著	作为世界500强高级招聘经理，作者数十年招聘经验的总结分享	带来职场思考境界的提升和具体招聘方法的学习
	人才评价中心．超级漫画版 邢　雷　著	专业的主题，漫画的形式，只此一本	没想到一本专业的书，能写成这效果
	走出薪酬管理误区 全怀周　著	剖析薪酬管理的8大误区，真正发挥好枢纽作用	值得企业深读的实用教案
	集团化人力资源管理实践 李小勇　著	对搭建集团化的企业很有帮助，务实，实用	最大的亮点不是理论，而是结合实际的深入剖析
	我的人力资源咨询笔记 张　伟　著	管理咨询师的视角，思考企业的HR管理	通过咨询师的眼睛对比很多企业，有启发
	本土化人力资源管理8大思维 周　剑　著	成熟HR理论，在本土中小企业实践中的探索和思考	对企业的现实困境有真切体会，有启发
企业文化	**36个拿来就用的企业文化建设工具** 海融心胜　主编	数十个工具，为了方便拿来就用，每一个工具都严格按照工具属性、操作方法、案例解读划分，实用、好用	企业文化工作者的案头必备书，方法都在里面，简单易操作
	华夏基石方法：企业文化落地本土实践 王祥伍　谭俊峰　著	十年积累、原创方法、一线资料，和盘托出	在文化落地方面真正有洞察，有实操价值的书
	企业文化的逻辑 王祥伍　著	为什么企业之间如此不同，解开绩效背后的文化密码	少有的深刻，有品质，读起来很流畅
	企业文化激活沟通 宋杼宸　安　琪　著	透过新任HR总经理的眼睛，揭示出沟通与企业文化的关系	有实际指导作用的文化落地读本
	在组织中绽放自我：从专业化到职业化 朱仁健　王祥伍　著	个人如何融入组织，组织如何助力个人成长	帮助企业员工快速认同并投入到组织中去，为企业发展贡献力量
	企业文化定位·落地一本通 王明胤　著	把高深枯燥的专业理论创建成一套系统化、实操化、简单化的企业文化缔造方法	对企业文化不了解，不会做？有这一本从概念到实操，就够了

续表

生产管理	**精益思维：中国精益如何落地** 刘承元　著	笔者二十余年企业经营和咨询管理的经验总结	中国企业需要灵活运用精益思维，推动经营要素与管理机制的有机结合，推动企业管理向前发展
	300张现场图看懂精益5S管理 乐　涛　编著	5S现场实操详解	案例图解，易懂易学
	高员工流失率下的精益生产 余伟辉　著	中国的精益生产必须面对和解决高员工流失率问题	确实来源于本土的工厂车间，很务实
	车间人员管理那些事儿 岑立聪　著	车间人员管理中处理各种"疑难杂症"的经验和方法	基层车间管理者最闹心、头疼的事，'打包'解决
	1. 欧博心法：好管理靠修行 **2. 欧博心法：好工厂这样管** 曾　伟　著	他是本土最大的制造业管理咨询机构创始人，他从400多个项目、上万家企业实践中锤炼出的欧博心法	中小制造型企业，一定会有很强的共鸣
	欧博工厂案例1：生产计划管控对话录 **欧博工厂案例2：品质技术改善对话录** **欧博工厂案例3：员工执行力提升对话录** 曾　伟　著	最典型的问题、最详尽的解析，工厂管理9大问题27个经典案例	没想到说得这么细，超出想象，案例很典型，照搬都可以了
	工厂管理实战工具 欧博企管　编著	以传统文化为核心的管理工具	适合中国工厂
	苦中得乐：管理者的第一堂必修课 曾　伟　编著	曾伟与师傅大愿法师的对话，佛学与管理实践的碰撞，管理禅的修行之道	用佛学最高智慧看透管理
	比日本工厂更高效1：管理提升无极限 刘承元　著	指出制造型企业管理的六大积弊；颠覆流行的错误认知；掌握精益管理的精髓	每一个企业都有自己不同的问题，管理没有一剑封喉的秘笈，要从现场、现物、现实出发
	比日本工厂更高效2：超强经营力 刘承元　著	企业要获得持续盈利，就要开源和节流，即实现销售最大化，费用最小化	掌握提升工厂效率的全新方法
	比日本工厂更高效3：精益改善力的成功实践 刘承元　著	工厂全面改善系统有其独特的目的取向特征，着眼于企业经营体质（持续竞争力）的建设与提升	用持续改善力来飞速提升工厂的效率，高效率能够带来意想不到的高效益
	3A顾问精益实践1：IE与效率提升 党新民　苏迎斌　蓝旭日　著	系统的阐述了IE技术的来龙去脉以及操作方法	使员工与企业持续获利
	3A顾问精益实践2：JIT与精益改善 肖志军　党新民　著	只在需要的时候，按需要的量，生产所需的产品	提升工厂效率
员工素质提升	**TTT培训师精进三部曲（上）：深度改善现场培训效果** **TTT培训师精进三部曲（中）：构建最有价值的课程内容** **TTT培训师精进三部曲（下）：职业功力沉淀与修为提升** **廖信琳　著**	**从内到外全方位指导企业内训师从专业到卓越**	成为优秀企业内训师/培训师的案头必备书籍

续表

员工素质提升	**手把手教你做专业督导：专卖店、连锁店** 熊亚柱　著	从督导的职能、作用，在工作中需要的专业技能、方法，都提供了详细的解读和训练办法，同时附有大量的表单工具	无论是店铺需要统一培训，还是个人想成为优秀的督导，有这一本就够了
	跟老板"偷师"学创业 吴江萍　余晓雷　著	边学边干，边观察边成长，你也可以当老板	不同于其他类型的创业书，让你在工作中积累创业经验，一举成功
	销售轨迹：一位快消品营销总监的拼搏之路 秦国伟　著	本书讲述了一个普通销售员打拼成为跨国企业营销总监的真实奋斗历程	激励人心，给广大销售员以力量和鼓舞
	在组织中绽放自我：从专业化到职业化 朱仁健　王祥伍　著	个人如何融入组织，组织如何助力个人成长	帮助企业员工快速认同并投入到组织中去，为企业发展贡献力量
	企业员工弟子规：用心做小事，成就大事业 贾同领　著	从传统文化《弟子规》中学习企业中为人处事的办法，从自身做起	点滴小事，修养自身，从自身的改善得到事业的提升
	手把手教你做顶尖企业内训师：TTT 培训师宝典 熊亚柱　著	从课程研发到现场把控、个人提升都有涉及，易读易懂，内容丰富全面	想要做企业内训师的员工有福了，本书教你如何抓住关键，从入门到精通

营销类：把客户需求融入企业各环节，提供"客户认为"有价值的东西

	书名．作者	内容/特色	读者价值
营销模式	**精品营销战略** 杜建君　著	以精品理念为核心的精益战略和营销策略	用精品思维赢得高端市场
	变局下的营销模式升级 程绍珊　叶　宁　著	客户驱动模式、技术驱动模式、资源驱动模式	很多行业的营销模式被颠覆，调整的思路有了！
	卖轮子 科克斯【美】	小说版的营销学！营销理念巧妙贯穿其中，贵在既有趣，又有深度	经典、有趣！一个故事读懂营销精髓
	动销操盘：节奏掌控与社群时代新战法 朱志明　著	在社群时代把握好产品生产销售的节奏，解析动销的症结，寻找动销的规律与方法	都是易读易懂的干货！对动销方法的全面解析和操盘
	弱势品牌如何做营销 李政权　著	中小企业虽有品牌但没名气，营销照样能做的有声有色	没有丰富的实操经验，写不出这么具体、详实的案例和步骤，很有启发
	老板如何管营销 史贤龙　著	高段位营销 16 招，好学好用	老板能看，营销人也能看
	洞察人性的营销战术：沈坤教你 28 式 沈　坤　著	28 个匪夷所思的营销怪招令人拍案叫绝，涉及商业竞争的方方面面，大部分战术可以直接应用到企业营销中	各种谋略得益于作者的横向思维方式，将其操作过的案例结合其中，提供的战术对读者有参考价值
	动销：产品是如何畅销起来的 吴江萍　余晓雷　著	真真切切告诉你，产品究竟怎么才能卖出去	击中痛点，提供方法，你值得拥有
销售	**资深大客户经理：策略准，执行狠** 叶敦明　著	从业务开发、发起攻势、关系培育、职业成长四个方面，详述了大客户营销的精髓	满满的全是干货

续表

销售	**成为资深的销售经理：B2B、工业品** 陆和平　著	围绕"销售管理的六个关键控制点"一一展开，提供销售管理的专业、高效方法	方法和技术接地气，拿来就用，从销售员成长为经理不再犯难
	销售是门专业活：B2B、工业品 陆和平　著	销售流程就应该跟着客户的采购流程和关注点的变化向前推进，将一个完整的销售过程分成十个阶段，提供具体方法	销售不是请客吃饭拉关系，是个专业的活计！方法在手，走遍天下不愁
	向高层销售：与决策者有效打交道 贺兵一　著	一套完整有效的销售策略	有工具，有方法，有案例，通俗易懂
	卖轮子 科克斯　【美】	小说版的营销学！营销理念巧妙贯穿其中，贵在既有趣，又有深度	经典、有趣！一个故事读懂营销精髓
	学话术　卖产品 张小虎　著	分析常见的顾客异议，将优秀的话术模块化	让普通导购员也能成为销售精英
组织和团队	**升级你的营销组织** 程绍珊　吴越舟　著	用"有机性"的营销组织替代"营销能人"，营销团队变成"铁营盘"	营销队伍最难管，程老师不愧是营销第1操盘手，步骤方法都很成熟
	用数字解放营销人 黄润霖　著	通过量化帮助营销人员提高工作效率	作者很用心，很好的常备工具书
	成为优秀的快消品区域经理(升级版) 伯建新　著	用"怎么办"分析区域经理的工作关键点，增加30%全新内容，更贴近环境变化	可以作为区域经理的"速成催化器"
	成为资深的销售经理：B2B、工业品 陆和平　著	围绕"销售管理的六个关键控制点"一一展开，提供销售管理的专业、高效方法	方法和技术接地气，拿来就用，从销售员成长为经理不再犯难
	一位销售经理的工作心得 蒋　军　著	一线营销管理人员想提升业绩却无从下手时，可以看看这本书	一线的真实感悟
	快消品营销：一位销售经理的工作心得2 蒋　军　著	快消品、食品饮料营销的经验之谈，重点突出	来源于实战的精华总结
	销售轨迹：一位快消品营销总监的拼搏之路 秦国伟　著	本书讲述了一个普通销售员打拼成为跨国企业营销总监的真实奋斗历程	激励人心，给广大销售员以力量和鼓舞
	用营销计划锁定胜局：用数字解放营销人2 黄润霖　著	全方位教你怎么做好营销计划，好学好用真简单	照搬套用就行，做营销计划再也不头痛
	快消品营销人的第一本书：从入门到精通 刘　雷　伯建新　著	快消行业必读书，从入门到专业	深入细致，易学易懂
产品	**新产品开发管理，就用IPD** 郭富才　著	10年IPD研发管理咨询总结，国内首部IPD专业著作	一本书掌握IPD管理精髓
	资深项目经理这样做新产品开发管理 秦海林　著	以IPD为思想，系统讲解新产品开管理的细节	提供管理思路和实用工具
	产品炼金术Ⅰ：如何打造畅销产品 史贤龙　著	满足不同阶段、不同体量、不同行业企业对产品的完整需求	必须具备的思维和方法，避免在产品问题上走弯路
	产品炼金术Ⅱ：如何用产品驱动企业成长 史贤龙　著	做好产品、关注产品的品质，就是企业成功的第一步	必须具备的思维和方法，避免在产品问题上走弯路

续表

品牌	**中小企业如何建品牌** 梁小平　著	中小企业建品牌的入门读本,通俗、易懂	对建品牌有了一个整体框架
	采纳方法:破解本土营销 8 大难题 朱玉童　编著	全面、系统、案例丰富、图文并茂	希望在品牌营销方面有所突破的人,应该看看
	中国品牌营销十三战法 朱玉童　编著	采纳 20 年来的品牌策划方法,同时配有大量的案例	众包方式写作,丰富案例给人启发,极具价值
	今后这样做品牌:移动互联时代的品牌营销策略 蒋军　著	与移动互联紧密结合,告诉你老方法还能不能用,新方法怎么用	今后这样做品牌就对了
	中小企业如何打造区域强势品牌 吴之　著	帮助区域的中小企业打造自身品牌,如何在强壮自身的基础上往外拓展	梳理误区,系统思考品牌问题,切实符合中小区域品牌的自身特点进行阐述
渠道通路	**快消品营销与渠道管理** 谭长春　著	将快消品标杆企业渠道管理的经验和方法分享出来	可口可乐、华润的一些具体的渠道管理经验,实战
	传统行业如何用网络拿订单 张　进　著	给老板看的第一本网络营销书	适合不懂网络技术的经营决策者看
	采纳方法:化解渠道冲突 朱玉童　编著	系统剖析渠道冲突,21 个渠道冲突案例、情景式讲解,37 篇讲义	系统、全面
	学话术　卖产品 张小虎　著	分析常见的顾客异议,将优秀的话术模块化	让普通导购员也能成为销售精英
	向高层销售:与决策者有效打交道 贺兵一　著	一套完整有效的销售策略	有工具,有方法,有案例,通俗易懂
	通路精耕操作全解:快消品 20 年实战精华 周　俊　陈小龙　著	通路精耕的详细全解,每一步的具体操作方法和表单全部无保留提供	康师傅二十年的经验和精华,实践证明的最有效方法,教你如何主宰通路

管理者读的文史哲·生活

	书名. 作者	内容/特色	读者价值
思想·文化	**德鲁克管理思想解读** 罗　珉　著	用独特视角和研究方法,对德鲁克的管理理论进行了深度解读与剖析	不仅是摘引和粗浅分析,还是作者多年深入研究的成果,非常可贵
	德鲁克与他的论敌们:马斯洛、戴明、彼得斯 罗　珉　著	几位大师之间的论战和思想碰撞令人受益匪浅	对大师们的观点和著作进行了大量的理论加工,去伪存真、去粗存精,同时有自己独特的体系深度
	德鲁克管理学 张远凤　著	本书以德鲁克管理思想的发展为线索,从一个侧面展示了 20 世纪管理学的发展历程	通俗易懂,脉络清晰
	自我与世界:以问题为中心的现象学运动研究 陈立胜　著	以问题为中心,对现象学运动中的“意向性”“自我”“他人”“身体”及“世界”各核心议题之思想史背景与内在发展理路进行深入细致的分析	深入了解现象学中的几个主要问题

续表

思想·文化	作为身体哲学的中国古代哲学 张再林　著	上篇为中国古代身体哲学理论体系奠基性部分，下篇对由“上篇”所开出的中国身体哲学理论体系的进一步的阐发和拓展	了解什么是真正原生态意义上的中国哲学，把中国传统哲学与西方传统哲学加以严格区别
	中西哲学的歧异与会通 张再林　著	本书以一种现代解释学的方法，对中国传统哲学内在本质尝试一种全新的和全方位的解读	发掘出掩埋在古老传统形式下的现代特质和活的生命，在此基础上揭示中西哲学“你中有我，我中有你”之旨
	治论：中国古代管理思想 张再林　著	本书主要从儒、法墨三家阐述中国古代管理思想	看人本主义的管理理论如何不留斧痕地克服似乎无法调解的存在于人类社会行为与社会组织中的种种两难和对立
	中国古代政治制度（修订版）上：皇帝制度与中央政府（待出版） 刘文瑞　著	全面论证了古代皇帝制度的形成和演变的历程	有助于读者从政治制度角度了解中国国情的历史渊源
	中国古代政治制度（修订版）下：地方体制与官僚制度（待出版） 刘文瑞　著	全面论证了古代地方政府的发展演变过程	有助于读者从政治制度角度了解中国国情的历史渊源
	通天彻地，九大法则：《尚书·洪范》讲记 史幼波　著	精析“洪范九畴”这一中华传统政治哲学的理论基础	寓渊深义理于通俗口语之中，使现代人也能一睹中华文化原典之精湛奥义
	史幼波大学讲记 史幼波　著	用儒释道的观点阐释大学的深刻思想	一本书读懂传统文化经典
	史幼波《周子通书》《太极图说》讲记 史幼波　著	把形而上的宇宙、天地，与形而下的社会、人生、经济、文化等融合在一起	将儒家的一整套学修系统融合起来
	史幼波中庸讲记（上下册） 史幼波　著	全面、深入浅出地揭示儒家中庸文化的真谛	儒释道三家思想融会贯通
	中国思想文化十八讲（修订版）（待出版） 张茂泽　著	中国古代的宗教思想文化，如对祖先崇拜、儒家天命观、中国古代关于“神”的讨论等	宗教文化和人生信仰或信念紧密相联，在文化转型时期学习和研究中国宗教文化就有特别的现实意义
	每个中国人身上的春秋基因 史贤龙　著	春秋 368 年（公元前 770 – 公元前 403 年），每一个中国人都可以在这段时期的历史中找到自己的祖先，看到真实发生的事件，同时也看到自己	长情商、识人心
	内功太极拳训练教程 王铁仁　编著	杨式（内功）太极拳（俗称老六路）的详细介绍及具体修炼方法，身心的一次升华	书中含有大量图解并有相关视频供读者同步学习
	中医治心脏病 马宝琳　著	引用众多真实案例，客观真实地讲述了中西医对于心脏病的认识及治疗方法	看完这本书，能为您节约 10 万元医药费